中公新書 2199

平野克己著

経済大陸アフリカ

資源、食糧問題から開発政策まで

中央公論新社刊

はじめに

今世紀にはいってからアフリカは、植民地時代以来ともいえる大変動をきたしている。いまアフリカは確実に、着実に、変貌《へんぼう》しつつある。なにせ二〇年以上経済成長していなかったものが、一転して継続的な高成長を謳歌《おうか》しているのである。そして、その〝新しい〟アフリカにこれまでとはちがった関心が集まっている。本書は、そういったアフリカの姿をえがきだし、アフリカに対する新しい関心にこたえようとするものである。

アフリカを大きくわけると、イスラーム圏に属しアラビア語を公用語とする北アフリカ地域（五ヵ国、西サハラ共和国をカウントすれば六ヵ国）と、サハラ砂漠以南にひろがるサブサハラ・アフリカ地域（二〇一一年に独立した南スーダンをふくめて四九ヵ国）からなるが、二〇一〇年末に政治革命がおきた北アフリカのみならず、サブサハラ・アフリカもまた前世紀とはまったく様相がことなっている。それゆえ、これまでの通念では現在のアフリカを理解することができなくなった。

従来のアフリカ論はアフリカのなかに閉じられた議論がほとんどだったが、現在のアフリカを理解するにはグローバルな視界のひろがりがどうしても必要である。それゆえ本書は、アフリカにかんする既存の書物とはことなる論じ方をしていこうと思っている。どうするかというと、さまざまなグローバルイシューがはなつ照射線をこの大陸にあて、スキャンしていくつもりだ。つまり、アフリカをかたるのにアフリカ自体から説きおこすことをせず、アフリカの外から視線をそそいでアフリカの輪郭をえがこうと思っている。

通常、アフリカ研究をふくめ地域研究は研究対象国や対象地域の歴史文脈にそって記述を進めるものだ。だが、アフリカ経済が突然成長をはじめた理由を正確につたえるためには、本書の手法はきっと適している。そして、今後アフリカがどうなっていくかを占ううえでも適していると思う。文化人類学の目的が人類の普遍的な姿を知ることにあるように、そもそも地域研究の究極の目的が特定の地域をとおして世界全体のあり方を具体的に知ることにあるとするならば、全体から個別を観察し個別から全体をかたるという道筋において、本書もかわるところはない。

こんなことができるようになったのは、今世紀にはいってようやくアフリカがグローバライズされたからである。またこれを試みるのは、アフリカという鏡に映しだされているはずの現代世界の姿にせまりたいと思っているからでもある。辺境化していたアフリカを世界にくみこもうとするプロセスは現在も進行中だ。この「くみこみ」にともなう経済構造のつくりかえによって、いまアフリカ経済は急成長している。つまり、アフリカ経済の急成長はアフリカを必要とするようになった世界経済の写像なのである。世界からアフリカを読み、アフリカから世界を読みとく――この視線がぶれないように筆先をたもっていきたいと思う。

とはいえ、これまで低開発の集積地として描出されてきたアフリカの特徴は、急成長をはじめたいまもひきつづきアフリカ大陸のなかに厳然としてある。世界中ですっかり定着した感のある「貧困アフリカ」のイメージは根強い。それはそれで事実なのだが、しかし、その固定観念にしばられていたのでは、新世紀アフリカへの対応をただしくとれない。アフリカは、貧困削減支援をうけいれるだけの大陸から、各国各企業が競合して戦略展開する前線になりつつある。よって、アフリカの情勢はもはやアフリカだけをみていてはとらえきれず、各国の政策や企業のビジネス戦略を視野におさめておかなければ把握できないものになったのである。グローバルな視点が必要だというのはそういうことだ。

これから順次のべていくが、日本もまた新しいアフリカに対するあらたな対応をせまられている。新しいアフリカへの新しい関与は日本の国益にかかわっている。東日本大震災の発生によって日本は、経済の再生にくわえ国土復興という大きな課題をせおうことになった。この最優先課題に、国際関係をあつかう分野も当然貢献していかなくてはならない。

日本の再生にとってアフリカはどのような意味をもちうるのか、どのような国益がそこに潜在しているのかを鋭利に考えていくことが肝要だ。アフリカの開発にどう貢献するかという、従来対アフリカ政策を論じる際に使われてきた古い型紙ではなく、日本とアフリカ双方に実利をもたらす関係を構想して、相互利益の実現をはかることがもとめられているのである。

援助によって国際社会に庇護《ひご》されるアフリカではなく、国際社会における自立したパートナーとしてのアフリカ。これはアフリカ自身が望んでいる姿だ。相互利益こそ持続的で安定的な関係を築くためのいしずえである。中国の積極果敢なアフリカ攻勢をまのあたりにしている現在、日本もまた東アジアの国として「アフリカは遠い」とはいえなくなった。この地球上に「遠い」といえるところなどもうない。どのような関係を望むかという尺度しかないのである。

著　者

経済大陸アフリカ　目次

ポルトガル
スペイン
トルコ
(西サハラ)
モロッコ
チュニジア
シリア
イラク
イラン
アラブ首長国連邦
アルジェリア
サハラ砂漠
リビア
エジプト
サウジアラビア
モーリタニア
オマーン
マリ
ニジェール
ネガル
チャド
スーダン
エリトリア
イエメン
ブルキナファソ
ギニア
ナイジェリア
エチオピア
リベリア
中央アフリカ共和国
南スーダン
カメルーン
ソマリア
シエラレオネ
ベニン
アルバート湖
ウガンダ
ギニアビサウ
ビクトリア湖
ケニア
トーゴ
ガボン
ルワンダ
ンビア
ガーナ
コンゴ民主共和国
ブルンジ
サントメプリンシペ
タンザニア
赤道ギニア
コモロ
コンゴ共和国
アンゴラ
マラウィ
コートジボワール
ザンビア
モザンビーク
ジンバブエ
マダガスカル
ナミビア
ボツワナ
モーリシャス
南アフリカ共和国
サブサハラ・アフリカ
スワジランド
0
1000
2000km
レソト

アフリカ全図

第1章　中国のアフリカ攻勢

おくれてやってきたアフリカのグローバリゼーションをえがきだす――本書の目的であるこの作業を、まずは中国をみることからはじめたい。なぜなら、いまや中国はアフリカにとって最大の貿易相手国であり、投資においても外交においてもきわめて大きな影響力を有する国になっているからだ。現在のアフリカ情勢は中国の動向をぬきにしてはかたれないし、中国をみずしてアフリカの変貌はわからないのである。

さらにいえば、中国の台頭それ自体が今世紀初頭最大のグローバルイシューだといえよう。それゆえ中国から本書の論述をはじめたいのである。成長をつづける中国は、最終的にどのような位置を国際社会と世界経済において占めることになるのか。世界はいったいどのように、巨大化する中国とつきあえばよいのだろう。日本を悩ますこの課題を、さっそくアフリカという鏡に映しだしてみよう。

開発途上国にして経済大国

鄧小平《ダン・シャオピン》によって改革開放路線が敷かれてからの中国経済は、息せききっての高速成長をつづけている。一九八〇年代以降の中国の経済成長率を名目ドル価で計算すると年平均一〇％に達する。つまりほぼ八年ごとに倍増をくりかえしてきたのであり、一九八〇年当時にくらべ現在の国内総生産（GDP）は一六倍にも膨張している。一九九五年からは一度も世界経済成長率をしたまわったことがない。中国経済はかつての日本や韓国よりもはやく、しかもながい期間にわたって高度成長しているのである。これほど持続力のある高度経済成長は、これまで中国以外ではみられなかったものだ。

とくに一九九〇年代後半からの中国のプレゼンスの拡大はめざましい。各項目で世界におけるシェアをのばしつづけ、輸入額において二〇〇三年、輸出額において二〇〇四年、製造業生産では二〇〇六年に日本をぬいた。二〇〇八年にはアメリカをぬいて世界最大の製造業国となり、二〇〇九年にはドイツをぬいて世界最大の商品輸出国になっている。二〇一〇年にはとうとうGDPにおいても日本を凌駕《りょうが》したので、私たちは一人当たりGDPが五〇〇〇ドルに満たない開発途上国を世界第二位の経済大国としていただくにいたった。

このことに潜在しているインパクトは大きい。開発途上国であるということは先進国がくぐりぬけてきた多くの問題をいまだかかえているということであり、先進国にくらべてそれだけ不安定だということである。中国のプレゼンスが肥厚したことで世界は中国固有の問題に翻弄《ほんろう》されるようになったが、これは国際社会と世界経済における不気味な不安定要因である。

世界各国から企業が中国に殺到し、各社の生産地シフトをひきうけるかたちで〝世界の工場〟と化していくなかで、中国の資源エネルギー需要は膨張しつづけた。先進国なみの産業構造や技術基盤をもたない中国は資源エネルギー効率にいちじるしく劣る。二〇〇七年にはアメリカをぬいて世界最大の二酸化炭素排出国になった。中国政府は第一一次五ヵ年計画（二〇〇六～二〇一〇年）において単位GDP当たりエネルギー消費量の二〇％削減、汚染物質排出量の一〇％削減を目標としてかかげ、第一二次計画（二〇一一～二〇一五年）では単位エネルギー消費のさらなる一六％削減と、汚染物質については個別に削減目標を設定している。しかし先進国との差はいまだ大きい。

資源需要の拡大

単位GDP当たりエネルギー消費量、すなわち付加価値一単位を産出するのにどれくらいのエネルギーが使われているかをみてみると、中国のそれはたしかに改善しているものの、二〇〇八年においてアメリカのおよそ三倍、日本の四倍以上のエネルギーを必要としている。これほどエネルギー効率の悪い国が世界第二位の経済大国として世界総生産の一割を占めようとしているのである。したがって、世界でもっともエネルギー効率に優れた日本経済が世界第二位の規模を占めていた時代とでは資源の需給状況が大きく変化してしまった。しかも中国における一人当たりのエネルギー消費量はいまだアメリカの五分の一、日本の三分の一しかないから、中国人の所得水準があがっていくにしたがって中国の資源消費はこれからも増えていくにちがいない。

図1－1　中国の石油事情

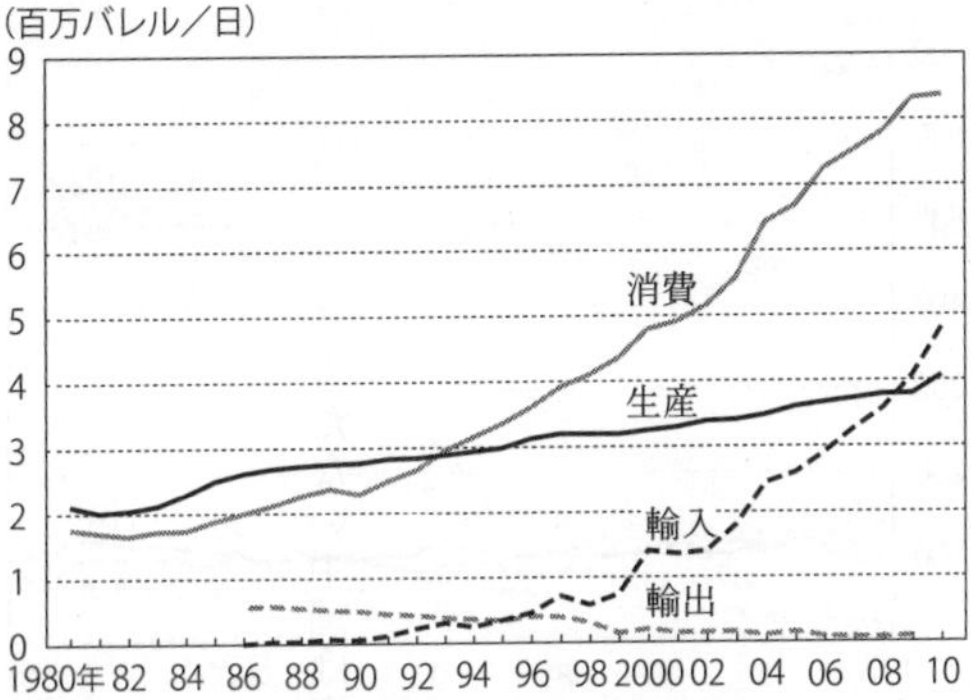

（出所）米エネルギー情報局の統計から作成

中国の石油消費は一九九〇年以降年率七％の割合で増大している。一九九四年には国内産出量をうわまわり、一九九五年から中国は石油の純輸入国になった。以後は国内消費の拡大分をほぼ輸入増でまかなっており、スウェーデンやフィリピンの国内消費量に匹敵する増分を毎年あらたに確保してこなければならないという切迫ぶりである（図1－1）。国内消費は二〇〇九年に日量八〇〇万バレルをこえ、原油輸入は日量三八八万バレルに達して日本をぬきアメリカに次ぐ世界第二位になった。現在中国は世界の原油貿易の一割強

図1－2　日米中の粗鋼生産量

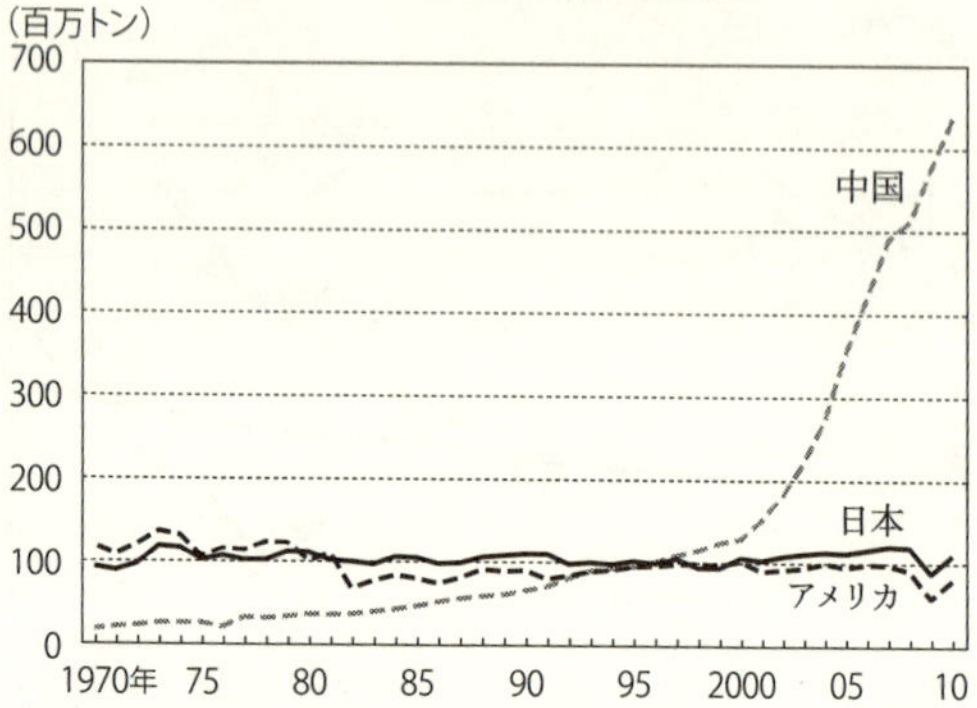

(出所) World Steel Association の統計から作成

を吸収しており、その割合は今後も拡大していくはずだ。

資源暴食

異常とも映るのが鉄鋼生産ののびである。図1－2は日米中の粗鋼生産量の推移をみたものだが、中国のそれは二〇〇〇年代にはいってから増産ぶりがいっきに加速、二〇一一年にはなんと六億七〇〇〇万トンに達した。日米は一億トンのレベルだから、中国の生産量はとてつもなく突出している。二〇〇一年以降の増産スピードは年率二〇%をこえていて、これは日本や韓国の高度成長期における粗鋼生産の拡大スピードをはるかにうわまわるものだ。いまや中国は世界の粗鋼生産のほぼ半分を一国で占める、圧倒的な鉄鋼大国になった。

したがって鉄鉱石輸入の増え方も尋常ではない。中国は世界最大の鉄鉱石生産国なのであるが、粗鋼生産量から推測されるように鉄鉱石の供給は国内だけではとてもまにあわない。

鉄鉱石の最大輸出国はオーストラリアだが、その輸出の七割は中国むけである。オーストラリアに次ぐブラジルの鉄鉱石輸出のおよそ半分、インドの輸出の八割、南アフリカの輸出の六割を吸収する。総計すると、世界の鉄鉱石貿易の七割から八割が中国にむかっているのである。

図1－3　日米中の鉱産物輸入

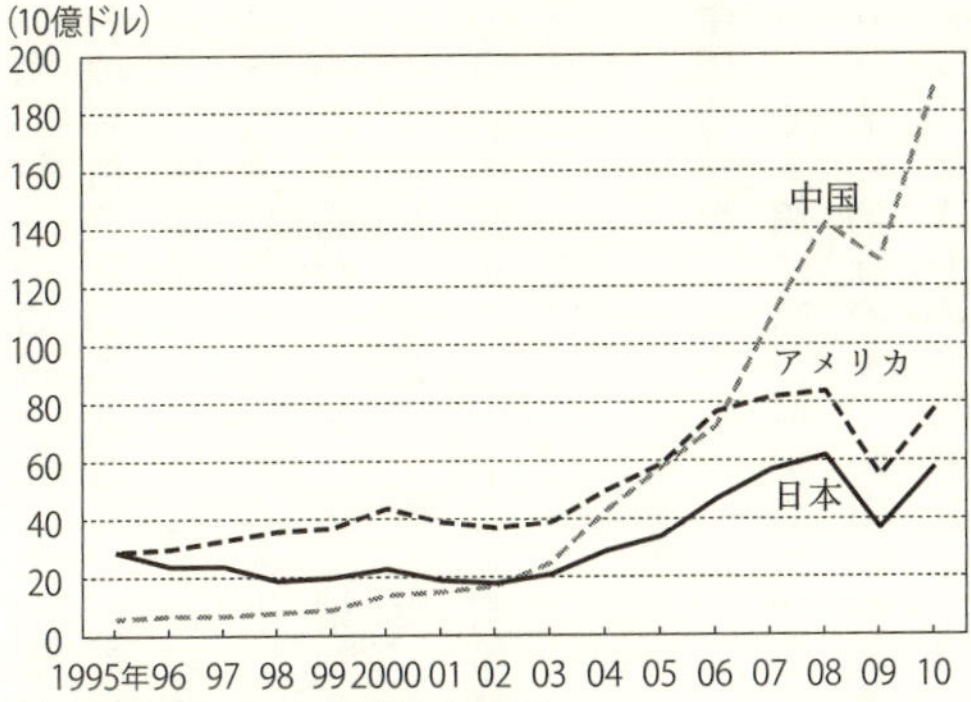

（出所）UNCTADの統計から作成

その鉄鉱石をふくむ中国の鉱産物全体の輸入額は、二〇〇七年にアメリカをぬいて世界最大になった（図1－3）。二〇一〇年には世界貿易の一九・四％を飲みこんでいる。ちなみにこの年の日本の比率は六％、アメリカは八％だった。鉱種でみると中国はニッケル総貿易の二五・五％、アルミニウムの二一％、銅鉱石の二八・六％を占め、鉱産物以外でもゴム貿易の二二％、木材の一九・四％、石炭の一五・四％を鯨飲した。いずれの輸入も急激に増加していて世界シェアは拡大の一途だ。中国国土資源部の「二〇一〇年国土資源広報」によれば、石油の対外依存率は五四・八％、鉄鉱石の依存率は五三・六％である。まさに資源暴食状態で、世界の資源需給と資源貿易は中国を震源地として激変のまっただなかにある。

資源価格が長期に低迷していた時代、石油をふくめた諸資源は戦略物資としての性格が弱まり、一般商品化していた。いわゆる「コモディティ化」といわれた現象である。カネさえだせば必要な量は入手できるという状況がつづいたので、日本は、田中角栄《たなかかくえい》大臣のもと当時の通商産業省が一九七一年に策定した「資源問題の展望」以降、二〇〇六年に「新・国家エネルギー戦略」を発表するまで、ながらく包括的な資源戦略をもたなかった。この間日本の関心は資源調達よりも省エネ対策にあったといえよう。だが中国は、資源をコモディティとはとらえていない。

中国の戦略

いまや人類は二〇世紀におけるよりもはるかに大量の資源を必要とするようになったのであり、その増分の多くが中国の需要を満たすためだとなれば、中国がみずから資源調達にのりだすのはきわめて自然ななりゆきだった。中国を成長のよりどころとするようになった世界経済にとっても、中国における資源エネルギーの安定供給はきわめて重大な問題なのであり、中国の資源需要爆発を包摂できるあらたなグローバルシステムの構築が二一世紀前半のグローバルイシューになっている。そこに、アフリカ経済が成長反転したカギがあった。このことについては次章でくわしくのべる。

中国経済は製造業生産の比率が高い。GDPに占める割合は二〇一〇年で三三・五％である。ちなみに日本で製造業のGDP比がもっとも高かったのは一九七〇年の三六％で、現在は二〇％ほどだ。中国経済は外資による輸出生産基地として成長してきたことにくわえ、先進国のようなサービス産業化がまだおこっていない。したがって膨大なエネルギー消費の約七割が産業用である。巨視的にいえば、中国経済の台頭によって世界の製造業は過剰生産と過当競争の傾向を強めているのだが、それでも中国政府は国内安定への配慮から高度成長の維持をかかげている。となればいっそう生産拡大をはからなければならず、結果として世界の資源価格は上昇し、製造業製品価格のほうは抑制される傾向がつづくだろう。このような傾向はしかし、国際開発の視点からみれば、開発途上国製造業部門の雇用人口が増えて貧困層が減り、商品価格の抑制によって実質購買力が向上し、人類が豊かになっていくということのうらがえしでもある。

中国政府は製造業生産の維持拡大に必要な資源の調達を、自国経済の存立にかかわる国家安全保障上の課題として強く認識している。そのため、みずから資源権益を確保する政策にのりだし、これからまだまだ必要になる資源を国外で囲いこむための資源戦略をいちはやくうちたてた。そのターゲットのひとつがアフリカだったのである。

アフリカ走出去、始動

中国とアフリカのあいだにはながい独特の歴史がある。中国共産党はアフリカの植民地解放闘争を支援していたし、アフリカ諸国が独立したのちも台湾との国家承認競争や中ソ対立のなかで、西側にも東側にもくみしない国、たとえばタンザニアを非同盟諸国運動の名において援助した。共産圏が崩壊したいま、独立闘争を支援したという点は、アフリカの外では中国共産党だけが主張できるものである。

とはいえ二〇世紀中のアフリカ大陸における中国のプレゼンスは、そして中国にとってのアフリカの重要性は、けっして高いものではなかった。近年の中国のアフリカ政策は、このような過去におけるものとはまったくことなる意図にもとづいているのであって、現代中国のあり方とニーズを反映している。

さきにふれたように中国は一九九五年に石油の純輸入国になった。翌年には江沢民《チアン・ツォーミン》国家主席がアフリカ六ヵ国を訪問し、エチオピアのアフリカ統一機構（OAU。二〇〇二年にアフリカ連合〔AU〕に発展）本部で二一世紀にむけた中国アフリカ関係の強化を訴えている。またアフリカ進出のさきがけとして一九九五年に中国石油天然気集団公司（CNPC）がスーダンの油田権益を取得、一九九九年には中国有色金属工業総公司がザンビアの銅鉱山に進出した。

江沢民は一九九二年の共産党大会で中国企業の国外進出を奨励しており、一九九七年には中国企業の国際展開を意味する「走出去《ゾウチュチィ》」という政策用語が登場して、二〇〇二年の第一六回党大会で走出去政策が採択された。走出去政策のもと、対外投資のための「指導目録」（投資ガイドライン）が国別産業別に続々と公刊され、投資規制が大幅に緩和されて、さまざまな投資支援策が講じられている。アフリカ政策のグレードアップもこのような動きのなかで準備された。しかし、アフリカ進出の第一歩がスーダンであったことは後々まで中国外交の足かせになるのである。そのことについてはあとでふれよう。

中国の「先見の明」

現在の中国のアフリカ戦略は一九九九年にその基本方針が定められたという。この年に国家安全部が今後のアフリカ経済政策にかんする文書を作成、この文書をもとに、外交部や対外貿易経済合作部（現在の商務部）のほか、ビジネスマンや研究者がひろく集められて中国アフリカ関係の二一世紀戦略を検討する会合がもたれた。当時はまだアフリカの経済成長がはじまるまえであり、とくにサブサハラ・アフリカでは貧困化が進行していた。当然、アフリカに対する投資は沈滞していたのである。そのなかで中国は積極攻勢に舵《かじ》をきりかえようとしていた。世界の資源業界が投資攻勢にうってでるのは二〇〇三年の資源全面高以降であるから、中国のこの先行ぶりは驚くべきことである。

この会合での協議をうけて翌二〇〇〇年に、アフリカ四五ヵ国の元首および閣僚を招聘《しょうへい》し、北京で「中国アフリカ協力フォーラム」(FOCAC)が開催された。FOCACは三年ごとに開かれることになっていて、二〇〇三年にエチオピアの首都アジスアベバで閣僚会議が、二〇〇六年には元首級会議に格上げされてFOCAC北京サミットが開催されている。このサミットでは北京の街がアフリカ意匠のポスターでおおわれ、アフリカから四八ヵ国が参加して四一人の国家元首がやってきた。この年は、一九五六年に中国がアフリカで初の国交関係をエジプトとむすんでからちょうど五〇年目にあたっていたことから、FOCAC北京サミットは中国アフリカ外交の威信をかけた一大イベントになった。

ところで日本には、アフリカ諸国との協議体として一九九三年から五年ごとに開かれているアフリカ開発会議(TICAD)がある。世界の政府開発援助(ODA)が衰退していた時代に開発問題を話しあうため創設されたフォーラムで、FOCACはじめいまではいろいろな国で開催されるようになったアフリカ招聘サミットの原型になったものである。TICADがコミットメントぬきの、開発にかんする政策協議の場としてはじまったのに対し、FOCACは基本的に投資と商談の場であり、きわめて具体的なコミットメントが毎回なされる。北京サミットでは一四件一九億ドルの契約がむすばれた。商談のアレンジは商務部傘下の中国国際貿易促進委員会が担当している。

二〇〇五年には国連開発計画（UNDP）と共同で、「中国アフリカビジネス協議会」（CABC）を発足させた。このCABCには、中国人企業家と中国共産党との連携機関である中国光彩計画推進協会が参画していて、一万六〇〇〇社をこえる中国企業がCABCに加盟した。すでにアフリカ六ヵ国に事務所を開設している。北京サミットではこのほか、中国国際貿易促進委員会とアフリカ商工会議所連合会によって「中国アフリカ共同商工会議所」が設立されている。

元首のアフリカ歴訪

FOCAC北京サミットの開催は二〇〇六年の一一月であったが、それにさきがけ一月に中国外交部が「中国の対アフリカ政策文書」を発表している（在日中国大使館から日本語版も同時に発表された）。これによってはじめてアフリカに対する中国政府の方針が公にされたのだが、このときにはもう資源価格がいちじるしく高騰していて、それと同時にアフリカ経済の成長反転が明瞭《めいりょう》になっていた。アフリカに新時代が訪れていたのだが、中国がアフリカの新しい状況をよく認識していたことがこの文書からはうかがえる。日本ではまだアフリカの変貌ぶりがひろくは知られていなかったころだ。日本のマスメディアが本格的にアフリカの経済成長をとりあげはじめるのは二〇〇七年になってからである。

対アフリカ政策文書の前文には「アフリカ政策の目標と措置をしめし」「各分野の協力計画」をたてるためにこれを定めたとある。おそらくこの文書は、北京サミットを成功に導くための準備として、アフリカ側との事前協議に枠組みを提供するためのものだったのだろう。事実、サミットで合意された「北京宣言」には対アフリカ政策文書にある各目標の実行計画がならんでいて、どれも数値目標をかかげたきわめて具体的なものだ。対アフリカ政策文書と北京宣言の内容についてはおって説明する。

胡錦濤《フー・チンタオ》が国家主席に就任したのは二〇〇二年だが、翌二〇〇三年からアフリカの経済成長がはじまった。前述したように江沢民も一度アフリカを訪れているが、胡錦濤はこれまで二〇〇四年、二〇〇六年、二〇〇七年、二〇〇九年の計四回アフリカ諸国を歴訪しており、訪問した国の数は一八ヵ国にもおよぶ。これほど多くのアフリカ諸国を直接訪れた国家元首は歴史上ほかにいない。

胡錦濤の在職中には北京オリンピックや上海万博があったのでアフリカ諸国元首の訪中もきわめて頻繁だった。習近平《シー・ジンピン》も、二〇一〇年一〇月の中国共産党中央委員会全体会議（第十七期五中全会）で胡錦濤の後継者に内定したその翌月に、初のアフリカ訪問にでかけている。

温家宝《ウェン・チアバオ》首相はエチオピアでの第二回FOCACと、二〇〇九年にエジプトで開かれた第四回FOCACに出席し、北京サミット直前の二〇〇六年六月にはアフリカ七ヵ国を訪問した。外相にいたっては、ここ二〇年以上にわたって年初にかならずアフリカを歴訪している。中国はまた、国家崩壊したソマリアをのぞいて外交関係のあるすべての国に大使館を設置している。

中国のアフリカ外交はこのように、実績において他国の追随を許さないものだ。「中国はアフリカとの関係強化を望んでいる」というメッセージを、どの国よりも強く、高い頻度で発しつづけてきたのである。

対アフリカ政策文書

さて、対アフリカ政策文書がかかげている目標は、アフリカとのあいだに「戦略的パートナーシップ」を構築することである。それと同時に、「大多数のアフリカ諸国が一つの中国の原則を順守し、台湾と公式の関係をもたず、公式の往来をせず、中国の統一の大業を支持していることを評価」するとある。つまり、台湾との断交が戦略的パートナーシップ構築の前提とされている。中国のアフリカ政策の目的のひとつに統一中国、すなわちアフリカからの台湾政府放逐があることは、中国政府のみならずアフリカに関係する中国人のだれもが明言するところだ。

二〇〇三年にリベリアが、二〇〇五年にセネガルが、北京サミットの直前にはチャドが中国と国交を樹立して台湾と断交した。北京サミットの翌年に台湾は国交関係をもつアフリカ五ヵ国を台北《タイペイ》に招聘して首脳会議を開催したが、その年の一二月に今度はマラウィが断交した。アフリカにおける台湾の外交拠点はもはや、ブルキナファソ、ガンビア、サントメプリンシペ、スワジランドしかのこっていない。

中国がいう戦略的パートナーシップの中身は政治、経済、社会、安全保障の四分野からなっている。政治分野においては政治家、議員、政党、地方自治体の交流と、さまざまな二国間委員会の設置が提案されている。さらには国際問題において中国とアフリカが連帯し協力することが謳《うた》われていて、その際「国連憲章の目的と原則」を遵守するとある。これについては説明がいるだろう。

中国が国連憲章に言及する意図は、国連憲章第二条の内政不干渉原則にあると思われる。冷戦終結後、先進国による対アフリカ援助はその供与条件としてガバナンスの改善をもとめ、人道上問題のある政権に対してはODAを停止して制裁を課すのが常道になっている。中国はこれに同調しないという意思を、またそのような中国の姿勢の正当性を、国連憲章遵守というかたちで表明していると考えられるのである。

経済分野では「政治的条件のつかない援助」の提供が約束され、「アフリカ諸国と資源を共同で開発し、合理的に利用するのを奨励、支持し、アフリカ諸国が資源の強みを競争の強みにかえる」ための資源開発、貿易投資の促進、インフラ整備、双方の金融機関の協力、農業支援、観光促進、債務減免、国際開発機関や国際金融機関における協力が列記されている。社会分野では人材養成、アフリカ人奨学生の招聘、アフリカにおける中国語教育、科学技術協力、文化交流、医療衛生協力、メディアの交流、行政協力、領事関係での協力、民間協力、環境保護協力、災害援助と人道主義援助といった各項目がかかげられている。

安全保障分野として第一にあがっているのが軍事協力で、「軍隊のハイレベル往来」を促進して「アフリカ諸国の軍事訓練に協力し、アフリカ諸国が国防力・軍隊を整備」するのを支援するとしている。域内紛争解決と国連平和維持活動への支援、司法協力、警察協力、移民管理にかんする情報交換と不法移民取締りでの協力、国際テロ・麻薬密売・国際的犯罪組織対策での協力が提唱された。これらにくわえてFOCACの充実化と、AU（アフリカ連合）の開発イニシアティブである「アフリカ開発のための新パートナーシップ」（NEPAD）との関係強化、およびAUやその他アフリカ地域機構との友好関係を強化するとしている。

自国の経済成長維持という政策課題からはじまった中国のアフリカ政策はこのように総合

的なものであって、この点が、開発支援に特化していた日本のTICADイニシアティブとはちがうのである。そのTICADも、二〇〇八年に開催された第四回会議からは民間企業の参画をあおいで、貿易投資マターを本格的にあつかうようになった。

破竹の資金投入——北京宣言

FOCAC北京サミットにおいて、これらの目標を実現していく具体的方策としてまとめられた北京宣言は、全部で一一項目からなっていた。まず二〇〇九年までの三年間で対アフリカ援助を倍増し、三〇億ドルのソフトローン（優遇貸付）と二〇億ドルの特恵バイヤーズクレジット（輸入業者への優遇貸付）を提供することが約束された。また、外交関係をもつアフリカの重債務国と低所得国に対しては債務が免除されることになり、実際二〇〇九年末までにおよそ一九〇億元の対アフリカ債権が放棄されている。

走出去政策をささえる最大の力は資金である。二〇一一年二月、イギリスのフィナンシャルタイムズ紙は「中国開発銀行と中国輸出入銀行の二〇〇九年と二〇一〇年における対開発途上国融資額が一一〇〇億ドルにのぼり、世界銀行をこえた」と報じた。中国開銀や中国輸銀の公刊物からは国外オペレーションの数字を把握できないので、この数字はフィナンシャルタイムズ紙調べである。世界経済危機対策に追われたこの両年における世銀の融資額は、じつは過去最高額だったのだが、それでも両年合計で一〇五七億ドルだった。ただしこれは、世銀グループのなかで非ODA融資を担当している国際復興開発銀行（IBRD）の実績である。

翌二〇一二年早々に、今度は国際格付け機関のフィッチレーティングスが、中国輸銀が二〇〇一年から二〇一〇年のあいだにアフリカに供与した融資額が六七二億ドルに達して、同期間における世銀の対アフリカ融資額五四七億ドルを大きくうわまわったという調査結果を発表した。IBRDは対アフリカ融資をおこなっていないので、これは世銀グループ内でODA融資を担当する国際開発協会（IDA）との比較ということになる。フィッチレーティングスによると、中国輸銀の融資額の二〇％がアフリカむけであった。

走出去の背景には「不足」と「過剰」がある。不足とは資源の不足であり、過剰とは中国内における過剰投資と過剰生産、そして世界一の外貨準備である。中国は資源を調達すると同時に、投資先と市場をさがし、外貨の運用先を開拓しなければならないのである。

その膨大な外貨準備を中国企業の国外進出促進のために提供しているのが、中国輸銀や中国開銀、中国工商銀行（世界最大の株式時価総額をもつ銀行）や中国建設銀行（同第二位）といった国有銀行である。いずれも二〇〇〇年前後は国有企業への大量貸出で不良債権問題に苦しみ、政府資金の注入と株式上場でもちなおした金融機関だ。

中国輸銀は国外むけソフトローンを担当している。さきにふれたように、中国によるアフリカ資源開発のさきがけは、一九九五年にCNPC（中国石油天然気集団公司）がスーダンで油田権益を獲得したことだが、このときも中国輸銀から一億ドルのソフトローンが提供されている。しかし中国輸銀のアフリカむけ融資が最初に世界の耳目を集めたのは、二〇〇四年に締結された対アンゴラ二〇億ドル融資契約だろう。当時のアンゴラのGDPは一六〇億ドルにすぎなかったから、これはたいへんな額だった。アンゴラ内戦は二〇〇二年に終結したが、アンゴラ政府のガバナンスにかんする懸念から国際通貨基金（IMF）との交渉が進まず、戦後復興インフラ資金の調達先がみつからなかった。それが、中国輸銀によっていっきに提供されたのである。その直後に中国石化集団公司（シノペック）がアンゴラの油田開発に参入している。中国にとってアンゴラはスーダンよりはるかに有望な投資先であった。

この大型融資は国際社会を大いに驚かせた。アンゴラについてはあとで再論したいが、中国の融資によってアンゴラ政府は、アフリカ産油国のなかでもユニークな方向に進みだすのである。その後中国輸銀の融資枠は四五億ドルに拡大され、中国開銀からも二二億ドルの資金が提供された。内戦時代のアンゴラはソ連の支援をうけていたので当時の中国は国交をもたなかったが、いまやこの国は中国にとって不可欠の原油調達先になっている。

援助と投資

中国の援助は商務部の対外援助司が管轄している。中国政府はどの国にどれだけの援助を提供しているかをしめす援助統計を公表してこなかったが、二〇一一年四月に国務院報道弁公室からはじめて『対外援助白書』が発表された。年度別国別の数字がでていないはなはだ不じゅうぶんなものだが、中国のアフリカ研究者すら情報の公開をもとめていたことを考えると大きな前進だ。それによると、二〇〇九年末までの累計で中国は二五六二・九億元の援助を一六一ヵ国・三〇機関に対して供与し、うち七六五・四億元が無償援助、七三五・五億元が無利子融資だという。地域配分だけは明らかにされていて四五・七％がアフリカむけであり、次に多いのがアジアの三二・八％である。分野別では経済インフラがもっとも多く全体の六一％を占めている。

これを米ドルに換算してみると総累計がおよそ三七七億ドル、対アフリカは一七二億ドルになる。ちなみに二〇一〇年における日本のODAディスバース（実際の支出）額は一八八億ドルで、うち一九億ドルがアフリカむけであった。またこの年の対アフリカODA世界総額は四七八億ドルで、最大ドナーはアメリカ（七八億ドル）である。

投資については、商務部がだしている国外直接投資（FDI）統計によると、二〇〇八年の対アフリカ投資フローはおよそ五五億ドルであった。これは、中国FDI総額の七割を占めている対香港投資をのぞけばアジア地域をうわまわる額であり、世界のどの地域よりも多い。アフリカのなかでは南アフリカが四八億ドルで突出しており、前年前々年にくらべて一〇倍以上にのびている。あとで説明するが、これは中国工商銀行によるものだ。南アフリカに対するFDIの急増によってアフリカ地域がアジアをぬき最大投資先になったのである。

一方この年の対アフリカFDIの世界総額は七二二億ドルで、対南アフリカFDI総額が九〇億ドル、日本については対アフリカが一五億ドルで対南アフリカは六・五億ドルだった。日本の対アフリカ投資は二〇〇八年に、中国にいっきに差をつけられたわけだ。援助白書にさきがけて二〇一〇年一二月に『中国とアフリカの経済貿易協力白書』が、やはり国務院報道弁公室から発表されているが、それをみると二〇〇九年末における中国の対アフリカ投資ストックはおよそ九三億ドルであり、採鉱業が二九%、製造業二二%、建設業一五・八%となっている。同年の日本の対アフリカ投資ストックは五七億ドルであった。

二〇一一年九月に中国商務部が発表した数字によると、二〇一〇年における中国のFDIは六八八・八億ドルで、日本のFDI五六二・六億ドルをついにうわまわった。とくに二〇〇四年以降ののびはすさまじく、年平均三八%のスピードで増えてきた。数年内には、中国へのFDI流入額である一〇〇〇億ドルの水準に達するであろう。ところが、この白書によるとアフリカの対中投資ストックは、前記した中国の対アフリカ投資ストックより多い九九億三〇〇〇万ドルだという。これについては説明がいる。

アフリカの対中投資

この巨大な対中投資はほとんどが南アフリカ企業によるものだ。南アフリカ準備銀行の対外資産統計によれば、二〇〇九年末時点で一二五七億南アフリカ・ランド（およそ一五〇億ドル）が、個別金額が明示されている日本、シンガポール、香港以外の「その他アジア」に投下蓄積されている。そのほとんどはおそらく中国むけである。一九九八年に南アフリカと中国のあいだで国交がむすばれてから、南アフリカ企業は積極的に対中投資をおこなってきた。現在南アフリカ最大の投資先は、イギリスやアメリカをぬいて中国になっている。たとえば、『中国とアフリカの経済貿易協力白書』も例にあげている有名な投資事例として、南アフリカのSABミラー社と香港の華潤創業の合弁ビール会社がある。同社の「雪花啤酒」は中国最大のシェアをもっている。

他方、おなじく南アフリカ準備銀行によると、同年における中国の南アフリカ内投資資産は三四〇億ランド（およそ四〇億ドル）にとどまった。南アフリカ政府はしばしば、南アフリカの対中投資にくらべて中国の対南アフリカ投資が低調だとして、中国側に投資促進をもとめてきた。中国に対して二〇〇一年に世界ではじめてFTA（自由貿易協定）締結を提案したのも南アフリカだ。投資関係で中国のほうがでおくれているというのは、アフリカのなかで、そして開発途上国のなかで、南アフリカだけがもつ大きな特徴である。ながい歴史を有するビジネス界があって、資源メジャーはじめ地場企業や欧米企業が権益をにぎっている南アフリカは、中国にとって進出がむずかしい国だった。それでも、先述のとおり二〇〇八年から中国の南アフリカ投資がいっきに増え、投資先は資源のみならずさまざまな分野にひろがりつつある。

外資との提携

北京宣言では五〇億ドルの「中国アフリカ発展基金」設立も約束された。この基金は翌二〇〇七年に中国開銀から一〇億ドルの出資をえて発足し、現在では中国企業のアフリカ進出をささえる重要なファシリティとして機能している。中国アフリカ発展基金は、アフリカ進出を希望する中国企業や中国アフリカ合弁事業に対して株式投資や債券投資を提供するもので、二〇〇九年に南アフリカ、二〇一〇年にエチオピア、二〇一一年にはザンビアとガーナにも事務所を開設した。

北京宣言ではこのほか、アフリカからのゼロ関税輸入の対象品目を一九〇から四四〇に拡大し、「域外経済貿易協力区」（中国企業専用の経済特区）を複数建設することもコミットされた。経済特区の建設はザンビアをかわきりにしてモーリシャス、エジプト、ナイジェリア、エチオピアではじまっている。

中国単独ではなく外資を使った進出もある。二〇〇七年、アフリカ最大の銀行である南アフリカのスタンダード銀行に中国工商銀行が二〇%資本参加することが発表された。これが、さきにふれたように中国の対南アフリカ投資をいっきに高めたのである。スタンダード銀行は世界二九ヵ国、アフリカ一七ヵ国に拠点をかまえるグローバルバンクだ。この発表は、五五億ドルという出資額の大きさもあって世界のビジネス界を驚かせた。豊富なアフリカビジネス情報をもつ同行との連携は世界中の企業が望むところだが、スタンダード銀行は中国を選択し、しかも中国工商銀行はいきなり二〇%の資本パートナーになったのである。両行は共同で案件発掘を進めることになっている。

また二〇〇八年に中国開銀と資源メジャーのアングロアメリカン社は、アフリカや中国国内で鉱業プロジェクトを共同発掘するための戦略提携をむすんだ。シノペックは二〇〇九年にスイスのアダックスペトロリアム社を買収、これによってナイジェリア、ガボン、カメルーンの油田権益を手中におさめている。資源メジャーのリオティィント社と中国アルミ（チャルコ）の提携協議は難航したが、リオティントがもつギニアの鉄鉱石開発プロジェクトにチャルコが参加することで二〇一〇年に合意にいたった。これはシマンドゥ鉱山という世界最大級の鉄鉱石埋蔵量を有する鉱山で、リオティントが五三％、チャルコがのこり四七％の権益をもっている。中国海洋石油総公司（CNOOC）はフランスのトタール社と共同でウガンダの油田開発に参入、ガーナで発見された沖合大油田にもBPと共同で参画する。

中国石油業界は、改革開放路線のなかで外国企業から技術を導入して形成されてきたものだし、国有銀行も株式上場の過程で外資との関係を深めてきた。中国企業にとって業務提携やM&Aはなじみのある手法だ。また、二〇〇八年リーマンショックの影響をうけた欧米企業にとって中国の豊富な資金は救世主でもあった。

中国版マーシャルプラン

観光業については、二〇〇二年のエジプトをかわきりに、アフリカ二八ヵ国が中国人海外団体旅行の対象国として「承認目的地ステータス」をあたえられ、二〇〇九年には三八万人の中国人観光客がアフリカを訪れている。中国はすでにアフリカ一五ヵ国と民間航空輸送協定をむすんでおり、ラゴス（ナイジェリア）、ルアンダ（アンゴラ）、ハルツーム（スーダン）と北京とのあいだに直行便が就航した。

北京宣言ではまたアフリカ人一万五〇〇〇人を対象とした人材育成、中国人農業技術者一〇〇人の派遣、農業技術モデルセンター一〇ヵ所の設立、農村学校一〇〇校への援助、アフリカ人奨学生を四〇〇〇人に倍増、中国人青年ボランティア三〇〇人の派遣、三〇ヵ所の病院援助、三〇ヵ所のマラリア対策センター設立なども約束された。

二〇〇九年一一月に最初の中国農業技術センターがモザンビークに開所、ベニン、エチオピア、タンザニア、リベリア、スーダン、ジンバブエなどすでに一四ヵ国で設置されている。二〇一〇年にはアフリカ三三ヵ国に一〇四人の農業専門家が派遣されているという。マラリア対策センターは二〇〇七年にリベリアで開所したのをかわきりに、二〇〇九年末には三〇センターを設置しおえた。

また中国は二〇〇二年から青年ボランティアの派遣をはじめている。アフリカにおける最初の派遣地はエチオピアで、二〇〇九年末までに三一二人の中国人青年ボランティアをアフリカに派遣したという。他方アフリカから二万九〇〇〇人の留学生をうけいれており、アフリカ一四ヵ国に二一校の孔子学院を開校した。孔子学院とは二〇〇四年に発足した中国政府管轄の、国外における中国語教育機関である。

北京宣言では、アフリカ連合（AU）支援としてAU会議場の建設贈与も約束されたが、これについて少し説明をくわえておきたい。アフリカにあまた存在する地域機構を開発支援のなかでどう位置づけるかは、援助する側にとって従来から悩ましい問題であった。アフリカ側は、開発プロジェクトにおいて地域機構を国家と同様のパートナーとして認めるよう主張するのがつねだが、ただでさえ行政能力に劣るアフリカ諸国政府にくわえて、拠出金すら満足に集められない地域機構をパートナーにすることは、多くの場合援助国側の負担を増やすだけにおわりがちだ。地域機構のための費用や実務を援助国が実質上負担する結果になることが多いからである。すべてのアフリカ諸国が加盟するAUですら拠出金未納問題はかねてからの宿痾《しゅくあ》で、財政の多くを南アフリカやリビアにたよってきた。

AU会議場は二〇〇九年に着工、二億ドルをかけて、エチオピアの首都アジスアベバで最高層の二〇階建て三五〇室を有するビルが二〇一二年に完成した。これによってAUでは中国の貢献が永遠に記憶されることになるだろう。中国はアフリカ各国に大統領官邸やスタジアムを供与することでアフリカ側の歓心をかっているとよく非難されるが、相手国の政権と親密な関係を構築するうえで効果的なやり方であるにはちがいない。アフリカ域内での紛争対策のこともあって欧米諸国もAUの機能強化をもとめているが、地域機構に対してここまで思いきった援助ができるのは中国だけだ。

シャルムエルシャイク行動計画

北京サミットの三年後、二〇〇九年に第四回FOCAC閣僚会議がエジプトで開催され、「シャルムエルシャイク行動計画（二〇〇九〜二〇一二年）」が発表された。これによって、二〇〇六年の「政策文書」でしめされた基本線にそったかたちで、アフリカ支援の幅がさらに拡大された。あらたに一〇〇億ドルのソフトローンが提供されることになり、アフリカ産品に対する無関税措置が全貿易品の九五％にまで拡大された。また重点分野にクリーンエネルギー開発がくわえられたことはたいへん興味深い。これは、太陽光発電や水力発電所の建設、砂漠化防止対策や都市環境保全など一〇〇項目からなる気候変動対策で、おそらくは二〇一一年のCOP17南アフリカ会議をにらんだ、ポスト京都議定書対策の一環だったのだろう。京都議定書が提供する京都メカニズムの最大の受益者である中国は、アフリカ票をひきつけてその延長をはかったと思われる。

さらにはアフリカの中小企業むけ融資一〇億ドル、農業モデルセンターの二〇ヵ所増設、二〇〇〇人の農業専門家と三〇〇〇人の医療人員養成、「中国友誼学校」五〇校の開設、一五〇〇人の教師養成、孔子学院の拡大、そのほかにもアフリカ人奨学生を五五〇〇人に拡大して博士課程に一〇〇人を収容する、人材育成プログラム対象者を二万人に拡大するといったコミットメントがシャルムエルシャイクではなされた。これらは北京宣言の拡張だが、これにくわえて、研究者交流を深め共同研究を実施する、FOCACのなかに文化フォーラムと女性フォーラムを新設するといった新しいイニシアティブも謳われている。

このように、中国がめざす戦略的パートナーシップは資源獲得にとどまるものではなく、軍事、農業、教育、医療、環境対策、文化学術交流など包括的なひろがりをもつものに進化してきた。二〇〇六年には中国国際放送がケニアで英語・スワヒリ語・中国語によるFM放送局を開設しているし、二〇〇七年にはナイジェリア発注の通信衛星を四川省の基地からうちあげている。二〇〇九年には中国の原子力開発組織である清華大学核能与新能源技術研究院と発電プラント製造企業のチナジー社が、南アフリカの原発公社と覚書をむすんだ。このように、かつてアフリカに帝国を築いたイギリスやフランスですらなしえなかった広範な関係を、中国はほぼ一〇年でアフリカとのあいだに構築してしまった。これを「中国版マーシャルプラン」とよぶむきすらある。

中国がアフリカをかえる

いまやアフリカには国有企業以外にも多数の中国企業が進出していて、中小企業についてはアジアへの進出よりも多いという。中国には国外在住者数を把握するシステムがないが、一九九九年にアフリカ全体で五万人といわれた中国人在住者は、二〇一〇年末には一〇〇万人に達したともいわれ、南アフリカだけでも三〇万人の中国人が生活していると推測されている。いまではアフリカのどこの国にいっても中国人の姿を目にするようになった。中国人商店が叢生《そうせい》し、中国企業によってビルや道路、発電所などが建設されている。

その象徴がアンゴラの首都郊外に建設されつつある一大都市であろう。政府系コングロマリット中信集団公司（ＣＩＴＩＣ）傘下の中信建設の手によるもので、二〇万もの居住者を収容しようという巨大プロジェクトだ。急激な経済ブームでアフリカ各国の首都はどこも人と車がひしめいているが、なかでもアンゴラの首都ルアンダはいちじるしい。ナイジェリアのラゴスをしのぐ過密と混乱ぶりである。もし中国の支援がなければ、アフリカの多くの都市でいずれ機能マヒがおこるにちがいない。

図１－４　日米中仏の対アフリカ輸入額

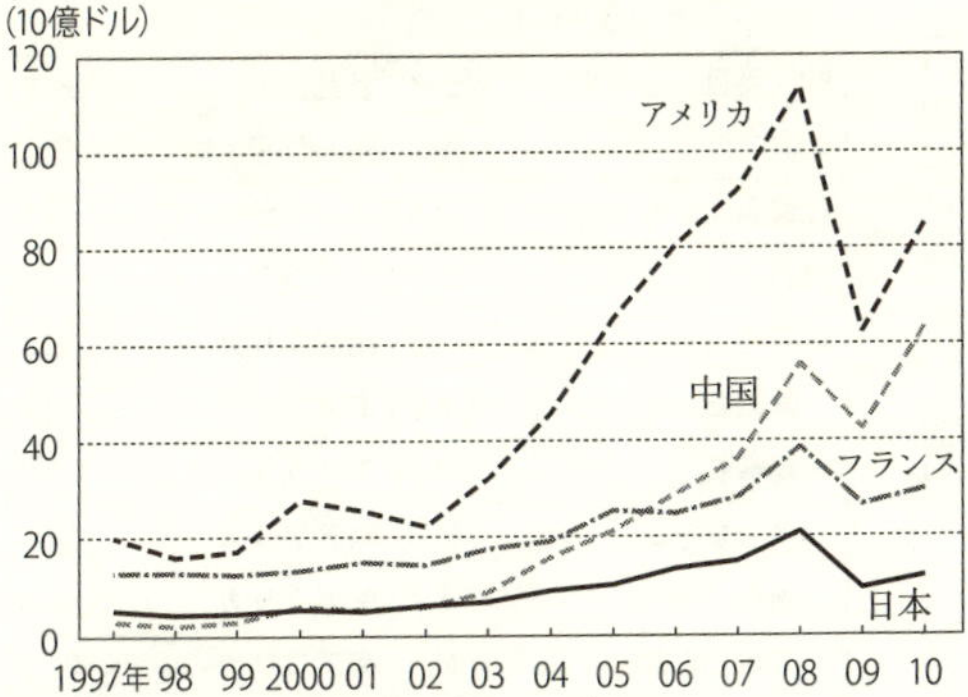

（出所）World Trade Atlas 統計から作成

図１－４はアメリカ、中国、フランス、そして日本のアフリカ地域からの輸入額をみたものだ。近年他国を圧して米中の輸入が増えているのは、アフリカ産原油が米中に集中して輸出されているからである。アフリカの産油大陸化は、アフリカの貿易を欧州からきりはなして米中へと接近させたのである。中国の輸入は二〇〇三年以降急増し、日本はもちろんのことドイツ、イギリス、フランス、イタリアを順次ぬきさって、現

表1－1　中国の輸入に占めるアフリカのシェア（2010年）

輸入品目	シェア（%）	各品目の第一位相手国	シェア（%）
総輸入	4.6	アンゴラ	1.6
燃料	22.0	アンゴラ	12.1
鉱産物	8.2	南アフリカ	5.5
鉄鉱石	5.9	南アフリカ	5.2
銅鉱石	3.8	モーリタニア	2.6
マンガン鉱	44.8	南アフリカ	27.1
鉛鉱	8.3	南アフリカ	3.6
クローム鉱	36.5	南アフリカ	31.9
チタニウム鉱	9.9	モザンビーク	6.1
タングステン鉱	14.5	ルワンダ	9.5
鉄鋼	4.6	南アフリカ	4.3
銅製品	8.9	ザンビア	5.2
プラチナ	33.0	南アフリカ	33.0
ダイヤモンド	19.7	南アフリカ	18.1
タバコ	20.5	ジンバブエ	14.4
木材	10.8	ガボン	3.0

（出所）World Trade Atlas統計から作成

在はアメリカに次ぐ第二位の相手国になった。

表1－1にしめしたのは二〇一〇年時点における中国の対アフリカ輸入の概要で、いわば中国の対アフリカ資源依存度表である。アフリカの貿易が世界貿易総額に占めている割合は輸出入ともだいたい三%だから、これを基準に考えれば、対アフリカ貿易比が三%をこえている国はアフリカとの関係が相対的に高く、三%より低ければ相対的に薄いということになる。中国の総輸入に占めるアフリカの比率は二〇〇五年に三%をうわまわり、いまも拡大基調にある。ちなみに日本の対アフリカ貿易依存度は二%弱だ。

原油にかんして中国は二〇一〇年時点で二二%をアフリカに依存しており、なかでもアンゴラへの依存が大きい。二〇〇五年にロシアからの原油輸入を凌駕して以来アンゴラは、中国にとってサウジアラビアに次ぐ第二位の原油供給国でありつづけていて、サウジアラビアとアンゴラ両国からの原油輸入量は突出して大きい。マンガン鉱、クローム鉱、プラチナといった鉱産物では南アフリカに依存している。そのほかにもじつに多くの資源をアフリカにあおいでおり、アンゴラやザンビアの例がしめすように現地での生産にも中国は直接関与している。中国経済の成長を維持するための、まさに国益がかかった貿易関係である。

対アフリカ輸出

南アフリカは二〇一一年四月に北京で開かれたBRICs首脳会議に招待され、小文字のsが大文字になったニュー「BRICS」の一員として認められた。ブラジル、ロシア、インド、中国とちがってGDPが一兆ドルにとどかない南アフリカが、南アフリカより経済規模が大きいメキシコやトルコ、インドネシアをさしおいてまねかれたのには、アフリカ代表という位置づけのみならず、中国の意向が働いている。中国にとってアンゴラと南アフリカは、アフリカのなかでも特別な存在なのである。

さらに印象深いのは中国の輸出だ。図1－5にみるとおり中国の対アフリカ輸出額はここ数年で欧米諸国をあっというまにぬきさり、二〇〇六年にはついに、伝統的にアフリカを市

図1－5　日米中仏の対アフリカ輸出額

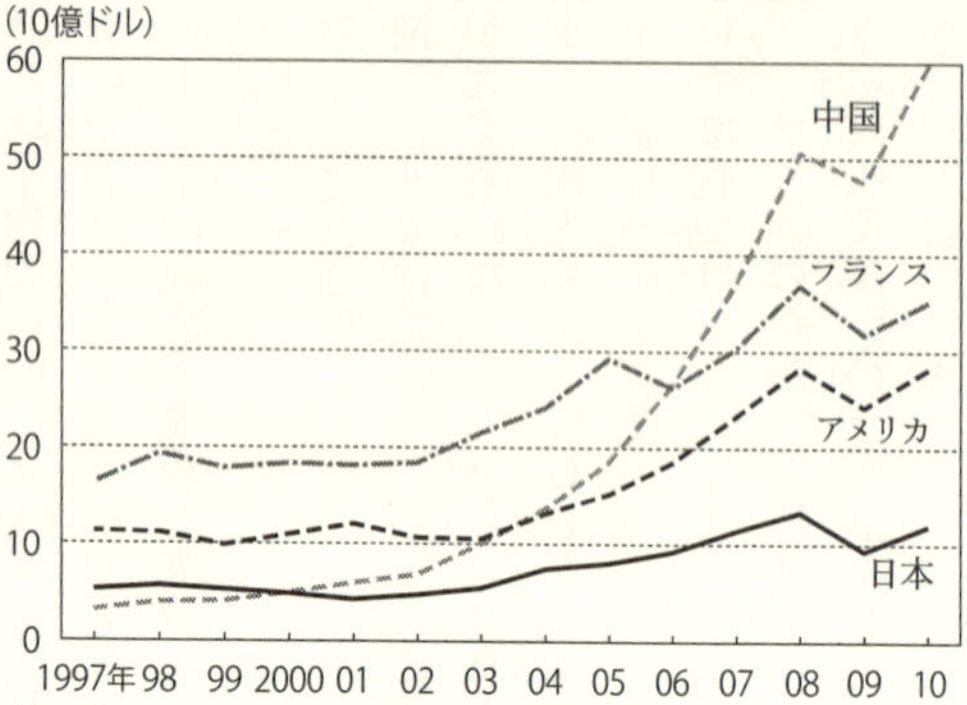

（出所）World Trade Atlas 統計から作成

場としてきたフランスの輸出を凌駕した。以後は他国との差をひろげる一方である。アフリカからの輸入額では中国をうわまわるアメリカは、対アフリカ貿易において五〇〇億ドル規模の赤字であって、しかも赤字幅が拡大している。対して中国の対アフリカ収支がおおよそ均衡しているのは、このようにアフリカへの輸出を増やしていけるからだ。

中国はほぼあらゆる商品をアフリカに輸出しているといって過言でないが、その主軸は電器機械類と機械類である。なかでも電話関連機器が多く、これにコンピューター、ブルドーザー、テレビ、発電機、エアコン、冷蔵庫などがつづいている。いまアフリカでは携帯電話の普及が世界最高のスピードで進んでいるが、そのための機材の多くが中国から供給されていて、電話関連機器の輸出額は二〇〇七年以降毎年二〇億ドルから三〇億ドルにのぼっている。華為技術有限公司（ファーウェイ）、中興通迅（ZTE）、アルカテル上海ベル（ASB）といった企業が国有銀行の支援を背景にしてシェアを拡大してきた。コンピューター、冷蔵庫、エアコン、ブルドーザーなどはアフリカ各国におけるビジネス需要の拡大と建設ラッシュに対応している。このほかにも衣料品、鉄鋼製品、自動車部品、紙製品、玩具などありとあらゆる財が輸出されている。つまり、経済成長下で爆発的に拡大しているアフリカの需要はその多くを中国製品によってささえられており、他方中国はそこから利益をえられているのである。中国政府がくりかえし主張するウィン・ウィン関係が、たしかにアフリカとのあいだで形成されているといえる。

通信部門について少しつけくわえておこう。携帯電話事業はじめ通信産業はアフリカでももっとも急速に発展している分野のひとつであり、中国企業の動きはきわめて活発だ。ファーウェイは中国最大にして世界第五位の通信機器メーカーであり、一九九八年にはもう南アフリカに進出している。現在ではコンプテル社（フィンランド）、エリクソン社（スウェーデン）、コミュウムモバイル社（ルクセンブルク）、またアフリカ最大の携帯電話プロバイダーであるMTN社（南アフリカ）と業務提携しながらアフリカでのプレゼンスを拡大している。ファーウェイはまたアフリカ各国に電気通信技術研修所を設けて、技術者の養成もおこなっている。

ファーウェイは民間企業だが、国有企業であるZTEのアフリカ進出も一九九八年にさかのぼり、現在五一ヵ国に事務所を、一〇ヵ国に子会社をもっている。ポルトガルテレコムやフランステレコムと業務提携しており、アフリカのポルトガル語圏諸国やフランス語圏諸国でも強い展開力をもっている。ZTEはアフリカ各地で農地購入にもかかわっている（一四〇ページ）。

興味深いのは、ファーウェイがアラブ首長国連邦（UAE）の通信会社エティサラットとの連携関係を深めていることだ。エティサラットは、ケニア政府が中心となって進められた東アフリカ光海底ケーブル計画（TEAMS）のパートナーに選ばれた企業で、TEAMSの一五％を出資している。東アフリカにはこれまで通信ケーブルがなく、世界各地との交信を衛星通信にたよってきたため国際電話料金が世界でもっとも高かった。TEAMSはファーウェイではなくアルカテル・ルーセント社が落札して、二〇〇九年にUAEとケニアを連結したが、これから第二第三の海底ケーブルが敷設される予定である。

一方ZTEは、地域経済機構である東南部アフリカ共同市場（COMESA）が設立した通信会社コムテルと提携し、この地域一帯で光ファイバーケーブルの敷設を進めている。また、ファーウェイ、ZTE、ASB、中国国際通信建設公司（CITCC）が共同して二〇〇六年にエチオピアの農村モバイル普及プロジェクトを落札し、エチオピア国内の通信可能エリアを倍増させた。こういった大型プロジェクトの資金は中国の国有銀行が提供している。

アフリカ大陸と世界をむすぶこと。アフリカの奥地へとわけいっていくこと。アフリカの内と外にむかうふたつの方向性は、今後のアフリカにおける開発とビジネスのフロンティアになっていくだろう。中国はそのための経験を着々と蓄積しているのである。

中国が問題をひきおこす

くりかえしになるが、中国によるアフリカ資源権益の獲得は、スーダンからはじまった。スーダンの原油探査は、石油メジャーのシェブロン社によってすでに一九七〇年代からおこなわれていたが、スーダン内戦の勃発《ぼっぱつ》やクーデタ、石油価格の低迷にみまわれて頓挫《とんざ》した。イスラーム過激派のバシール政権がたったのち、一九九三年にスーダンはアメリカからテロ支援国家に指定され、一九九七年には経済制裁が発動されて欧米企業が撤退した。その間隙《かんげき》をついた中国、インド、マレーシアの手でスーダンの油田開発は進められたのである。

ながくつづいたスーダンの南北内戦は二〇〇五年の和平合意でいちおうの決着をみたが、南北和平からとりのこされた西部のダルフール地方であらたな紛争が勃発する。このダルフール紛争においてスーダン政府がジェノサイドをおこなっているという国際社会の非難をうけ、バシール大統領には国際刑事裁判所から逮捕状が発出された。この政権を中国は軍事的にも支援しているため、中国はジェノサイドに手をかしているとの批判が高まって、これが北京オリンピックのボイコット運動にまで発展したのである。中国は、元駐南アフリカ大使でアフリカ外交のエースであった劉貴今《リュウ・グイジン》をダルフール問題特別代表に任命して、国際世論にひろがった反中感情の鎮静化をはかった。

スーダンの南部は二〇一一年に南スーダン共和国として独立したが、その国家建設にも中国は積極的に関与している。南スーダンをイスラーム圏からきりはなして、この地域一帯の治安回復を進める第一歩にしようという思惑は、おそらく米中共通のものである。油田の多くをもつ南部の独立をバシール政権に認めさせたのはアメリカだが、中国がそれを承認してアシストしなければうまくはいかなかったろう。紛争がらみのスーダン＝南スーダン関係を調停できるのは中国だけなのである。アメリカのアフリカ戦略にとって中国との連携は、もはやなくてはならないものになっているというべきだろう（九七ページ）。

おなじような構図はジンバブエでもみられる。ジンバブエのムガベ政権は、白人農場主からの強制土地収用と野党弾圧で国際社会から非難を集めているうえ、経済失政でジンバブエ経済を破綻《はたん》させた。このムガベ政権をささえているのが中国である。二〇〇八年にはジンバブエに武器を輸送しようとした中国貨物船が南アフリカ、モザンビーク、アンゴラで荷揚げを拒否されるという事件がおこっている。南アフリカのムベキ前政権が中国に対してときに批判的であったのは、ひとつには、ムガベ大統領の強硬姿勢の背景に中国の存在があり、隣国ジンバブエの問題解決にとって中国が障害になっているという認識があったからであろう。

南アフリカ企業がもっているジンバブエ内の経済権益が中国にうばわれるというおそれもある。南アフリカ政府はアフリカ地域紛争のほとんどに調停役としてかかわっていることから、アフリカ諸国のなかで南アフリカだけは、二〇〇六年の北京宣言においてアフリカの平和構築にもっと重点をおくよう中国側に要請したという。

一九九九年に中国有色金属工業公司が進出したザンビアにおいても、中国の評判はけっしてよくない。鉱山現場における労務環境や労働条件の悪さはつねづね指摘されており、爆発事故や労働争議でザンビア人労働者が多数死亡している。二〇〇七年の大統領選挙では中国追放を公約した野党候補マイケル・サタが、結局は敗れたものの首都と鉱山地帯で現職をうわまわる得票をえた背景には、中国依存に対する人々の反発があった。大衆レベルでひろく反中感情がみられるというのは、サブサハラ・アフリカではザンビアの特徴である。その後二〇一一年の選挙でついにサタが当選したが、大統領に就任してから彼は方針を転換し、対中融和にきりかえている。

中国進出をめぐる事件

アフリカ最大の市場規模を有する南アフリカには大量の中国製品が流入していて、二〇〇六年から二〇〇八年にかけて中国は南アフリカに最大の貿易赤字をもたらした（ちなみに南アフリカに最大の貿易黒字をもたらしているのは日本である)。衣料品製造の現地企業が中国製品との競争にたえられず次々と操業縮小や倒産においこまれ、二万人以上の雇用がうしなわれた。南アフリカ政府の要請で中国は輸出自己規制を実施することで合意したが、輸出洪水による被害はケニアやザンビアでもおこっている。中国は各地でのインフラ建設で大量の雇用をうんでいるものの、中国人ばかりが雇われていて現地に裨益《ひえき》しないという批判もくりかえしなされてきた。

中国経済にとってもっともたいせつな国のひとつになったアンゴラでは、中国輸銀融資の不正使用にかんして輸銀総裁みずからアンゴラいりして事態の究明を要請した。その後汚職の主犯としてアンゴラの内閣官房長官が罷免されている。ナミビアでは中国企業が賄賂《わいろ》を支払っていたとして、政府高官と中国人社員が逮捕されるという事件がおきている。中国にとって汚職の問題は、国内のみならず国外展開においてもつきまとう。

二〇〇七年にはナイジェリアで中国人技術者五人が武装集団に誘拐されているほか、エチオピアではシノペックの油田開発現場が襲撃され中国人九人を含む七四人が殺害されるという事件がおこった。襲撃したのは「オガデン民族解放戦線」で、エチオピアからの分離独立をもとめているイスラーム系ゲリラ組織である。この分離独立運動の淵源《えんげん》は、一九七八年から八八年にかけてソマリアとエチオピアのあいだで戦われたオガデン戦争にまでさかのぼる根の深いものだ。国境地帯にまで進出した中国がその尾をふんでしまったかっこうである。結局シノペックは撤退においこまれた。

二〇〇九年には、新疆《シンジャン》ウイグル自治区でのモスリム弾圧に抗議するとして「イスラームマグレブのアルカイダ組織」(AQIM)が中国への報復を宣言した。中国の国内問題がグローバル化して、中国のアフリカ政策をおびやかしているという構図だ。AQIM発祥の地であるアルジェリアでは中国移民と現地住民との衝突もおこっている。AQIMはアメリカが周辺アフリカ諸国と共同して封じこめをはかっている組織で、対国際テロ戦争におけるターゲットのひとつである。アルジェリアのみならず北アフリカや西アフリカにネットワークをもっていると考えられており、チュニジアやリビアの政変にも関与した可能性が強いといわれる。

二〇一一年にリビアで民主化暴動がおこった際も中国企業が次々と襲撃され、中国政府は史上最大の救出作戦をおこなって三万五〇〇〇人の中国人を本国に帰還させた。リビアにおいて中国はカダフィ政権にあまりに深く関与していたため、政変後は利権の多くをうしなう可能性がある。リビア革命は、中国にアフリカの政治リスクを強く認識させたはずだ。

中国に対する警戒

アフリカにとどまらず世界大においても、中国の資源戦略に対する警戒感は強まっている。さきにふれたように中国の対外FDIは急激に増えていてすでに五〇〇億ドルに達している。レノボは二〇〇四年にIBMのパソコン事業買収に成功したが、翌二〇〇五年のCNOOC（中国海洋石油総公司）による米ユノカル社の買収提案は米議会の強い反発にあって挫折した。ほかにもアメリカでは、ファーウェイが試みたITベンチャーの買収や鞍山鋼鉄集団の製鉄所買収も失敗している。オーストラリアの資源企業に対する中国の買収提案も豪政府によってたてつづけに阻止された。

中国は国外で資源獲得を進める一方で、国内鉱物資源の輸出を制限するようになった。中国は産油国であるのみならず、鉄鉱石や銅といったベースメタル、タングステンやモリブデンといったレアメタルを産する。アメリカとEUは中国によるレアメタルの輸出制限を二〇〇九年にWTOに提訴し、二〇一二年の裁定で中国は敗訴している。二〇一〇年には尖閣《せんかく》諸島沖で操業していた中国漁船が日本の海上保安庁監視艇に故意に衝突するという事件が発生、その処理が紛糾して中国政府は、レアメタルのなかでもさらに希少なレアアースの対日輸出を非公式にとめるという事態に発展した。この事件は、貿易ルールをまもらない中国に対する国際社会の警戒感をいっそう強固にした。二〇一二年に日米とEUは、今度は中国のレアアース輸出規制をＷＴＯに提訴している。

資源戦略には当然資源輸送ルートの確保がふくまれている。前述した「中国の対アフリカ政策文書」がいっているように安全保障および軍事分野における協力は中国のアフリカ政策の重要な一環であり、経済関係や外交関係が深化しているのと同時に軍事面での交流も深まっている。二〇〇六年北京サミットの直前には中国の国防相がエジプトとタンザニアを訪問した。人民解放軍はアフリカに展開するすべての国連平和部隊（ＰＫＯ）に参加しているし、中国大使館に駐在武官をおくっている。すでにみたようにアフリカにある中国の施設がおそわれていることから、アメリカがそうしているように中国もまた、重要な施設はみずから警護し、危急の際は人民解放軍が出動できる体制を整えようとしているはずだ。

中国の軍艦が二〇〇〇年からたびたびアフリカ各国の港を訪れているが、おそらくは中国船舶の安全な寄港と航行を確保することが目的であろう。南スーダンのための貿易港として俄然《がぜん》注目を集めているケニアのラミュや、タンザニアのダルエスサラーム、モザンビークのベイラなど大陸東岸の港湾整備にものりだした。中国海軍が進めているシーレーン防衛線はアジアにむかってのびているのであり、ペルシャ湾、そして南シナ海へとつながっている。資源戦略にからんだ中国海軍の動向に国際社会は神経をとがらせている。

中国のアフリカ攻勢にかんする以上のような批判をまとめると、ひとつは、スーダンやジンバブエといった国での人権侵害に対して影響力を行使せず、かえってそれを助長しているというものであり、さらには、自国の利益を追求するばかりでアフリカの開発やアフリカ人の生活改善には貢献しない、「新植民地主義」的進出だというものである。二〇一一年六月にアフリカ諸国を歴訪したクリントン米国務長官は、最初の訪問地ザンビアで「アフリカは中国との関係において新植民地主義に警戒すべきだ」という趣旨の発言をおこなった。中国のアフリカ攻勢を新植民地主義とする論調は二〇〇六年の北京サミット前後に欧米でよくみられたものである。その後下火になっていたので、クリントンの発言は久しぶりだった。

中国のアフリカ政策は新植民地主義か

欧米の新植民地主義批判に中国はもちろん猛烈に反発した。かつてアフリカを植民地支配した国々から植民地主義者よばわりされるのは心外であったろう。中国政府の反論はそれとして、そもそも「中国がアフリカを搾取している」という物言いには無理がある。中国の膨大な資源輸入はアフリカ経済をうるおし、その成長をささえている。中国がつくった道路や発電所はアフリカ人の生活状況をまちがいなく改善させるし、成果のほどはこれからだとしても農業技術センターやマラリア対策センターを次々につくって専門家を配置することを、おなじ分野にたずさわっている開発専門家ならどこの国の人間も批判はしないだろう。

そもそも〝理想的な〟植民地は宗主国に利益をもたらしていなければならないが、中国がアフリカに投入している資金量を考えれば、アフリカ政策の収支の現状はむしろ赤字だろう。今後不良債権化する融資もでてくるにちがいない。中国アフリカ経済関係の進展によってうるおっているのは、いまのところアフリカ側である。

新植民地主義という概念自体は、第二次世界大戦後にかつての植民地が政治主権を回復して植民地支配を打倒したのち、今度は経済主権を獲得しようとする運動のなかからでてきたものである。政治的に独立しても経済権益が支配されたままなら、財政自立も国民経済建設も進めようがない。したがって、新植民地主義批判においては経済権益の外国支配を打破することがキーコンセプトになっており、そこから資源ナショナリズムと国有化政策がうまれた。よって、中国のアフリカ攻勢を新植民地主義だとする議論は、それがアフリカの経済主権をおかすものだとする主張になる。

だが、中国がもっとも大きな資源権益をもっているスーダンでも主要油田におけるCNPCの持分は四〇%であり、鉱山権益で先行しているザンビアの銅産業においても、中国企業が占めている生産比率は四・五%にすぎない。中国以外の国々もアフリカの資源にアクセスしているのはおなじであり、資源権益の所有額でいえば欧米企業が圧倒している。この点で中国を新植民地主義者だというのは、どうみてもおかしい。したがって、要は資源権益をめぐる競争の問題だと考えたほうがわかりやすい。その競争における中国の方法論が先進国とは異質で、アフリカ側にとっても危険だという主張が、欧米における中国新植民地主義論の本質と思われる。

国家のもちだしで融資やインフラ建設を約束し、それが中国企業の競争力になるとなれば、他国の企業はとてもたちうちできない。欧米における中国新植民地主義論は、どうもこの点につきている。だがこれは投資する側におけるルールの問題であって、アフリカ側には関係のない懸念である。アフリカ側にしてみればむしろ、援助も融資も投資もしてくれる中国は願ってもないパートナーだ。だから、アフリカ諸国の政府はどこも中国新植民地主義論にはくみしていない。

新植民地主義論にはもうひとつ、開発途上国の経済権益を支配するにあたってさまざまな方法で政治主権を侵犯するという内包がある。この点について中国は良くも悪くも内政不干渉を貫いているので、アフリカ諸国政府にそのような認識はない。中国はむしろアフリカの政治権力に妥協し、あまやかし、人命喪失を放置しているのである。北朝鮮においてもおなじだが、悪しき政治権力に対して中国は有効な手段をもっておらず、むしろ彼らに利用されているとさえいえよう。となれば中国新植民地主義論は「アフリカ大衆に裨益するため中国は悪しき政権に助力すべきではない」という主張に集約されるのだが、しかしこれは新植民地主義とは無縁の主張であって、ガバナンス対応の外交論だ。ガバナンス論は一九九〇年代に開発論のなかで一世を風靡《ふうび》したが、民主主義が確立しないと経済も成長しないという議論である。これは、開発途上国はやがて民主化して先進国のようになっていくべきだという価値観のうえになりたっているから、独自の政治体制論をもつ中国政府は共感をしめさないのである。

的外れな中国批判

新植民地主義批判がそうであるように、中国批判にはおかしいものがある。中国企業が現地の人間を雇わない背景には、アフリカにおける賃金水準の高さや労働力の質の問題がある。第3章でアフリカ農業について説明する際にこのことは再論するが、アフリカの労働コストはとても高いのである。中国企業はインフラ建設を低い費用とみじかい工期で受注しているから、残業と休日出勤にたえられる労働者でなければならないし、中国からいれた機材の中国語マニュアルを読めなくてはならない。現在アフリカの現場においてもっとも安い給与で働いている大卒技術者はおそらく中国人であろうと思われ、同じ仕事にアフリカ人をあてようとすればより高額を用意しなければならない。

そもそも進出先で大勢を雇用して計画どおりに働かせることは、それ自体が開発プロジェクトというに近い。これには地道な訓練と労務対策がもとめられるが、アフリカにはいってきた当初の中国企業にはその用意がなかった。また、みじかい工期での完成をもとめたのはアフリカ側である。アフリカの政府がよく口にする「アフリカには低廉で豊富な労働力がある」という言辞のほうがよほど現実を無視した〝誇大広告〟であって、アフリカ諸国の労働市場の現状は中国のみならず世界の企業のよく知るところだ。

中国製品の流入についてもアフリカ側の主張をそのままうのみにはできない。アフリカの高賃金体質はアフリカ製造業をきわめて長期にわたって衰退させてきた。現在製造業に雇用されている労働者はアフリカ総労働人口の一%ほどだ。競争力のない現地企業が、高価で質の悪い製品をほそぼそと供給してきたのがアフリカの国産品市場だった。そこに流入してきた安価で大量の中国製品は数百万規模のアフリカ人消費者に裨益したのであり、うしなわれた雇用の数とは比較にならない。南アフリカでは労働組合が中国製品の輸入に反対したが、流通販売業界は中国製品を歓迎している。中国からの輸入がなければ爆発的に拡大する消費需要に応じられないからである。中国製品輸入に反対する南アフリカの労組の集会で参加者が着ていたおそろいのTシャツも、じつは中国製だった。消費者主権と国民全体の厚生水準の観点からみれば、中国製品の流入はアフリカ社会を豊かにしたのである。

中国との協調

二〇〇八年、北京大学のジャスティン・リン（林毅夫）が世界銀行のチーフエコノミストに就任した。彼は台湾出身で陸軍士官学校をでたエリート将校だったが、一九七九年に中国に亡命、その後北京大学をへてシカゴ大学に留学し、開発経済学の泰斗セオドア・シュルツのもとで博士号を取得して帰国したという異色の経歴をもっている。彼の著作は世界中でひろく読まれており、中国を代表する経済学者のひとりだ。世銀チーフエコノミストといえばかつてジョセフ・スティグリッツやローレンス・サマーズが務めた影響力のあるポストであり、アメリカ人以外が就くのはきわめてめずらしい。アジア人ではもちろんはじめてである。

世銀は現在中国に対してほとんど融資も援助もしていないので、この人事における世銀の思惑はしたがって、対中援助ではなく中国との融資協調、とくに世銀の最大顧客であるサブサハラ・アフリカでの援助協調であろう。ゼーリック世銀総裁は頻繁に訪中していたし、世銀は「中国のアフリカ投資は歓迎されている」という見解をくりかえし発してきた。二〇一〇年には世銀グループの国際金融公社（IFC）が、タンザニアで商用ビル建設にたずさわっている中国鉄路工程総公司に一〇〇〇万ドルを提供した。世銀はまた中国と共同してアフリカでの製造業振興プロジェクトを検討している。

米国務省もまた、中国のアフリカ攻勢にかんして当初から「脅威とみるべきではない」といいつづけてきた。むしろ「米中は多くの点でアフリカにかんする利害を共有できる」といっていたのである。だから、さきに紹介したクリントン国務長官の発言は意外だった。

二〇一〇年になると、中国のアフリカ関与を「アフリカの開発に貢献している」として評価する論調が欧米でもみられるようになった。中国政府も、北京オリンピックや上海万博の期間はとくに対中批判には敏感に反応した。批判の多かった現地雇用の拡大を指示し、現在では中国国有企業の現地雇用率は七割近くにまであがっているといわれる。

中国企業に対する「企業の社会的責任」(CSR)指導もおこなわれ、たとえばシノペックは二〇〇八年からCSR報告書をだすようになった。さきにみたように農業支援や保健衛生関係の支援が強化され、中小企業振興や環境対策も援助メニューにくわわって、中国のアフリカ政策はOECD開発援助委員会(DAC)が進めてきた従来のアフリカ開発援助の姿に、パッケージのひろがりとしては近づいてきている。

ちなみに、日本をふくめてDACに加盟しているODA供与国は、中国に代表される新興国ドナーと区別するため最近ではよく「トラディショナルドナー」とよばれるが、中国の援助政策は「伝統」から学ぼうとしているかのようである。しかしそれは、みずからの政策を先進国化しようとするものではない。中国がトラディショナルドナーの手法に学ぶとすれば、それは中国の政策目的があやうくなる可能性があるときだ。

ビジネス＝援助ミックス

みずからが開発途上国である中国は、国際開発や対開発途上国政策において先進諸国との協議や協調を経験したことがない。一方アフリカは国際開発の主要舞台でありつづけたから、トラディショナルドナーの援助政策はアフリカをみてつくられ進化してきたものである。DACでは対アフリカ政策の調整と協調が定着していた。これに対して、二〇〇〇年紀になってアフリカに進出してきた中国のアフリカ政策は従来の国際常識をこえるものだった。中国の用語法では開発途上国同士が協力しあう「南々協力」である。一九九〇年代の対開発途上国政策を形容するワシントンコンセンサスに対して、ときに「ベイジンコンセンサス」ともよばれるものだ。

これまでトラディショナルドナーは対アフリカ援助をいわば〝純化〟しようとしてきた。貧困削減を唯一の目標として援助投入をしぼりこみ、そのため有償援助は世銀にまかせて、二国間ODAについては無償化してきた。国家としての経済成長よりも、貧困や紛争におびやかされているアフリカ人大衆の人権擁護を目的としてかかげてきた。それゆえ、アフリカ諸国におけるガバナンスの改善をめざして内政干渉のための経路をさがしてきたし、ガバナンスが悪くて貧困削減効果がえられそうにない国に対しては制裁を課してきた（第4章参照）。

サブサハラ・アフリカの貧困化が進行していた二〇世紀末、アフリカは「辺境化」しているといわれていた。世界経済や国際社会にとってアフリカは有用な存在ではなく、むしろ負担であるとさえ観念されていた。当時の対アフリカ援助政策は、紛争と貧困にまみれたアフリカの状況を少しでも改善して国際社会の負担を軽減することに、じつはほんとうの焦点があったように思う。

そのようなアフリカの位置づけを中国がかえたのである。中国の視線はアフリカ内の問題よりもアフリカの経済資源にむけられており、「われわれはアフリカを必要としている」というメッセージをくりかえし発してきた。「あなたたちは貧しいがわれわれも貧しい」という南々協力の前提からはじまる中国のアフリカ進出は、ひとことでいえば垣根のない総力戦である。かつての南北問題にかわって世界の開発課題となっていた「アフリカ問題」（第4章参照）は中国にとって焦点ではないから、そもそもトラディショナルドナーとは目的がちがう。また、貿易投資を主務とする商務部と輸銀が援助業務の中心であるから、援助と同時に貿易投資が増えていき、企業進出と公的支援とのあいだに区画がない。いってみれば「ビジネス＝援助ミックス」だ。債務救済もおこなうが新規融資にも積極的で、債権の中身をどんどんいれかえていく。中国は欧米の政策思想や政策手法を踏襲しようとはけっしてしない。援助政策を〝欧米化〟してきた日本とはそこが大いにことなっているのである（一六二ページ参照)。

当初欧州のドナー国は中国の援助政策を批判していたが、アフリカにおける中国のプレゼンスが巨大化していくにしたがって、現在では援助政策の「常識」のほうがむしろ存続をおびやかされるようになっている。中国との調整をはかるべく、世銀のみならず各国の援助機関やDAC事務局も中国詣《もう》でをはじめている。二〇〇九年に設置された「DAC＝中国スタディーグループ」はそのためのフォーラムであるし、英国際開発省は二〇一一年に中国と援助協調していくことで合意している。

欧米諸国とは異なる道

しかしその一方で、アフリカにあまりにも深く関与した中国は、アフリカの深部における錯綜《さくそう》した混乱にいやおうなく直面せざるをえなくなっている。じつはその深部にこそアフリカの悲劇があるのであり、それゆえアフリカにながくかかわってきた国々は、アフリカ内政への影響力行使を不可避と考えてきた。つまり中国もまた、困難きわまるアフリカ問題に対処しなければならない必要に徐々にせまられるようになったのである。内政不干渉原則にとどまるだけではアフリカでの開発やビジネスを安定的に遂行できないし、ましてやアフリカ問題は解決できない。これがアフリカのむずかしさだ。

共産党独裁で選挙の経験すらない中国が他国に民主化を要求できるわけはない。民主化という手段を封印したままどうやってアフリカの投資リスクと戦うか。中国のアフリカ政策には、かつて欧米諸国が経験した以上の困難が潜在しているのである。中国がこれと単独で戦おうとするのか、あるいはだれかと協同しようとするか。私にはその分岐が、中国の対アフリカ政策における転機になるように思える。いま中国はアメリカとの連携を進めつつ、その一方でインドやブラジルといった新興国との関係を強化しようとしている。中国はアフリカとの強固な関係を〝資産〟として認識しているだろうが、アフリカは容易に〝負担〟にもなる地域だ。イギリスもフランスも、そしてアメリカも、その負担を単独でせおうことはできなかったのである。

エジンバラ大学のケネス・キングは「中国のアフリカ支援は西欧諸国による援助とはまったく対照的で、日本の初期の東南アジアなどに対する支援と比較可能である」といっている。発足した当時の日本の開発援助は通商産業省（現経済産業省）が所轄していた。開発援助を外交当局や専門省庁ではなく経済官庁が所轄するというのはめずらしく、当時の日本と現在の中国がそうだ。開発援助にかんしては第4章でとりあげるが、高度経済成長期をむかえようとしていた日本の開発途上国に対する「欲求」は、中国がいまアフリカにいだいているものとたいへん似ている（一六一ページ参照）。それをもし「不道徳」というのならば、中国においてもかつての日本においても、急速な経済成長に必然的に付随する不道徳であろう。それを是とするか非とするかはそれぞれの判断だが、日本人には中国の欲求を感得する歴史的記憶がのこっているはずだ。中国にかぎらずこれから新興国ドナーが登場してきて開発援助の様相を多様にしていくとき、その歴史的記憶は日本の知的資産になるだろう。

　中国経済の発展で世界がより多くの資源を必要とするようになり、その結果アフリカに資本が流れこんでアフリカがグローバル化されるとすれば、中国とアフリカの関係が深くなるのはいわば歴史的必然であり、政治や外交をこえた世界史の展開の一部とすらいえよう。さきにのべたように、強大化する中国が最終的にどのような地位を占めるようになり、国際社会がそれをどうアコモデイトすればよいかは、現下最大のグローバルイシューだ。中国アフリカ関係の深化はその一環なのである。

自立にむかうアンゴラ

　中国がアフリカにもたらした変化を象徴するものとして、アンゴラについてふたたびのべておきたい。内戦終結後のアンゴラが思うように復興資金を調達できなかったのは、アンゴラ政府のガバナンスの悪さ、つまり汚職の蔓延《まんえん》が原因だったが、なかでも内戦遂行のための資金を提供してきた国営石油会社ソナンゴルの不透明な会計が最大の障害だった。援助機関やIMFとの交渉にいきづまったアンゴラ政府は、しかたなくソナンゴルが産出する原油を担保に民間融資を導入したが、格付けが低いので原油生産の多くを返済にあてなければならず、経済発展の展望はいっこうにひらけなかったのである。

そこに中国が登場した。中国はきわめて有利な条件で多額の資金を提供し、アンゴラ油田の増産にも投資した。「ソナンゴル・シノペック・インターナショナル」という合弁会社が設立されて、アンゴラ国内の油田権益を外資から買いもどしているのみならず、他国の油田開発への参入すらはたそうとしている。現在アンゴラはコートジボワールの製油所を所有しているし、マリの油田も中国の投資会社とくんで落札した。南部アフリカ諸国にBPがもっていたガソリンスタンドの権益も入手している。ソナンゴルはベネズエラの油田開発にも参加しているのである。このような動きをみせている国営石油会社は、アフリカではソナンゴルだけだ。

アンゴラはまた、中国と協議を進めていた石油精製工場の建設をキャンセルした。工場の仕様が中国むけ製品にかたよっていたからだ。さらにはかつてきびしく対立したIMFと協議を再開し、融資をうけいれることで合意した。中国の援助で手にいれた原油供給国としての強みを背景に、中国一辺倒ではないバランスのとれた立ち位置を国際社会においてもとめはじめている。これを自立とよぶなら、中国の援助は、その思惑とは別に、アンゴラに自立への道をひらいたのである。

開発の目的は貧困問題の解決であり、開発援助は貧困層の救済にこそ存在意義があるという言辞は美しい。しかし現実の経済と国際政治はもっと複雑で怪奇な力学をもっていて、開発途上国との関係は援助業界の論理をときにうらぎる。中国のアフリカ攻勢はそのことを、あらためて私たちにつきつけている。

第2章　資源開発がアフリカをかえる

前章でみたアフリカにおける中国の姿は本書が論じようとしているすべての要素をはらんでいる。それゆえ最初にとりあげ、少々ページをついやしてできるだけ多面的に詳解したのだが、ここからはアフリカにかかわるグローバルイシューを個別に論じていこう。まずとりあげるのは、中国をアフリカへとおしやった資源問題である。

資源高時代の到来

イラク戦争が勃発した二〇〇三年から資源の全面高がはじまった。資源価格の騰貴がおこったのは第二次世界大戦後においては一九七〇年代以来だが、それは戦争という異常事態に対する一時的な反応ではなかった。

その契機はキャパシティの小さい資源先物市場に短期資金が流れこんだことにあったが、背景には前章でみた中国の資源需要の爆発がある。あらゆる資源に対する中国の需要拡大がとうぶんつづくという予測が世界中でひろく共有されているため、探鉱や採掘といった実物投資のみならず、資金の運用先としても資源関連投資は底堅いのである。その後二〇〇八年のリーマンショックで資源価格はいったん下落したが、翌年にはすぐもちなおした。ユーロ危機は依然として深刻だが、中国経済の高成長が維持されるかぎり基本的には資源高基調はつづくだろうし、それが終ったあとも、資源価格がふたたび二〇世紀末の低水準にまで低落することはおそらくもうないだろう。

もちろん中国経済の高度成長にもかならずおわりがくる。だが中国のあとには、やがて中国をぬいて世界最大の人口大国となるインドがひかえている。二一世紀は前世紀を大きくうわまわる量の資源を必要とする時代になるにちがいない。世界各国各企業の資源投資が実をむすんで供給力が向上し、新興国の資源需要拡大を包摂できるようになるまで、さきのみえない資源価格動向がつづくと考えなくてはなるまい。一九八〇年代からつづいていた資源安時代が終焉《しゅうえん》して以降、世界の経済環境は大きく変化したのである。

それはこういうことだ。前世紀終盤から製造業の生産拠点は安価な労働力を比較優位にもつアジアへとシフトしてきた。その結果製造業製品の価格は世界的に抑制されつづけている。その一方で資源価格が急騰したから、資源と製品の相対価格が激変したのである。そのため世界経済における利益配分構造がかわった。資源産業の収益率が高くなって資源国のとりぶんが増え、製造業部門とそれに依存している東アジア諸国にとっては不利な環境になってしまった。

当然、資源争奪戦ははげしくなった。世界各国各企業はこのような新しい状況への対応をせまられているが、いちはやくその対応にのりだしたのが、もっとも切実な資源調達要請に直面している中国だったのである。

コモディティ化したといわれていた諸資源はふたたび戦略物資としての性格を強め、日本も二〇〇六年に経済産業省が「新・国家エネルギー戦略」を策定した。これは日本が三五年ぶりにもった資源安全保障政策であることはすでにのべた。日本の場合とくに、これまで中国からの輸入に依存してきた鉱産物が問題だ。中国国内の資源需要が高まったことで輸出量が減り、年々調達が困難になっていくからである。

レアアースショック

尖閣諸島事件によって注目を集めたレアアースはその典型だ。レアアースは先端技術産業にとって不可欠の投入財であり、日中両国はその最大需要者だが、日本の場合中国からの輸入にほとんどを依存している。しかし中国政府はレアアース採掘業の管理強化をはかっていて、同時に輸出量を削減しはじめた。二〇一〇年には四割も削減したのでレアアース価格が急騰した。尖閣諸島事件が発生したのはその直後であり、前章で紹介したように中国政府はレアアースの対日輸出に圧力をかけて外交手段に使おうとしたのである（四二ページ）。

中国政府はレアアースを戦略物資として明確に位置づけてきた。中国でレアアース鉱脈が発見されたのははるか以前、一九二七年のことだが、一九八〇年代から大増産がはじまり、安値での輸出攻勢をかけて他国の鉱山を閉鎖においこんだ。二〇一〇年時点で中国は世界のレアアース供給の九七％を占める独占的供給国であり、さらにはオーストラリアやアメリカのレアアース企業を買収しようとさえしてきた。このような独占的供給者としての地位を中国が政治的に使うのではないかという懸念はかねてからささやかれていたが、二〇一〇年の尖閣諸島事件でこの懸念が現実のものになったのである。レアアースは民生部門のみならず軍事産業にとっても不可欠の資源だから、欧米各国も危機感をつのらせていて、中国によるレアアース企業の買収を阻止する一方、供給源の再開と開拓を進めている。

尖閣諸島事件がもたらした〝レアアースショック〟は、今後日本が確保していかなければならない資源安全保障のありようを端的にものがたっている。東アジア経済圏を一義的な生息域とする日本にとって、急速にプレゼンスを拡大することで東アジア圏を不安定化する要因ともなっている中国とのあいだに、それでも安定した関係を構築して維持していくことは、死活的といってよい意味をもつ。困難きわまる課題だが、地域としてこれから東アジアは、世界の資源を安定的に調達し、成長をつづける中国と諸資源をわけあいながら共生していくかなければならないのである。

日本がレアアースの調達に不安をかかえていることから、日本政府は二〇〇八年にアフリカのボツワナに「地質リモートセンシングセンター」を設置し、衛星画像を使った探査技術を南部アフリカ諸国に提供しながら資源探査をおこなってきた。独立行政法人の石油天然ガス・金属鉱物資源機構(JOGMEC)がその実行機関だが、民間企業もまた中国以外のレアアース調達先をさがしてきた。その矢先に尖閣諸島事件がおきたのである。

レアアースショックの再来をふせぐひとつの方策はレアアース関連生産工場を中国に移転することだ。実際いくつかの日本企業では中国への工場移転がはじまっている。しかしながらこの選択肢は、先端技術産業を次のリーディングインダストリーとして育成振興するという観点からは危険である。前述したとおり現在中国は、レアアースの弱小生産者を整理して国有企業に生産を集中させ、あわせてレアアース輸出量を削減する方針をとっている。この政策の背後には、輸出をおさえて国内需要分を確保すると同時に世界の先端技術産業に圧力をかけ、あわよくばレアアースを使用する生産工程の中国移転をうながして、中国経済の先端産業化を進めようという思惑がある。

したがって、日本が先端技術産業を国内に温存するためには中国にかわるレアアース供給先を開拓するしか道はない。日本の官民は前記のボツワナのみならず、北米、中央アジア、オーストラリア、ベトナム、さらには海底資源開発をも視野にいれて脱中国依存をはかっている。

こういった経緯を象徴しているのがアメリカのマウンテンパス鉱山だろう。中国の独占が定着する以前、ここは世界最大のレアアース生産現場だったが、二〇〇二年に閉山においこまれている。マウンテンパスを所有するのは米モリコープ社だが、この会社は中国海洋石油総公司（CNOOC）が買収を試みたユノカル社の傘下にあった。この買収が米議会の反対にあって挫折したことは前章で紹介したが、もし成功していれば中国のレアアース支配はよりいっそうゆるぎないものになっていたろう。

現在モリコープはマウンテンパス鉱山の操業再開をいそいでおり中国の半分の生産コストを実現するとしているが、販売価格にかんしては強気で、中国産とおなじ価格を予定している。モリコープがねらう最大市場は当然日本であり、そのため日本法人もすでに設立しているが、提示価格の高さから日本企業との提携交渉は破談した。

モリコープとならぶ大規模なレアアース採掘計画を進めているオーストラリアのライナス社にかんしても二〇〇九年に中国有色鉱業集団が経営権をにぎろうと試みたが、豪政府によって阻止されている。そのライナスは、二〇一〇年にアフリカのマラウィでレアアース鉱区の開発に着手、二〇一一年にはJOGMECと双日がライナスに対し二億五〇〇〇万ドルの出融資を決めた。このようにきわめてはやいテンポで丁々発止の手のうちあいがつづいている。資源開発はスピード勝負のビジネスになったのである。

日本もアフリカに活路を

レアアースは典型的な例だが、あらゆる資源の価格が高騰したことで資源安全保障は一九七〇年代のとき以上に重要な政策課題になった。日本にとって喫緊の課題はレアアースをふくむレアメタルだ。日本経済再生のカギをにぎる先端技術産業にとってレアメタルは〝ビタミン〟といわれる。必要な資源の安定供給を確保するにはいまや開発段階から参画することがもとめられており、有望な開発案件をみつけだすためには世界に開かれた視野をもたなくてはならない。

その視野のなかにアフリカが、国益をかけた資源開発がむかうひとつの候補地として登場したのである。住友商事が参画しているマダガスカルのアンバトビープロジェクトはニッケルとコバルトを採掘して精錬しそれをアジアへと搬出するというものだが、日本がとりくむべき方向性をしめしている。マダガスカルの政権はビジネスマインドの強い、アフリカでも安定した政権のひとつといわれていたが、このプロジェクトがはじまった直後にクーデタが発生、アンバトビープロジェクトはアフリカの投資リスクに直撃されるかっこうとなった。

アンバトビープロジェクトについては第5章で再論しよう。

マダガスカルの対岸にあるモザンビークの沖合では二〇一一年に世界最大級の天然ガス田が発見されたが、これには三井物産が参画している。翌二〇一二年にはタンザニア沖でもガス田が発見された。これらアフリカ東海岸のガス田はアジアへの出荷を想定して開発される予定だ。原発行政が破綻した後の日本にとって火力発電能力の強化は喫緊の課題であり、そのためには、発電用に使われる硫黄分の少ない生炊《なま》き用原油と天然ガスの輸入拡大が必須だ。この需要は日本とアフリカの関係に新しい時代をもたらすかもしれない。

中国はじめ新興諸国の資源需要の拡大をにらんであらたな資源戦略を策定しなければならないという事情は、日本にかぎらずどの国でもおなじだ。世界経済は新しい資源供給源を必要としているのである。こうして世界経済へのアフリカの「くみこみ」作業、すなわちグローバライズがはじまった。

対アフリカ投資の拡大―メガプロジェクト時代

アフリカにとって二〇〇〇年代の資源ブームが一九七〇年代とことなる点は、今度は投資がはいってきたことだ。そのおかげで原油を中心に資源産出量自体が年々拡大しており、そのためアフリカのGDPは価格要因によって膨らんでいるのみならず、生産量も増大している。生産量の増大分が実質経済成長率ということになる。採掘投資にくわえ探査探鉱活動もさかんにおこなわれて、将来の投資案件を準備している。ウガンダやガーナで本格的にはじまった油田開発はその成功例であったし、東アフリカ沿岸のガス田もそうだ。

ところで、資源高がはじまってからというもの財の相対価格がはげしい変動をくりかえしているため、近年の財価格については、経済実態を反映しながら実質化することがたいへんむずかしい。財の相対価格が安定していて物価上昇分を調整すればすんだ二〇世紀末とは、事情がかわってしまったのである。いま世界規模でおこっているのは、貨幣の流通量が増えて財価格全般があがっていく貨幣的現象としてのインフレーションではなく、製品と資源の需給構造の変容を背景にした、しかも現在進行中の、相対価格体系の変化である。したがって安定的な基準値がみつけられず、実質GDPや実質経済成長率の算定が容易ではない。いま発表されている実質値もいずれ大幅に改定される可能性が大きい。そこで本書では、基本的には名目値を使って論を進めていくつもりだ。

さて、アフリカに賦存する資源（理論上算出できる潜在的な資源）を採掘するにはほかの地域よりもコストがかかる。鉄道や道路など輸送インフラは整備されていないし、労働力も電力も足りない。政治的に不安定な国も多い。資源価格が低迷していた時代にはなかなか採算がとれず、手をつけるだけのニーズがないものだった。しかし、中国の経済大国化によって資源需要の天井がみえなくなると、世界はあらたな資源供給源を必要とするようになった。資源価格が上昇してこれまで以上のコストがまかなえるようになったことで、アフリカの資源が俄然注目されるようになったのである。

資源ビジネスが低迷していた時代に吸収合併をくりかえし、寡占化して巨大化した石油メジャーや資源メジャーは、いまでは莫大《ばくだい》な資金力と技術力をもっている。その結果「メガプロジェクト」とよばれる数十億ドル規模の投資が可能になった。また、一九七〇年代とは比較にならないほど探査技術や採掘技術が進歩している。アフリカでの石油開発の主体は海底油田で、海面下数キロメートルの超深海油田も多いが、これらはかつてなら開発不能の資源だったし、そもそも発見することさえむずかしかったものだ。このような資源開発新時代の到来が、世界経済からみはなされ、ながく低迷していたアフリカ経済を激変させたのである。

世界の投資はどのように展開してきたか

図2－1はアフリカに流入する国外直接投資（FDI）の推移を、対アフリカFDIがFDI世界総額に占めてきた割合とともにしめしたものである。いわゆるグローバリゼーションがはじまる以前、FDIがまだ世界総生産の〇・五％にも満たなかった一九七〇年代は、FDI総額の七五％が先進国むけで、しかも、最大受取国はアメリカではなくイギリスとい

図2－1　対アフリカFDI

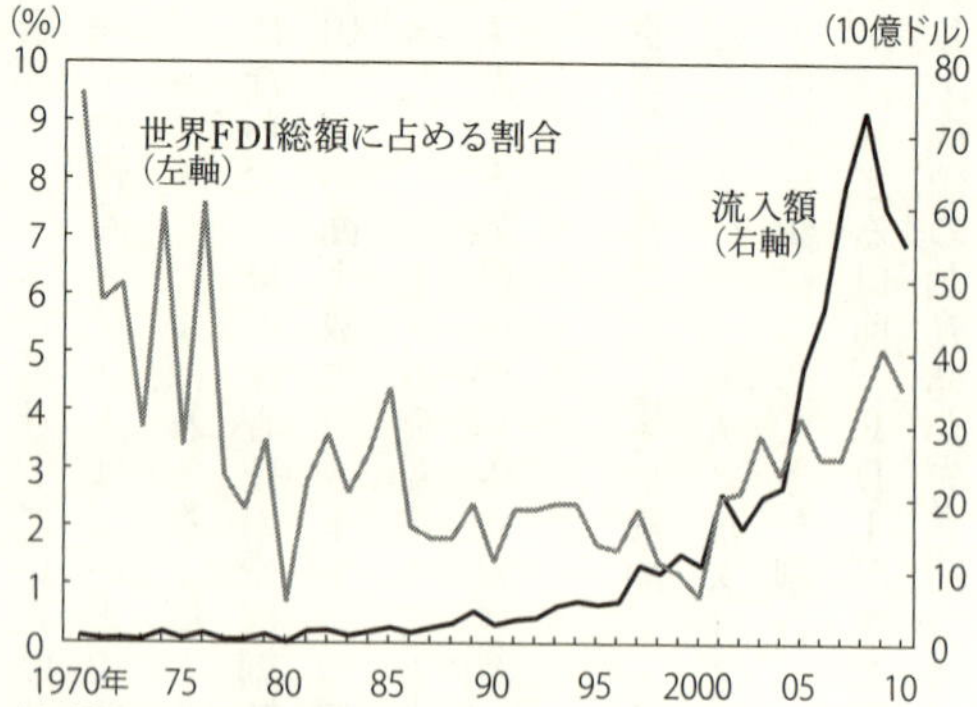

(出所) UNCTADの統計から作成

う時代だった。アフリカには毎年一〇億ドルほどの投資がアルジェリアやナイジェリアなど産油国を中心にはいっていた。アフリカがFDI世界総額に占めていたシェアは現在よりはるかに大きかったが、FDIそのものの規模はいまだ小さく、世界経済におよぼす影響力もいまほど大きくはなかった。

　このころはまだ東アジアの急成長がはじまっておらず、開発途上国に対するFDIはブラジルやメキシコに集中していた。その後一九七〇年から二〇〇〇年にいたるまでFDIの世界総額は、世界経済の拡大スピードをうわまわる年一五%のペースで増えていき、世界GDPに占める割合も二〇〇〇年には四%をこえるようになった。対開発途上国全体は一六%、対アジアでは一九%のスピードで増えていったのだが、アフリカむけFDIは低迷した。よって、FDI総額の急拡大とともに対アフリカFDIのシェアは減りつづけ、二〇〇〇年にはついに一%をしたまわってしまった。アフリカに対する経済的関心がうしなわれ、ふたたび暗黒大陸化していくという意味をこめて「アフリカの再辺境化」がささやかれていたころである。

だがそのような状況は資源高のはじまりとともに反転し、対アフリカFDIの年増加率は三〇%をこえ、世界総額や対アジアFDIののび率をうわまわるようになった。二〇〇八年にはアフリカ全体で七二〇億ドル、サブサハラ・アフリカだけでも五〇〇億ドルのFDIが流入している。七二〇億ドルとはアフリカにとっていったいどれくらいのインパクトをもつ数字なのだろうか。

図2―2　FDI流入額の対GDP比

（出所）国連およびUNCTADの統計から作成

図2―2はFDI流入額とGDPの比率の推移をしめしたものである。二〇〇八年の数字をみると対アフリカFDIの地域GDP比は五・八%、北アフリカが三・九%でサブサハラ・アフリカはなんと六・八%だ。赤道ギニア、アンゴラ、チャドといった新興産油国には一時期、対GDP比で五〇%をこえるFDIがはいっている。一方二〇〇八年のFDI世界総額は世界総生産の二・九%であり、対中国FDIのGDP比は二・五%、中国をのぞいたアジアでは四%だった。資

源高がはじまった二〇〇三年から二〇〇八年までのFDI／GDP比の平均をとると、租税回避のため名目上資金がはいってくるバージン諸島やケイマン諸島といった「タックスヘイブン」をのぞけば、アンゴラの三八％が世界でもっとも高かった。アジアでは、タックスヘイブンでもある香港の二一％が最高だった。コンゴ（共和国。アフリカにはもうひとつコンゴ民主共和国がある）、モーリタニア、サントメプリンシペといったアフリカ諸国の数字はアジア第二位のシンガポール（一五・五％）をうわまわっている。

アフリカ諸国の政府はよく「対アフリカ投資はアジアに比べて少ない」というが、それは当然であって、そもそもアジアとアフリカとでは経済規模も人口規模も桁《けた》がちがう。中国の人口はアフリカの総人口をこえているし、インドネシアのGDPは北アフリカの地域総生産に、韓国のそれはサブサハラ・アフリカの地域総生産に匹敵する大きさをもっている。アフリカ全体でもインドとおなじくらいだ。投資額と経済規模を比較考量するならば、国によってもちろん濃淡はあるものの、アフリカにはその小さい経済規模にもかかわらず相対的に多くの投資が流入しつづけているのである。第4章で詳解するが、アフリカにはFDIにくわえてアジアをしのぐ額の開発援助が流入している。アフリカが考えなくてはならないのはむしろ、流入する資金の活用の仕方なのである。

アフリカ投資のこのような拡大において先行したのは南アフリカと赤道ギニアに対する投

資だった。対南アフリカ投資は一九九一年のアパルトヘイト廃止宣言を契機に急増したが、しかしこれは巨大な規模を有するヨハネスブルグ株式市場へのポートフォリオ投資が主力だったので、本章の文脈とは事情をことにする。一方赤道ギニアのほうはまさにアフリカ経済の成長反転を導くさきがけだった。

開発なき成長―赤道ギニア

一九七三年の第四次中東戦争を契機とした石油危機で、石油メジャーは中東における上流権益をうしなった。一九八〇年代以降石油低価格時代の供給増をささえたのはノルウェー、イギリス、カナダ、ブラジルなどの非OPEC諸国であったが、北海油田や北米油田の生産量がピークをすぎるなかで、九〇年代後半から中東以外の開発途上国において石油開発が進んだ。石油危機で大打撃をうけ、資本再編をへていきのこった石油メジャーは、あらたな上流権益をもとめて世界各地で探査にのりだしたのである。アフリカにおいてその最初の一歩がきざまれたのが赤道ギニアであった。

赤道ギニアは、西サハラとともにスペインがもっていたアフリカ植民地だった。ガボンとカメルーンにはさまれたわずかな本土部分と小島とからなり、人口は七〇万人ほどである。首都マラボがあるビオコ島はアフリカで最初にカカオ樹が導入されたところだが、とはいえ

図2－3　赤道ギニアにおける輸出入、FDI、ODAのGDP比

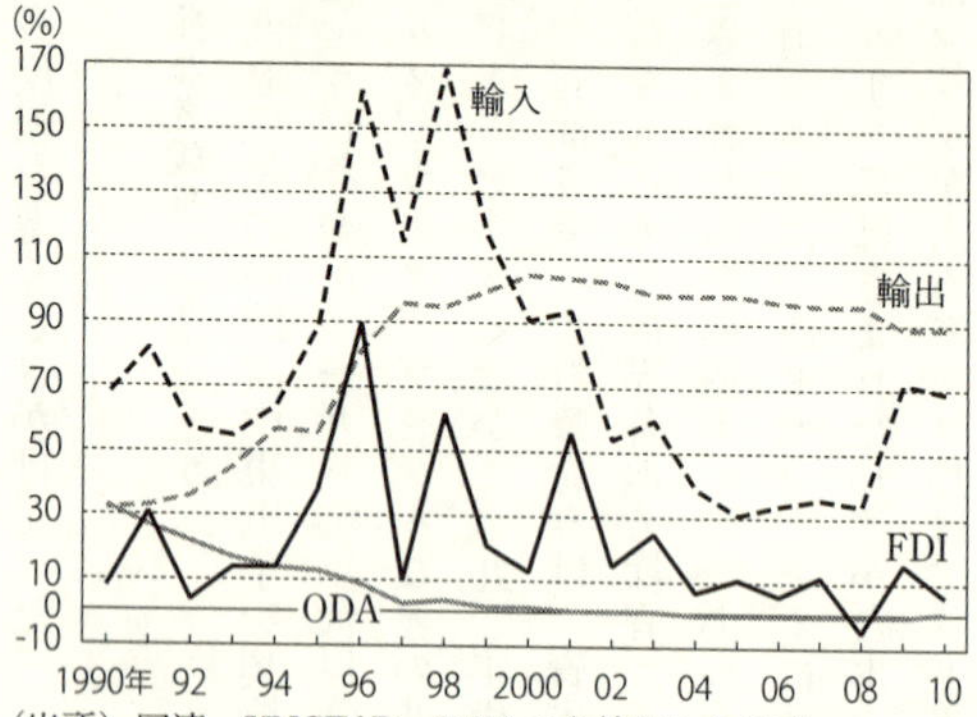

（出所）国連、UNCTAD、DAC の各統計から作成

これといって経済的な価値のある植民地ではなかった。一九八〇年代末時点でのＧＤＰはおよそ一億ドル、一人当たりＧＤＰは三〇〇ドル台の最貧国であった。八〇年代後半には、ＧＤＰの半分に相当する五〇〇〇万ドルほど、一人当たりにして一五〇ドルのＯＤＡを旧宗主国スペインから注入されてやっと命脈をたもっていたのである。そんな貧困小国で一九九二年に沖合油田が発見された。赤道ギニアが位置するギニア湾は海底油田の宝庫だが、政治不安をかかえた国が多い。一九七九年のクーデタ以後強固な独裁政権がつづいていた赤道ギニアは、ある意味では政治的に〝安定〟した投資適地だった。油田開発はおもにエクソンモービル社の手によって進められた。

図2－3によって赤道ギニア経済がどのように変化してきたかをみてみよう。当時のＧＤＰに匹敵する額のＦＤＩが一九九〇年代後半に投下され、それにともなって大量の採掘用機

材が輸入されて原油生産がはじまり、投資財輸入によるいちじるしい貿易赤字はやがて輸出超過になって、わずか数年でGDPと同額の原油を輸出する産油国が誕生したことが、この図からみてとれるであろう。九八年からは天然ガス生産もはじまり、これには日本企業も参加している。このようにして産油国に改造されていく過程で赤道ギニア経済は年平均四〇%をこえる世界最速のスピードで成長しつづけ、一人当たりGDPは二万ドル水準に達して、アフリカではもっとも高くなった。赤道ギニアの経済改造は、アフリカのなかで唯一、資源ブームがおこるまえに完了した。

いまや韓国なみの一人当たりGDPをもつようになった赤道ギニアだが、その一方で乳幼児死亡率はいまだに一〇%をこえており、平均余命は五〇歳にみたない。いまでも一人当たり五〇ドルのODAを供与されている。一人当たりGDPが二万ドル近くありながらODAをうけとっている国など世界でほかにない。GDP規模が膨らむにつれて援助依存率は〇・三%にまでさがってはいるが、開発をとりのこしたまま経済だけが成長したという〝開発なき成長〟の典型であって、のちにみる「資源の呪《のろ》い」の典型でもある。

赤道ギニアは非常に極端な例だが、アフリカにおける資源主導の経済成長を象徴する例でもある。その後、第1章でふれたようにスーダンでの原油採掘がはじまり、アンゴラでの大増産がおこって、チャドやモーリタニアでも石油開発が進展した。ウガンダやガーナといった伝統的な農業国でも油田が発見されて大規模投資をよびこんでいる。またギニアやモザンビークの鉄鉱石、タンザニアの金鉱、ナミビアのウラン鉱、ザンビアの銅鉱、マダガスカルのニッケル鉱など続々と鉱山開発投資が流入しはじめた。

前章で日本のTICAD（アフリカ開発会議）と中国のFOCAC（中国アフリカ協力フォーラム）についてふれたが、アフリカ投資ブームのなかでアフリカ諸国の元首を集めた会議があちこちで開かれるようになった。二〇〇六年には韓国が、二〇〇七年にEUが、二〇〇八年にはインドがアフリカサミットを開催している。投資セミナーの類は数えきれない。ODAですらアフリカに対する関心をうしないかけていた前世紀末のことを思えば、まさに隔世の感がある。

アフリカ経済と原油価格の相関性

資源ブームのなかでアフリカ経済がどのようにかかわったのかを概観してみよう。図2－4はサブサハラ・アフリカと北アフリカのドル建てGDPをそれぞれ合計したものである。石油価格の上昇がとまり下落傾向にはいった一九八〇年代以降ほとんど経済が成長しなかったことと、二〇〇三年から突如として急成長をはじめたことがみてとれよう。この事情はとくにサブサハラ・アフリカにおいて顕著である。その後アフリカ諸国は二〇年ぶりに、独立期以来二度目の経済成長期をむかえたのである。

サブサハラ・アフリカの一人当たりＧＤＰは二〇〇〇年代初頭には五〇〇ドル以下にまで下落していたが、二〇〇七年には一〇〇〇ドル水準を回復した。二〇〇三年から二〇〇八年までのサブサハラ・アフリカの年平均経済成長率は名目ドルでほぼ一八％に達しており、アフリカ全体でも一七％である。この間アフリカ諸国のなかで経済成長率が人口増加率をしたまわったのは、独裁政権のもとで経済破綻したジンバブエのみだった。

図２－４　アフリカの名目GDPと原油価格

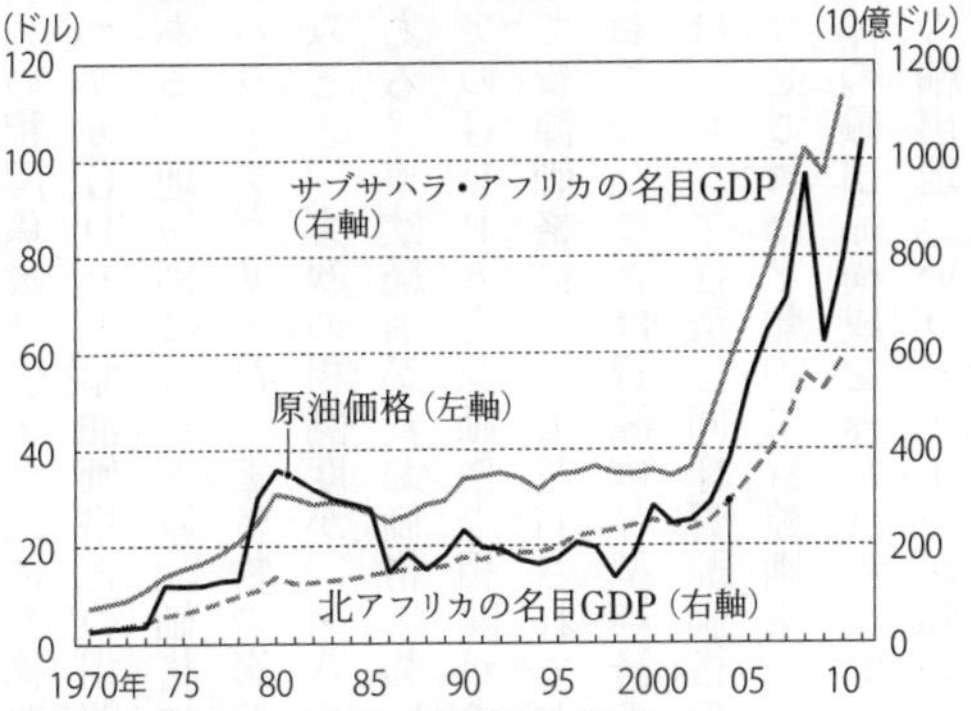

(出所)国連およびIMFの統計から作成

二〇〇三年直前に、アフリカ各国で同時に、なにか経済成長をひきおこすような変化がおこったわけではない。したがってこの成長反転は、アフリカ諸国にあまねく作用する、単一の、アフリカの外の要因によってもたらされたと考えなくては説明がつかない。

アフリカ経済の成長反転をひきおこした外部要因とはなんだったのか。図２－４には原油価格の推移をあわせてしめした。これとサブサハラ・アフリカＧＤＰ

数列の相関係数は〇・九四にも達していて、北アフリカでも〇・八九である。サブサハラ・アフリカGDPと原油価格との相関度は、多くの産油国をふくむ西アジア地域よりも高いのである。地域別にみると原油価格にGDPがもっとも左右されているのは東欧で、次がサブサハラ・アフリカだ。鉱産物の影響をみるために金属価格指数についてもおなじことを試してみると、東欧の相関度が〇・八八で、サブサハラ・アフリカがやはりそれに次ぐ〇・八七である。東欧経済が資源価格に強い影響をうけるのは、地域GDPのおよそ半分を占めるロシアのGDPと資源価格の相関がきわめて高いからである。ロシア経済はソ連時代から一貫して資源価格によって左右されており、ソ連崩壊と新生ロシアの混乱が資源価格の低迷時代におこったことは資源依存型経済の宿命としても興味深いのだが、いずれにしろアフリカ経済は、ロシア経済と同様資源価格の高騰によって復活したと考えるのが妥当である。

なぜこれほど劇的に資源価格がアフリカの経済規模を左右するのか。図2－5はアフリカ全体の輸出品構成をみたものである。アフリカ、とくにサブサハラ・アフリカは農業一次産品の輸出地というイメージが強いかもしれない。たしかに、アフリカ大陸で多くの国が独立した一九六〇年代には農産品が総輸出の七割近くを占めていた。しかし現在ではその割合は一割ほどにすぎず、鉱産物輸出よりも少ない。かわって鉱物性燃料がアフリカ総輸出の六割、北アフリカでは七割、南アフリカをのぞいたサブサハラ・アフリカでもおよそ七割を占めて

図2－5　アフリカの輸出品構成

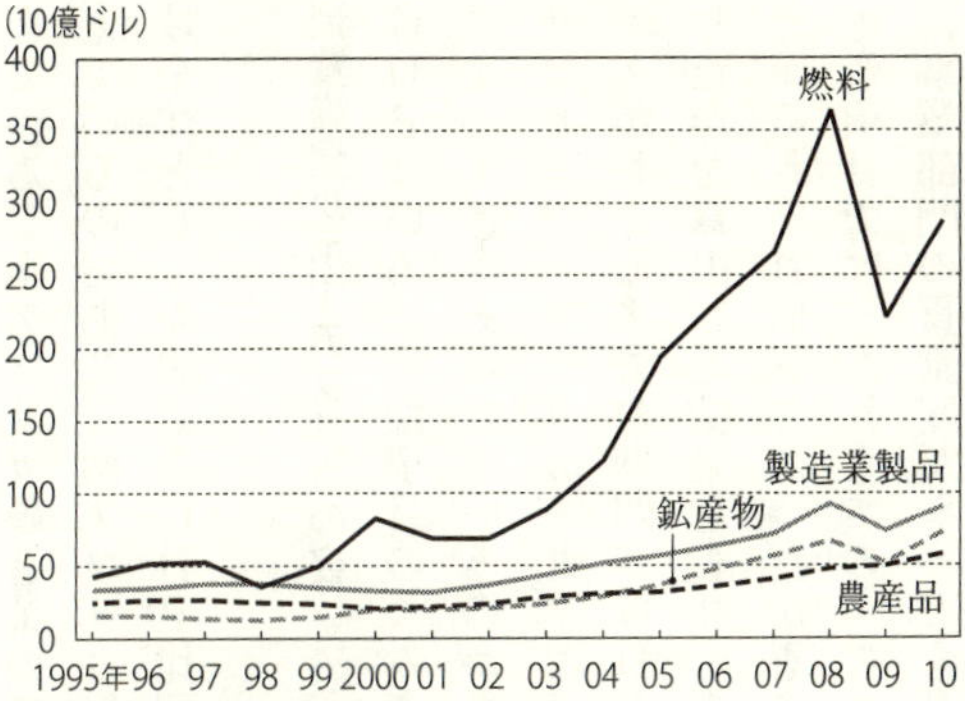

（出所）UNCTADの統計から作成

いるのである。したがって石油価格が上昇すればそれだけアフリカの輸出額が膨らむ。アフリカ地域全体が産油国とおなじような貿易構成になっているのである。

一九七〇年代の資源騰貴と二〇〇〇年代がことなるのは、二〇〇〇年代においては資源全般の価格が高騰し、しかも高価格水準がながくつづいていることだ。世界最大の貿易品である原油ほどはめだたないが、アフリカの鉱産物輸出額も着実に増えている。ただし鉱産物輸出のおよそ半分は南アフリカのもので、先行した石油開発にくらべるとアフリカの鉱物資源開発はまだまだこれからという段階にある。それでも、停滞する製造業部門や農業部門とちがってアフリカにおける鉱業開発は急速に進んでいる。前章で中国のアフリカ攻勢の先行例としてふれたザンビアにおいても、経済を再生させたのは基幹産業である銅生産の拡大であった。

製造業製品輸出も増えてはいるが、これもまた南アフリカがアフリカ製造業輸出総額のほぼ四割を一国で占めている。南アフリカ製造業のアフリカ域内輸出がアフリカ各国の好景気にささえられて増えているのである。南アフリカ以外のアフリカ諸国では製造業部門にめだった動きはなく、地域全体としての製造業GDP比率は依然低落傾向がつづいている。

消費爆発が示すアフリカの姿

GDPはいろいろな項目のつみあげからなっている。アフリカの経済成長がそのうちのなにによってささえられているのかを次にみてみよう。

サブサハラ・アフリカ、北アフリカ、世界経済について、資源高がはじまってリーマンショックがおこるまでの期間、GDP支出項目と生産項目のそれぞれが経済成長にどれだけ貢献したかを算出した結果を表2－1にしめした。この期間中のGDP増分において各項目の増分がそれぞれ何%であったかをあらわしている。

生産項目では、これまでのべてきたようにサブサハラ・アフリカ、北アフリカとも鉱業・公益事業部門の貢献度がもっとも高い（国連のGDP統計には鉱業生産と電気・ガス・水道等公益事業の合計額のみが掲載されている）。これは予想されるとおりだが、興味深いのは支出項目のほうである。北アフリカにおいては固定資本形成の貢献度が世界経済のそれに匹敵し、貿易黒字の拡大も大いに貢献しているが、サブサハラ・アフリカにあっては経済成長の多くを個人消費に依存している。サブサハラ・アフリカでは投資の比率が低く、貿易黒字も少なくて、個人消費の比率が高いのである。二〇〇八年におけるサブサハラ・アフリカの固定資本形成総額は一八〇〇億ドル弱なのだが、さきにのべたようにこの年サブサハラ・アフリカには五〇〇億ドルのFDIが流入している。ここから読みとれることは、サブサハラ・アフリカでは生産投資の基幹的な新規部分が国外からの投資にまかされていて、その結果増えていく所得の多くが消費にまわっているという姿である。

表2－1　経済成長貢献度（2002－2008年）

（%）

	サブサハラ・アフリカ	北アフリカ	世界
［生産項目］			
農林水産業	16.4	7.8	4.0
鉱業・公益事業	25.4	44.0	8.1
製造業	7.0	8.5	16.3
［支出項目］			
個人消費	60.6	42.9	54.6
政府消費	15.9	11.9	17.6
固定資本形成	20.3	26.6	25.7
貿易黒字	2.0	13.2	—

（出所）国連統計から作成

いまサブサハラ・アフリカでは、二〇年にもおよんだ経済低迷のなかで抑圧されてきた消費意欲に火がつき、消費爆発がおこっている。そしてこの消費爆発が経済成長をささえているのである。そのため、資源輸出が急速に増えながらも多様な財の輸入がおなじように増え、結局収支はトントンになって、経済成長における外需の貢献を相殺しているのだ。輸入品の多くが中国からきていることは前章でのべた。

投資が外からやってきてアフリカの生産力を底上げし、生産増加によってえられたあらたな所得の多くをアフリカ人が消費する。そのための商品の多くはやはり外からはいってくる。自立性に欠けたこの成長構図にはたしかにあやういものがある。資源高によって輸出収入がいきなり膨らんだことがこの構図が形成される契機だったが、しかし資源価格が下落すれば輸出額が減って輸入をささえられなくなる。投資ははいらなくなるだろうし、投資の流入がとまれば経済成長もとまる。

たとえ資源価格がとうぶん高止まりするとしても、アフリカの投資リスクに対する懸念は中国においてさえ高まっている。近年においてもマダガスカル、ギニア、ブルキナファソ、マリでクーデタがおこっているし、二〇一一年のリビア政変では中国の投資プロジェクトが襲撃されて大打撃を被った。また、豊富な資源をもちながら政府の統治があまりに繊弱《せんじゃく》なコンゴ民主共和国には、外国投資はなかなかはいれないままだ。貿易黒字をだしているのは産油国だけであり、ほとんどの国では貿易赤字が拡大している。

このような足もとのあやうさはいっこうに解消されていないものの、消費爆発がおこったことで資源部門以外の民間投資が刺激されて、多様な分野に投資を招来していることもまた事実である。外資だのみの構造ではあるものの、このようにして活動域を拡大していくFDIがアフリカ経済にさらなる活性をあたえている。

だからこそ、アフリカではグローバリゼーションのありようが赤裸々に表出する。国内のダイナミズムではなく国外の投資決定で動いている経済だからだ。グローバリゼーションの主役であるグローバル企業の戦術と力量が、ほぼ裸のかたちで観察できるのである。とくにサブサハラ・アフリカは、世界中でもっとも、グローバリゼーションに対する内からの対抗力がない地域だろう。ロシアのように強権で武装した政府がなく、ナショナリズムも希薄である。イスラーム圏のような宗教的凝集力もない。それはアフリカの弱点ともいえようが、そこにおそらくアフリカの希望もある。この逆説については第5章でとりあげたい。

資源の呪い、資源の罠

アフリカ経済の内発的な投資力が弱いことはたしかに問題だが、そのことよりも世界の学界が問題にしているのは、近年のアフリカの資源産業への依存度があまりに高いことである。学界の定説は「資源産業がもたらす経済成長はかえって開発を後退させる」というものだ。最近ではこれを「資源の呪い」という。それゆえ開発経済学のおもだった論者は、現在のアフリカの経済成長にかんして肯定的ではない。コロンビア大学のジェフリー・サックスとオックスフォード大学のポール・コリアーは開発経済学とアフリカ経済研究を代表する重鎮だが、双方とも二〇〇三年以降のアフリカの経済成長を直接あつかった論考を発表していない。

むしろ、定説どおり開発の後退を危惧《きぐ》しているという印象が強い。いまの経済成長を評価しているのは経済学より経営学の人々なのである。このこともアフリカ経済の特徴を象徴している。国民経済の動向よりも、きびしい環境のなかで利益をあげている企業のほうに注目が集まっているのである。

経済が成長するのに開発が後退するとはいったいどういう論理なのか。「資源の呪い」論が成立する発端は、北海油田が発見されたことで天然ガス輸出国になったオランダであった。一九七〇年代に資源価格が上昇したことでオランダ経済における鉱業部門の比重は一〇%ほどまで拡大したが、他方で製造業は衰退してしまった。同時に資源収入によって財政支出が膨張したので、資源価格が低落しはじめると財政赤字が拡大してオランダは経済危機におちいったのである。この現象は「オランダ病」とよばれた。その原因は、天然ガス輸出によって貿易黒字が拡大し国内通貨の為替が割高になって他部門の輸出競争力を低下させたことと、資金や労働力などの国内生産要素が資源部門にかたよって投入されるようになり製造業に不利に働いたことだとされている。さらにはまた、資源高がもたらしたいわばたなぼたの収入が財政規律や経済規律をくるわせたことも指摘されている。

中東研究からも、より政治学的な観点から資源賦存を否定的にとらえる議論がうまれた。経済学では企業に帰属する所得を利潤(プロフィット)という。労働者が労働によってうみだしたぶんの付加価値を賃金としてうけとるように、企業は生産に投下した資本がうみだす付加価値をうけとる。これが利潤であって、生産貢献にもとづく報酬である。しかし、資源国が資源産出から税金やロイヤリティをつうじて徴収する収入は利潤とはちがう。それはむしろ、地主が土地を貸しだしてえる地代（レント）に似ている。

国民経済がプロフィットではなくレントを主要な収入源として運営されるようになると、そこには資本主義経済とはちがった原理が働くようになり、資本主義国家とはことなる国家があらわれるであろう。このような国家を「レンティア国家」という。レンティア国家論は中東産油国を形容する概念としてつくられたものであるが、そこではレント収入の確保と分配が国家運営の基軸になるから、生産志向の希薄な、国家主義的で保守的な政治がおこなわれるようになる。開発よりも権力維持のためにレント収入を使うようになるので、消費性向が高い、現状維持的で開発志向に欠けた政府ができあがるのである。

一九八〇年代に資源価格が低迷すると、アジア諸国が製造業輸出で急成長する一方、資源賦存国の経済パフォーマンスはいちじるしく悪化した。当時は開発経済学のいわば全盛期で、低開発要因がさかんに探求されていた。そういった研究のなかから「資源賦存は経済成長率に負の影響をあたえる」という因果関係が抽出されたのである。資源をもつ国ほど経済成長率が低くなるということだ。サックスはこの関係をアンドリュー・ワーナーとの一九九五年の共著論文で実証的に論じている。その因果関係をランカスター大学のリチャード・オーティは一九九三年の著作で「資源の呪い」と名づけている。

資源賦存と経済成長率の関係を分析したものとしては、コリアーの議論がたいへん興味深い。二〇〇七年に出版した『最底辺の一〇億人』において彼は、「天然資源の収益がない場合には、完全な民主主義国は独裁国よりも経済成長しやすい」が、「天然資源からの収益が大きい場合には逆」になるといっている。「天然資源の収益がない場合には、完全な民主主義政体が専制的な独裁体制を年におよそ二%しのぐ。一方天然資源のレントが国民所得のおよそ八%に達した場合には、民主主義の効果はなくなる」というのである。その理由は、レントの発生によって〝票を買う〟政策が誘発され、近視眼的でポピュリスト的な政治が蔓延して、生産的な公共投資がおこなわれなくなるからだという。だとすれば、レントの存在は独裁制を永続させるばかりでなく、民主主義から長期的経済成長のための能力をうばうので、「バランスのとれた民主主義を建設する道」が閉ざされてしまうことになる。コリアーはこれを「資源の罠《わな》」と名づけている。

サックスやコリアーの分析は、資源安のなかで資源国経済が長期に低迷した時代のデータから導かれたものであるから、資源賦存が経済成長率をひきさげるという関係性が前提になっている。だが、資源価格の高騰によって資源国がおしなべて急成長を謳歌している現在、

図2－6　ナイジェリアとザンビアの公式為替レート（対米ドル）

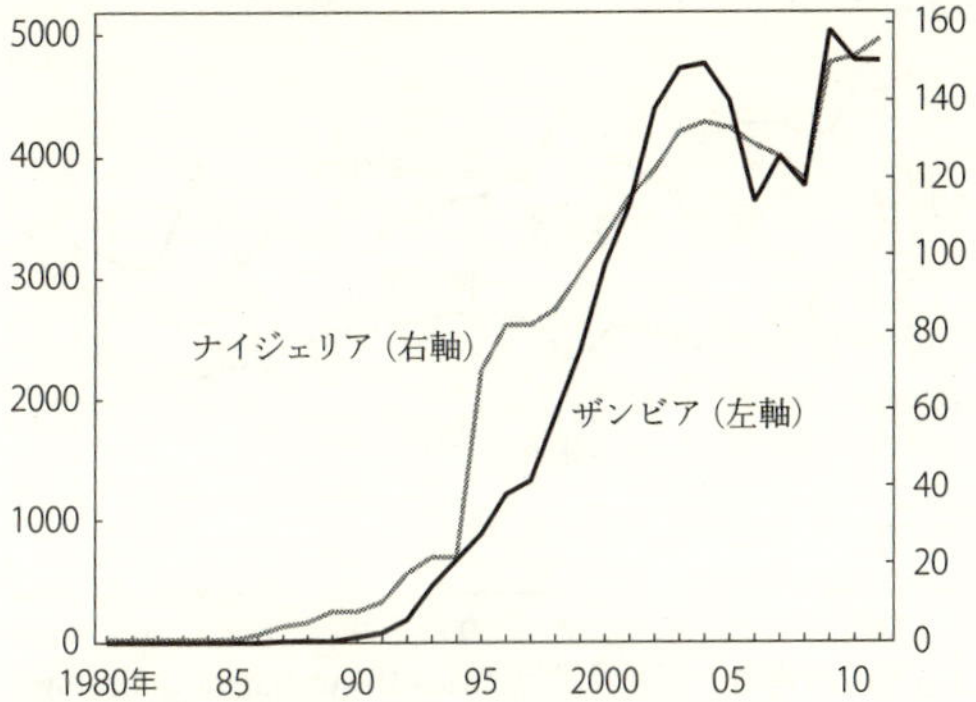

（出所）IMF の統計から作成

「資源の呪い」はどのようなかたちでアフリカ諸国を呪縛《じゅばく》しているのだろうか。

アフリカは呪われているのか

まずはオランダ病の前例にならい、資源国通貨の為替動向をみてみよう。図２－６は産油国としてナイジェリア、鉱産物輸出国としてザンビアを例にとり、両国通貨の対ドル為替レートの推移をしめしたものだ。両国通貨とも一九八〇年代から墜落とでもいうべき急降下をつづけ、ザンビア通貨は一九八〇年時の六〇〇〇分の一、ナイジェリアは二四〇分の一にまで減価してしまった。ザンビアは極端な例のひとつだが、多くのアフリカ通貨は八〇年代から為替が桁落ちしたのである。それが資源高以降下降がとまり、ザンビアでは二〇〇四年から二〇〇六年にかけて三〇％以上も通貨高になった。アフリカの通貨が上昇するなどということは、二〇世紀末の状況

図2−7　サブサハラ・アフリカの産業構造

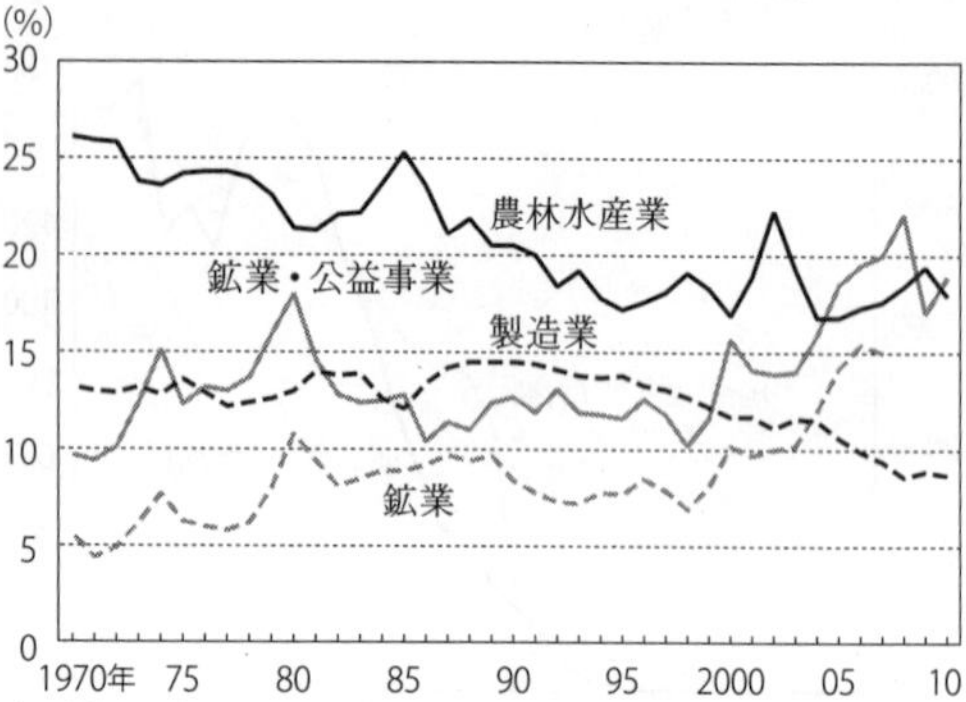

（出所）国連および世界銀行 Africa Development Indicators から作成

を知るものにとっては想像もしなかった事態だ。製造業が発達しておらず製品輸出がみられないサブサハラ・アフリカの国々でオランダとおなじことがおこるはずはないが、それでもこの通貨高は、当時ようやく拡大機運をみせはじめたザンビアの農業輸出を阻害するものとしてたいへん危惧されたのである（ザンビア農業については一四三ページ）。南アフリカでも、通貨高がおこって製造業輸出が打撃を被った。

図2−7と図2−8にそれぞれ、サブサハラ・アフリカと北アフリカの産業構造の推移をしめした（アフリカ諸国については世界銀行が二〇〇七年までの鉱業部門付加価値生産額統計をだしているので、鉱業部門だけの数値もしめしてある）。サブサハラ・アフリカと北アフリカとではもともと産業構造が大いにことなるのだが、それでも一九九〇年代からの製造業比率の減退と、資源高以降の鉱業比率の急上昇は共通している。サブサハラ・アフリカ経済における製造業比率は二〇〇六年には一〇%をしたまわり、二〇一〇年は八・

七%だった。北アフリカでもわずか一一%だ。サブサハラ・アフリカ地域はおしなべて製造業立地に不利な経済構造になっているのだが、このことについては次章で説明する。このようにアフリカでは鉱業の拡大と製造業の後退が同時進行しているのである。

図２－８　北アフリカの産業構造

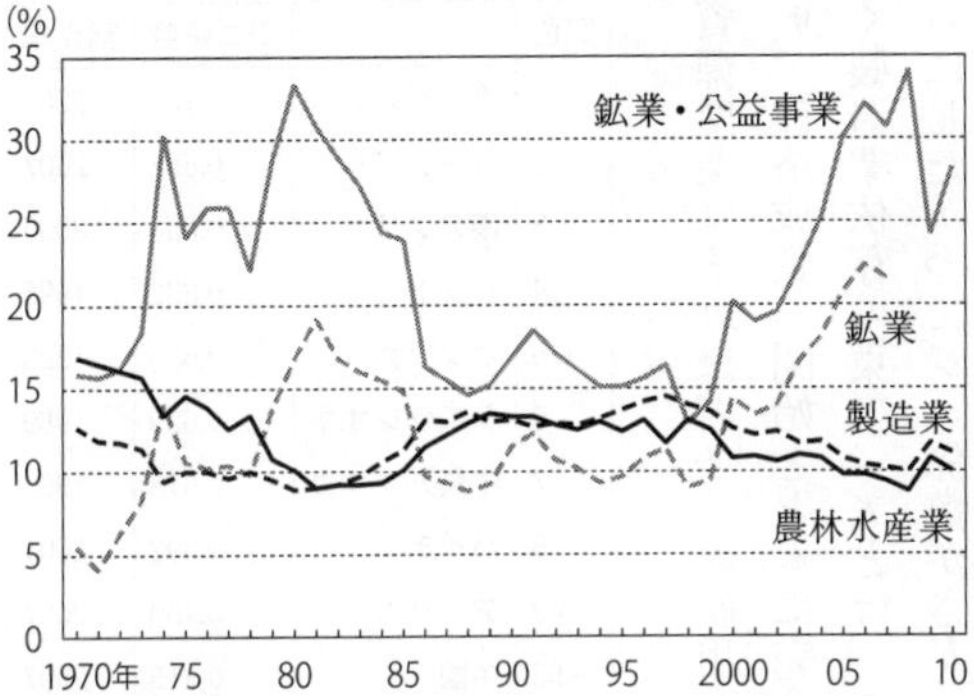

（出所）国連および世界銀行 Africa Development Indicators から作成

所得分配の均等度をはかる指標としてジニ係数がある。国民全員が同じ所得ならばジニ係数はゼロであり、だれか一人がすべての所得を独占していれば一になる。表２－２は各国のジニ係数を集めたものだが、世界の上位七番目まではなんとサブサハラ・アフリカの国々によって占められている。ちなみに世界でもっとも所得分配が平等な国はスウェーデンで、アフリカではエチオピアである。統計整備がおくれているアフリカ諸国はこの表にある国でも計測年がふるく、計測値がない国も多数ある。経済成長がはじまってからは所得分配がさらに不平等化していると考えられ、計測値のない赤道ギニアやアンゴラでは優に〇・七をこえているものと推測される。

表2－2　アフリカ諸国のジニ係数

順位		ジニ係数	調査年
1	ナミビア	0.707	2003
2	セーシェル	0.658	2007
3	南アフリカ	0.650	2005
4	レソト	0.632	1995
5	ボツワナ	0.630	1993
6	シエラレオネ	0.629	1989
7	中央アフリカ	0.613	1993
8	ハイチ	0.592	2001
40	アメリカ	0.450	2007
53	中国	0.415	2007
77	日本	0.376	2008
119	エチオピア	0.300	2000
140	スウェーデン	0.230	2005

（出所）CIA

世界でもっともジニ係数が高いナミビアはウランやダイヤモンドの産出国で、すでに〇・七をこえている。南アフリカ統計局は二〇一〇年に同国の最新のジニ係数推定値を〇・七二と発表したが、これがほんとうなら〝世界新記録〟だ。騒乱や暴動を誘発する可能性が高い危険値は〇・四とされているから、ジニ係数〇・七という数値は通常の社会常識では考えられない水準である。

資源産業はそれほど多くの雇用をうまないので、経済成長の果実が社会にひろくは裨益しない。経済成長の開始とともに完全雇用が実現して成長果実が労働者にあまねく分配されていく製造業依存の東アジアとは、この点がまったくことなっている。アジアでは経済が成長するにしたがってジニ係数がさがっていくが、資源国の場合はあがっていく。むしろ、経済成長と所得均等化が同時進行するのは優れて東アジア的現象だといえる。

東アジア諸国は労働の比較優位を成長の原動力とするので、労働投入量を増やしながら経済が成長していく。生産された付加価値は生産への貢献度に応じて各生産要素に配分されるというのが生産関数の原理だが、東アジアの経済成長においてもっとも貢献度が高い生産要素は労働投入だから、そこに成長果実が厚く配分されることになる。労働投入量が増えていく国ほど経済成長がはやくなるので完全雇用が達成され、国民の大部分が成長の成果をうけとるようになる。つまり、資源国で所得分配が不均等化していくのは、資源国の政府に慈悲が足りないということではなく、どのようにして付加価値が生産されているかというしくみの問題なのである。

ガバナンスの改善と経済の成長

図2－9と図2－10は、世界銀行が測定しているガバナンス指標のうち汚職規制と行政効率にかんする度数（マイナス二・五から二・五のあいだの数値）を、アフリカ有数の高成長国である赤道ギニア、アンゴラ、スーダンについてみたものである。資源高がはじまった二〇〇三年からリーマンショックがおこった二〇〇八年までのドル値の名目経済成長年率を計算すると、赤道ギニアはアゼルバイジャンに次ぐ世界第二位の四一・六％、スーダンは二四・五％、アンゴラは二〇・九％にも達する。中国は二〇・三％であったが、参考までにその中国のガバナンス数値も図中にあげておいた。

汚職規制指数が世界でもっとも悪いのは海賊で有名な崩壊国家ソマリアで、その数値はマ

図２－９　汚職規制指数

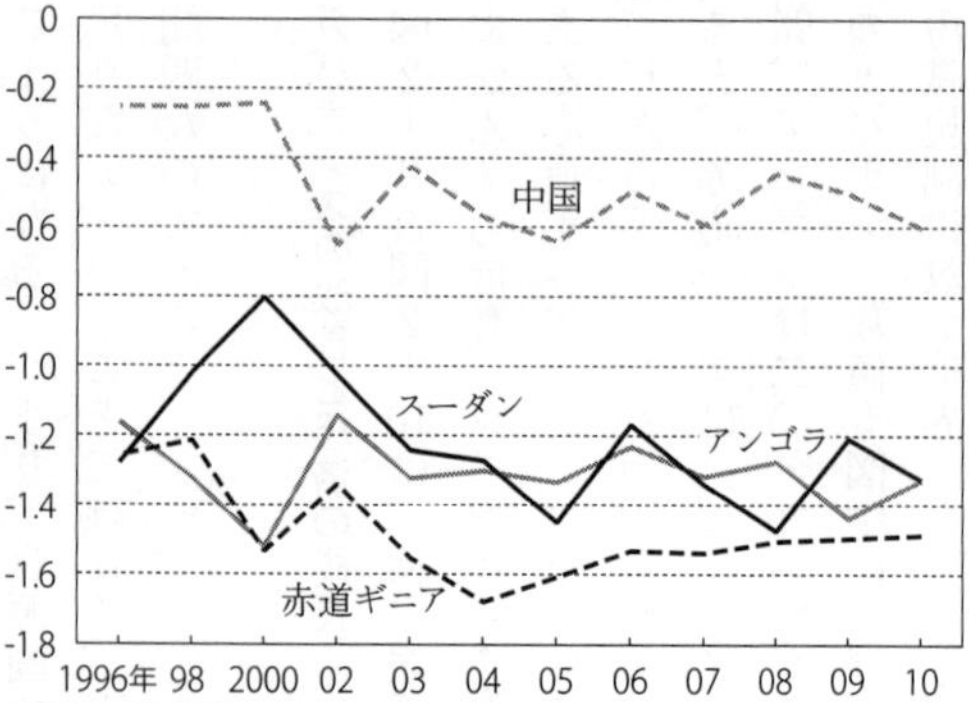

（出所）世界銀行 Worldwide Governance Indicators から作成

イナス一・七三であるが、赤道ギニアは、ミャンマーとアフガニスタンに次いで下から四番目のマイナス一・四九である。行政効率にかんしてもやはりソマリアが最悪でマイナス二・二四、第二位は北朝鮮のマイナス一・八七、赤道ギニアは第五位のマイナス一・六八だ。アフリカではほかにもチャド、コンゴ（民主共和国）、リビア、ナイジェリア、中央アフリカといった国々が下位にならんでいる。赤道ギニア、アンゴラ、スーダンにおける原油輸出収入はそれぞれの政権を強化したが、それは独裁制を強化したのであり、行政の質を向上させたとはいえないのである。

ただしアフリカの資源国のガバナンスがおしなべて悪いというわけではない。突出した例外は宝飾用ダイヤモンドの世界最大の産出国ボツワナで、同国の汚職規制指標はアフリカ諸国のなかではもっともよく、アラブ首長国連邦やスペインなみの〇・九七である。行政効率指標のほうはイタリアなみの〇・五一で、アフリカ諸国のなかではモーリシャスの〇・七七に次いで高い。アフリカのなかにはルワンダやリベリアのように近年急速にガバナンス指標が改善している国々もある。かつて存在した、常軌を逸したような悪辣《あくらつ》な政権はアフリカから消滅しつつある。

図２－10　行政効率指数

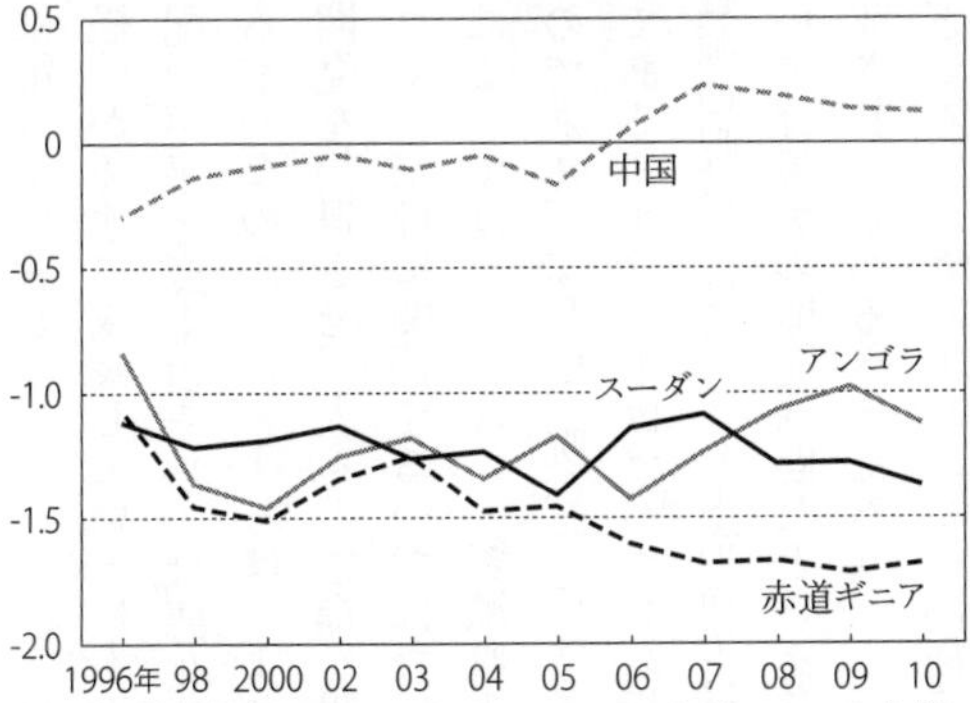

（出所）世界銀行 Worldwide Governance Indicators から作成

しかしそれでもアフリカ全般のガバナンスは、大きくは改善されていないのが現実だ。ガバナンス指標の平均値を北アフリカとサブサハラ・アフリカについて算出してみると、経済成長がはじまって以降も改善のきざしをみることができない。アフリカでも汚職撲滅を正面きってかかげる政権が登場してきたことは、惨憺《さんたん》たるアフリカ現代史をかえりみるとき大いに評価しなければならないが、その成果はいまだしといわなくてはならない。むしろ、いっこうによくならないガバナンスのなかでも民間投資が進行し、ビジネス空間がひろがって、経済社会が変容していることのほうに注目すべきだろう。アフリカの経済成長において企業がはたしている役割については第5章で論じる。

経済が急速に成長しているにもかかわらずアフリカの行政の質はよくなっておらず、所得分配の不平等度もおそらくは悪化している。「資源の呪い」はそれほどまでに強い力で作用するものなのか。だとすれば、より多くの資源を必要とするようになった人類社会はこれから開発を後退させ、人々の幸福を阻害する方向へ進んでいくのだろうか。このことはひとりアフリカだけに関係するのではないグローバルイシューである。真の政治的安定は独裁の強化によってはえられない。資源収入を国民全体の所得と福利の向上のために使う方途が必要なのである。「資源の呪い」はオランダにおいては克服されたし、先進国中最大の石油輸出国であるノルウェーはガバナンス指標や社会指標が世界でもっとも優れている国のひとつだ。「資源の呪い」はけっして宿命ではないのである。その克服方法こそが、現下の国際社会においては最大の開発課題だといえる。開発論のなかでオランダやノルウェーの経験がもっと研究されてしかるべきだろう。

ところで、ガバナンスこそが経済成長のパフォーマンスを左右する決定的要因だと主張していた一九九〇年代の開発論は、この現実をみるかぎりまちがっていたといわざるをえない。経済成長論だけで開発がかたれないように、開発論では経済成長という現象を十全にはとらえきれないということかもしれない。図2－4でしめしたようにこれまでアフリカの経済成長は資源価格によって左右されてきた。資源価格が高騰すれば投資がはいってきて経済成長率が上昇するという、いまとなってみれば当然の連鎖が、開発経済学の議論では想定されていなかった。つまり経済成長には、開発論がみてきた以上のさまざまな要因が関係しているのである。今世紀にはいってから開発途上国をとりまく状況がいちじるしく変化したことによって、開発経済学の説明力が低下しているように思われる。歴史的変化のあまりの激烈さに理論の想定がついていけていないともいえる。

アフリカのイスラーム武装勢力

「資源の呪い」は政治の質を悪くするが、かならずしも政治的不安定をもたらすわけではない。赤道ギニアもアンゴラも政権は強化されている。とはいえそれが独裁と圧政をうんで社会的不満が閾値《いきち》をこえれば、リビアのような劇的事態に発展する可能性をいなめない。歴史的にみて資源国に政治不安はつきものであり、資源を輸入する側にとっても、それは安全保障上大きな問題でありつづけてきた。現在アフリカにかんして懸念されているのは、イスラーム過激派の浸透が各国の政情不安をひきおこし、ひいては国際テロの温床となる可能性だ。

二〇一二年にマリでクーデタが発生、トゥーレ大統領が辞任においこまれた。トゥーレ政権は安定していたし、数ヵ月後に予定されていた大統領選には出馬しない意向だったから、民政とは無関係な別の理由でおこったクーデタだ。それはこういうことである。

二〇一一年のリビア政変のあと、リビア軍にいたマリのトゥアレグ族が帰国、彼らは故地アザワドの独立をめざす「アザワド民族解放運動」(MNLA)をたちあげて武力闘争を開始した。マリ政府はMNLA鎮圧のため北部に派兵したが、リビアからもちかえった兵器で武装するMNLAにマリ軍は苦戦を強いられた。派遣軍のなかには「大統領の安全保障意識が危機的に不足しているため政府の作戦支援が不じゅうぶんだ」という不満が高まって、それゆえ軍は今回のクーデタにおよんだという。

問題はそのあとだ。このクーデタから二週間後、MNLAはマリ北部の都市を占拠してアザワド国の独立を宣言したのである。フランスのファビウス外相はこれを「西アフリカのアフガニスタン」と形容している。MNLAは、アルジェリアの「イスラームマグレブのアルカイダ組織」(AQIM)やナイジェリアのボコハラムとおなじくアルカイダと関係をもっているといわれていた。これらはいずれもイスラーム過激派の武装組織だ。アザワド独立宣言の二ヵ月後、今度はアンサール・ディーンと名のるイスラーム武装組織がMNLAを放逐して主導権をにぎり、マリ北部は非マリ人宗教勢力の支配下におかれることになった。

アザワドの独立宣言はマリの分裂にとどまらず、アルジェリア、ニジェール、チャドといった周辺諸国の治安問題におよんでいる。リビアからのがれてきた勢力をふくめ武装組織が跋扈《ばっこ》するサハラ砂漠のなかに、東アフリカにおけるソマリアと同様、治安対策のおよばないエアポケットができてしまったからである。これまでアメリカがもっとも警戒してきたのは、このようにしてアフリカに国際テロ組織の兵站《へいたん》がつくりだされてしまうことだった。

米外交評議会が二〇〇五年に作成した報告書『人道主義以上のもの―アメリカの対アフリカ戦略』には「弱い国家、無秩序におちいった失敗国家はテロリスト集団とアフリカの新興犯罪組織にとって絶好の拠点になっており、人材集めと移動の便宜を提供している」とある。その最大の焦点が、崩壊国家ソマリアとアルカイダ発祥の地スーダンだ。アメリカは二〇〇三年に米＝東アフリカ・テロ対策イニシアティブをたちあげ、二〇〇八年にはシュッツトガルトに陸海空・海兵隊の四軍からなるアフリカ統合軍（ＡＦＲＩＣＯＭ）を創設した。二〇一一年の南スーダン独立はおそらくアフリカに安全保障の網をかけようとするアメリカの戦略の一環であり、この地域一帯にひろく潜伏するテロ組織の分断をはかったものと思われる。そこにおいて米中の連携がはかられていることは第1章でのべたとおりだ。西アフリカにおいてはＡＱＩＭの封じこめ作戦を展開している。つまりアフリカは、国際テロ対策という今世紀初頭最大のグローバルイシューの対象になっているのである。ソマリア対策に関係するケニアやエチオピアに対する援助が増えたのも、ひとつにはそれゆえだと思われる（一九三ページ）。

日本のような資源輸入国は安定した資源供給源を渇望している。これまでイラン、イラク、リビアといった国々の政変が世界の資源安全保障をおびやかしてきたように、資源調達にかんする政治リスクがアフリカをふくめ世界のあちこちに拡散していく事態は世界全体にとっての脅威であり、中国とておなじ脅威のもとにおかれている。この脅威に対処し抑止していくことが対アフリカ政策において重要な課題になっていることをよく認識しておかなくてはならない。アフリカ諸国の開発を進めて社会の安定化をはかることは、アフリカ人にとってのみならず、アフリカを必要とするようになった世界にとっての課題である。

第3章　食料安全保障をおびやかす震源地

前章でみたようにアフリカは、経済ダイナミズムの源泉を外資にたのみながら、消費爆発による内需主導で経済成長している。アフリカ人の消費活動は前世紀末の極端な貧困化によってながくおさえつけられてきたから、それが拡大していることはすばらしい。この消費爆発が資源分野以外での企業活動を活発化させ、そのことがさらに消費を刺激して民生部門に投資をよびこむという好循環をうみだしている。

しかしながら、この成長構図が貧困削減につながっていないのである。なぜなら、アフリカ人の六割を収容し貧困層の八割が滞留している農村に、成長の恩恵が浸透していかないからだ。経済成長と貧困問題、所得格差の拡大という矛盾は、アフリカの場合農業部門のあり方に集中してあらわれている。農業のいちじるしい低開発はアフリカに貧困の災禍をもたらしているばかりでなく、人類全体の安定的な食糧供給をおびやかす断裂層でもある。ここを震源とする破綻の兆候はアフリカの穀物輸入の増加となってすでにあらわれており、よって対アフリカ政策について考えるとき食料安全保障の観点はたいへん重要だ。そこで本章では、アフリカ農業の問題を世界の穀物需給というグローバルな視点からとらえてみたい。

世界の農産物貿易

まず世界の農産物貿易を概観しておこう。表３－１の左列は世界の各地域が地球全体の可耕地総面積に占めている割合で、右列は世界総人口に占めている割合である。地球全体の土

表３－１　世界各地域の可耕地面積比と人口比（2009年）

	可耕地面積比		人口比
アフリカ	16.2%	＞	14.7%
北アフリカ	3.1%	＞	3.0%
サブサハラ・アフリカ	13.1%	＞	11.6%
アメリカ	25.9%	＞	13.6%
北アメリカ	15.0%	＞	5.0%
中央アメリカ	2.2%	＜	2.3%
カリブ海諸国	0.4%	＜	0.6%
南アメリカ	8.2%	＞	5.7%
アジア	34.3%	＜	60.4%
中央アジア	2.3%	＞	0.9%
東アジア	8.7%	＜	23.0%
南アジア	15.5%	＜	24.6%
東南アジア	5.0%	＜	8.6%
西アジア	2.8%	＜	3.3%
欧州	20.1%	＞	10.8%
東欧	14.1%	＞	4.3%
北欧	1.39%	＜	1.45%
南欧	2.1%	＜	2.3%
西欧	2.5%	＜	2.8%
オセアニア	3.5%	＞	0.5%

（出所）FAO の統計から作成

地資源を有効利用するという観点からいえば、人口比よりも可耕地比の大きいところが可耕地比の小さいところに、土地を使った生産物つまり農産物を輸出するというかたちが望ましい。図3－1にみるように実際アメリカ地域とオセアニア地域は恒常的な農産物輸出地域であり、一方アジアはその可耕地比と人口比から予想されるとおり輸入地域だ。だが、可耕地比が人口比をうわまわっている欧州とアフリカも輸入超過になっている。

図3－1　世界各地域の農産物貿易収支（1）

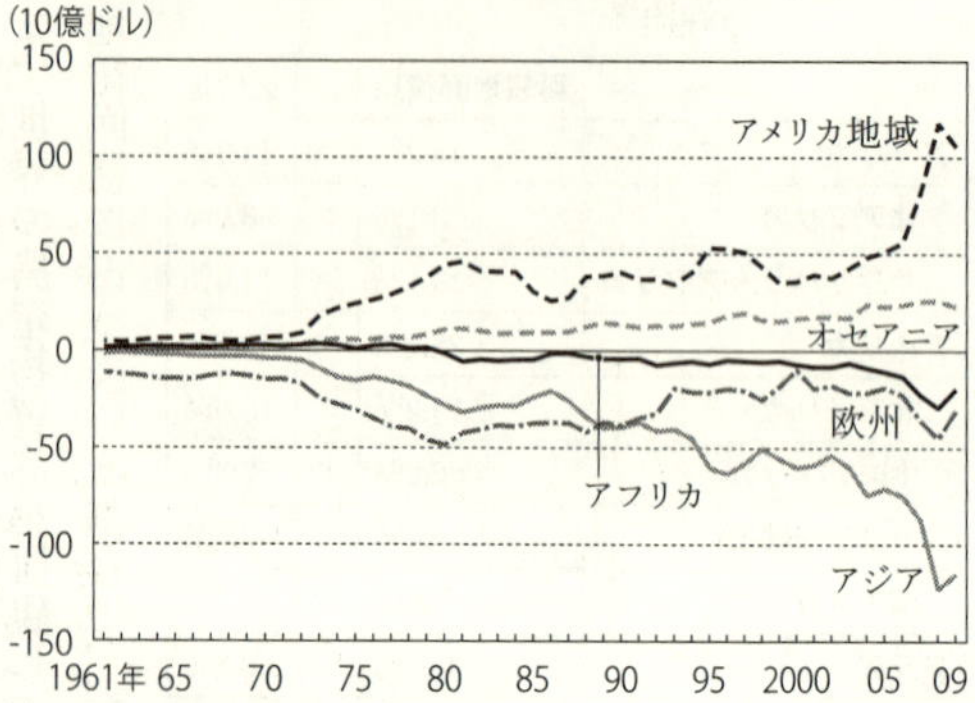

（出所）FAO の統計から作成

もう少しこまかくみよう。まず欧州についてだが、西欧が一九九〇年代から輸出超過に転換したのち黒字幅を拡大しているにもかかわらず、可耕地の多くをもつ東欧が輸入超過であることが欧州全体の農産物貿易を赤字にしている。西欧は付加価値の高い多彩な商品を輸出しており、食品については八割、原材料農産物については七割をEU内で交易していて、これは製造業製品の域内貿易比率より高い。その残余が欧州の外にでていっているわけで、つまり欧州内での分業体制が輸出競争力を強めたというかっこうである。

なかでもオランダの農産物貿易黒字は突出して大きい。輸出の主力は花卉《かき》、チーズ、タバコ、ビールといった高付加価値商品で、総輸出の一五％が農産品だ。圏外の輸出先はアメリカ、ロシア、日本、中国の順になっている。オランダは世界の可耕地のわずか〇・〇八％を占めているにすぎないが、じつは、可耕地の一二％をもつアメリカに次いで世界第二位の農産物輸出国なのである。輸出高のみならず農産物貿易収支においてもオランダは、ブラジルに次いで世界で二番目に黒字幅が大きい。農民一人当たりでいえばオランダは圧倒的に世界最大の商業農業国だ。一方東欧の輸入はそのほとんどがロシアによるもので、食肉、野菜、果実などを輸入している。

アメリカ地域では南米の輸出がもっとも大きいが、その要因のひとつにブラジルとアルゼンチンにおける近年の大豆輸出の増大がある。ブラジルの大豆生産拡大に日本の援助が貢献したことはよく知られている。北米およびアメリカについては大豆、小麦、メイズ（とうもろこし）の三大輸出品目がなんといっても大きい。

アジア地域では東アジアと西アジアが恒常的な輸入地域だが、世界各地域のなかで人口密度がもっとも高く可耕地比と人口比の差がいちばんへだたっている東アジアは、突出して赤字幅が大きい。ちなみに農産物貿易赤字が世界最大なのは日本であって、イギリス、中国が

図3－2　アフリカの農産品輸出
（カカオ豆、綿花、コーヒー）

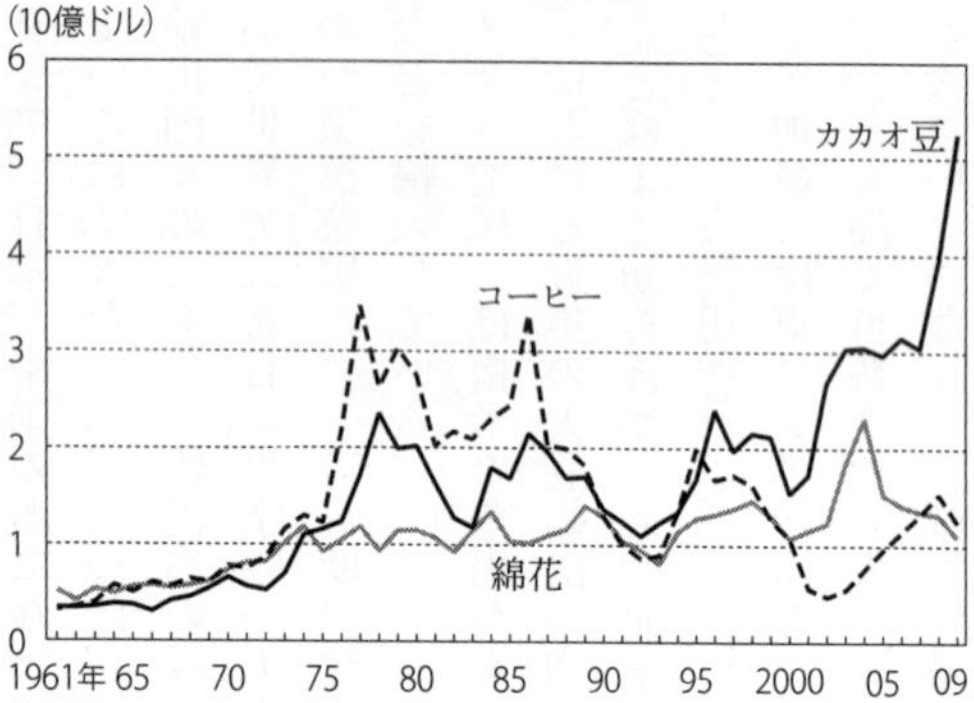

（出所）FAO の統計から作成

それにつづく。東南アジアは輸出超過だが、これはマレーシア、インドネシア、タイの熱帯産品であるパーム油とゴムの輸出によってもたらされている。

他方、おなじ熱帯産品の輸出地であるサブサハラ・アフリカは二〇〇五年から、北アフリカはそれよりはるか以前の一九七四年から、一貫して農産物貿易収支が赤字だ。図3－2にアフリカの伝統的な輸出農産品の実績をあげたが、カカオ豆が近年のびているものの、コーヒーも綿花もいちじるしく停滞している。どちらも価格変動がはげしい産品だが、アフリカでは生産がのびなやみ、他国の増産に圧倒されてシェアをおとしてきた。コーヒー、綿花双方とも一九七〇年代初頭には世界総輸出の三〇％以上を占めていたが、現在は一〇％ほどで、タバコや砂糖の輸出額よりも小さくなった。その一方で輸入が増大したためアフリカの農産品貿易は輸入超過におちいった。その最大輸入品が食糧穀物である。穀物貿易についてはあとでみるが、独立直後は総輸出の六割を稼いでいたアフリカの農業部門は、もはや輸出産業とはいえないのである。

図3－3にあげた西欧、東南アジア、東欧、アフリカは、可耕地比・人口比から予想されるのとは逆の農業貿易収支をもっている地域である。少ない可耕地を使って黒字を稼ぎだしている西欧や東南アジアに対し、東欧とアフリカはみずからの土地資源を収益につなげられていないということだ。このように金額でみた場合、農産物貿易の収支は当然ながら輸出農産品と輸入農産品の価格変動に影響をうける。西欧のように収益構造に優れた農業部門をもっていれば、たとえ耕作面積に恵まれていなくても農産物貿易収支は黒字になりうるし、逆に、自国産品の価格が低落すれば収支は悪化する。となれば、低価格の農産品を輸入して輸出は高価格品に特化することが、農業部門の国際競争力を高めるカギになる。

図3－3　世界各地域の農産物貿易収支（2）

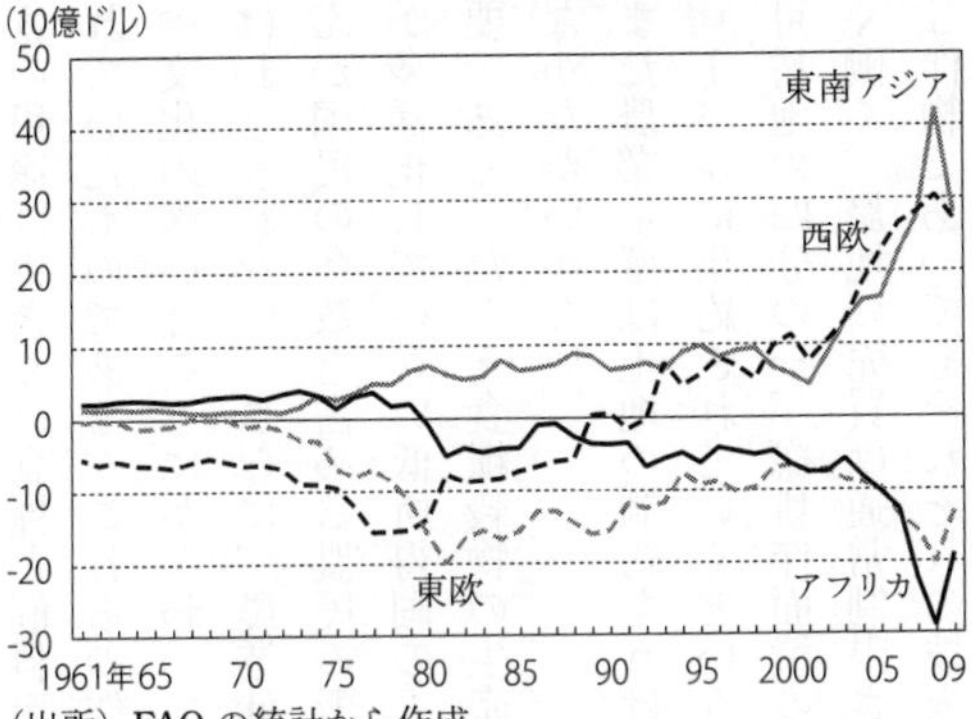

（出所）FAO の統計から作成

穀物の特殊性

しかしながら穀物にかんしては少々事情がことなる。

穀物の用途は大きくは食糧と飼料用とにわかれるが、とくに食糧穀物はもともと各地で自給されていたものである。これらの作物は各地域における農耕の原点であって、それぞれの社会や文化の深いところにかかわっており、日本の稲作がそうであるように収益性の論理だけではわりきれない。さらに、農業就業人口が多い開発途上国においては、食糧生産の状況いかんが国民の多数を占める農民の所得水準に強い影響をおよぼすし、先進国のようには食生活が多様化していない低所得国の人々の生活にとっては、食糧穀物の生産と消費がなにより重要である。たとえ食糧穀物の生産性が劣っていても、主食の耕作を放棄するというわけにはなかなかいかない。

また農業生産は土地の制約をうけるので、高い生産性をもつ生産者が勝ちのこって供給がグローバルに集約されていくという、製造業のような国際競争が貫徹しない。穀物類は世界の可耕地の四分の一、総耕作面積の半分を使って栽培されているから、土地制約がもっとも強く働く。農地の売買は通常制限されているから、農民は世界各地に広く拡散したまま、おなじ作物であってもそれぞれの技術で生産をつづけることになる。世界中の農民のあいだの生産性格差は、貿易をうみだしても資本の移動にはつながりにくいのだ。つまり、国際間の所得格差を縮小するメカニズムが機能しにくいのである。食糧穀物農業は、グローバリゼーションよりもナショナリズムが強く作用する部門だといえるだろう。

図3－4　世界各地域の穀物貿易収支

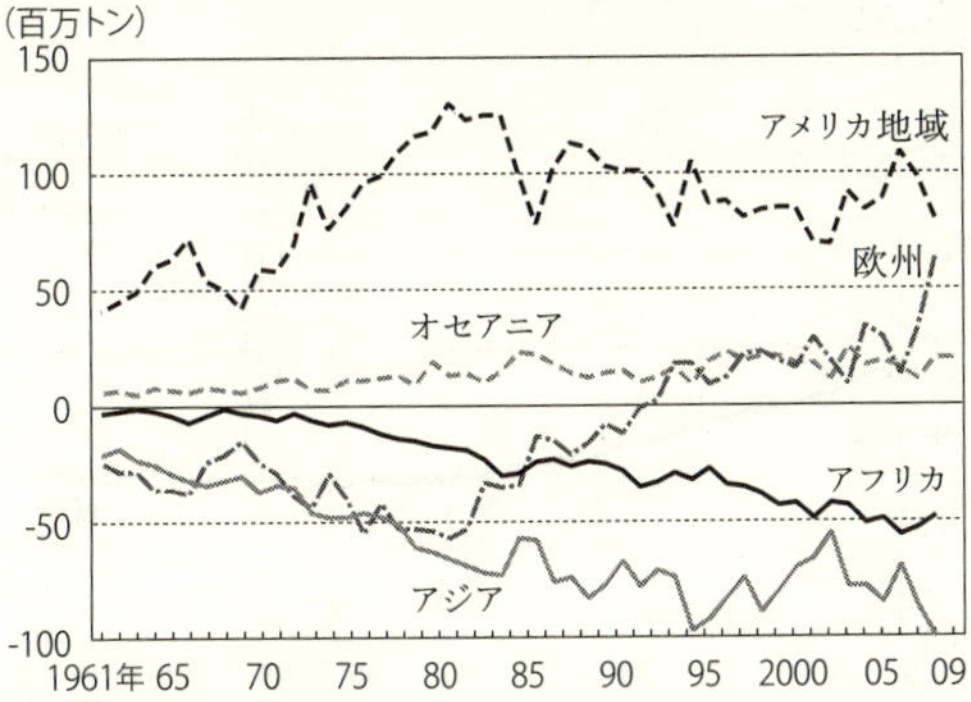

(出所) FAO の統計から作成

そこで次に穀物貿易についてみてみたい。そもそも農産物貿易が世界貿易総額に占める割合は歴史的に一貫して減少していて、現在では七%ほどであるが、そのうちの八%、貿易総額の○・六%が穀物類である。なかでも小麦は作物種としては最大の貿易品目だ。この小麦と、米、メイズが世界の三大食糧穀物である。その生産量は順調にのびてきており、小麦と米が年間六億五○○○万から七億トン、近年増産がいちじるしいメイズは八億トンに達している。貿易量は小麦が一億三○○○万トン、メイズが一億トン、米が二○○○万トンほどだ。米は圧倒的にアジアでつくられ、そしてアジアで消費されており、貿易量は小さい。サブサハラ・アフリカではこのほかソルガムやミレットも食糧穀物になっており、キャッサバやヤムイモなどの根菜類を主食としている国もある。ただしミレットと根菜類のアフリカの貿易量は微少で、これらについては自給状態にあるといってよい。

図3－4は穀物貿易だけの収支動向であり、今度は

図3－5　ソ連、ロシア、日本の穀物輸入

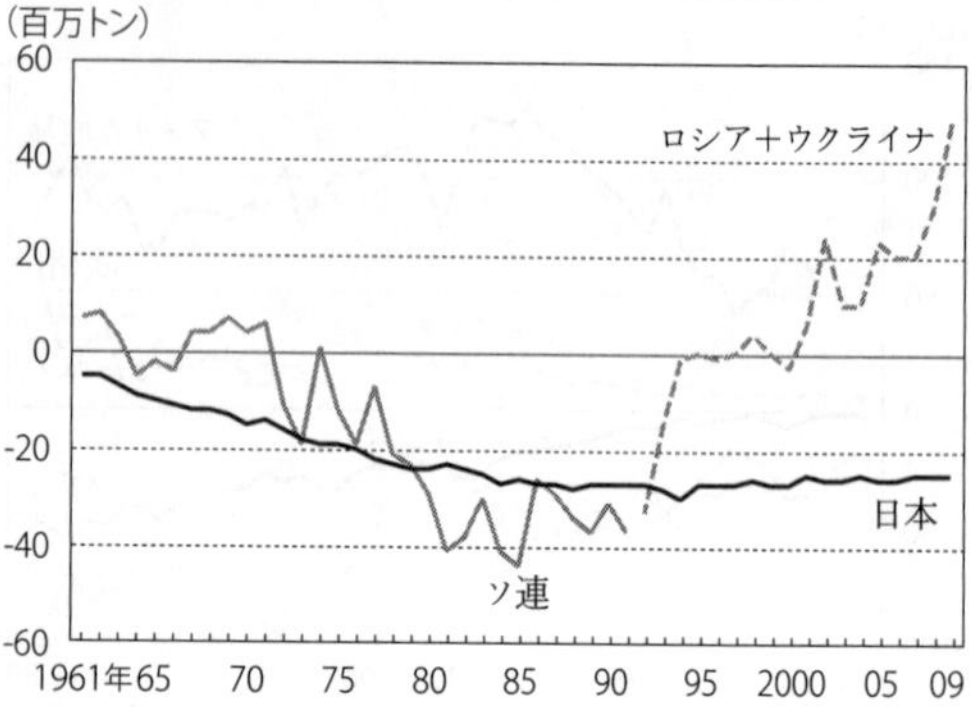

(出所) FAO の統計から作成

金額ではなく数量でみている。これと表3－1とをみくらべると、農産物貿易とはちがって耕作地比が人口比より大きいところは輸出地域になっている。例外はアフリカだけである。世界の穀物貿易は、アメリカ、欧州、オセアニアが域外に輸出するものを、アジアとアフリカでわけあうというかたちになっているのである。表3－1でみたようにアフリカは可耕地比と人口比の差がさして大きくないから、穀物を輸出するのはむずかしいかもしれない。だとしても、せめて食糧穀物を自給できていなければおかしいのである。

　欧州では、農産物全体の貿易において収支が赤字だった東欧が、穀物貿易においては大幅な黒字である。旧ソ連は、一九七〇年代から崩壊するまでのあいだ小麦とメイズを大量に輸入していたが、今世紀にはいってから輸出超過に転じた。とくに重要なのはロシアとウクライナで、小麦耕作面積の減少がとまって生産性も徐々に向上し、輸入がほぼなくなって輸出が急増した。ソ連は日本とならんで世界最大級の穀物輸入国だったから、東欧における穀物貿易の劇的転換は日本のような穀物輸入国にとっては歓迎すべき展開だった（図3－5）。旧ソ連時代の不合理な畜産政策がなくなったことで無理な飼料穀物生産が減少し、食糧穀物生産が増大したのである。それでもロシアの農産物貿易収支が赤字なのは、オランダとはまったく逆に、低価格の穀物を輸出して高価格商品を輸入しているためだ。

北欧と西欧も、人口比のほうが可耕地比より大きいにもかかわらず穀物貿易収支が黒字である。双方とも輸出の主体は小麦で、西欧においてはフランスとドイツ、北欧においてはイギリスとデンマークがおもな輸出国だ。とくにイギリスとドイツは土地生産性を急速にのばすことによって、イギリスは一九八二年に、ドイツは一九八七年に輸出超過に転換した。一九六〇年代におけるイギリスの小麦単位収量はヘクタール当たり四トン近辺、ドイツは三・五トン程度であったが、現在では両国とも七・五トンにまで向上している。土地生産性の向上にともなって国民一人当たりの小麦生産量はイギリスが二五〇キログラム、ドイツは四〇〇キログラムまで増大した。両国とも一人当たり生産量が二〇〇キログラムをこえたあたりから輸出超過が定着している。

ただし北欧の穀物貿易は、数量ベースでは黒字だが金額ベースでは赤字だ。それは、単価の安い小麦を輸出して単価の高い米を輸入しているからである。ここ二〇年の平均をとると米の国際貿易価格は小麦の倍で、メイズの二・七倍もする。歴史的にみても、たとえば米と小麦の価格統計がふるくからのこっているインドでは、栄養価に優れた米のほうがつねに高価であった。

農産品輸出大国であるオランダの穀物貿易はじつは大幅な赤字で、小麦の輸入依存度は七五％、メイズは九〇％以上だ。小麦の土地生産性はヘクタール当たり九トン、メイズでは一〇トンもあって世界最高水準だが、日本以上の人口密度をもつオランダで国土の有効利用をはかり現在の所得レベルを維持するには、穀物自給はそもそも不可能な選択だといえよう。国民一人当たりの穀物輸入は五五〇キログラムにも達している。

穀物輸入大国の日本

国民一人当たりの穀物輸入は二〇〇キログラムでオランダの半分以下だが、日本は世界最大の穀物輸入国である。徐々に減少してきてはいるものの年間およそ二五〇〇万トンに達する。これは世界の穀物貿易総量の八％にも相当する大きさだ。

東アジアの穀物輸入の六割は飼料用メイズで二割が小麦なのだが、そのうちおよそ半分は日本によるものである。その日本においても、また韓国においても、かつては小麦輸入のほうが大きかったが、経済が発展して所得水準があがるにつれ食肉需要が高まり、日本は一九六〇年代に、韓国は七〇年代に飼料用メイズが穀物輸入の主体になった（図3－6）。日本は世界最大のメイズ輸入国で年間一六五〇万トン（世界貿易総量の一七％）、第二位は韓国でその半分、八五〇万トンほどを輸入している。日韓、とくに日本の特徴は輸入量が非常に安定していることだ。日韓とも主食の米は自給しているが、畜産業を維持するための飼料はほぼ全量を国外に依存していて、日本の場合は九割、韓国は八割をアメリカから輸入している。アメリカの安価なメイズを飼料とすることで日韓の畜産業は成立しているのであり、国レベルの産業需要なので輸入量が安定しているのである。

図３－６　日韓のメイズと小麦の輸入

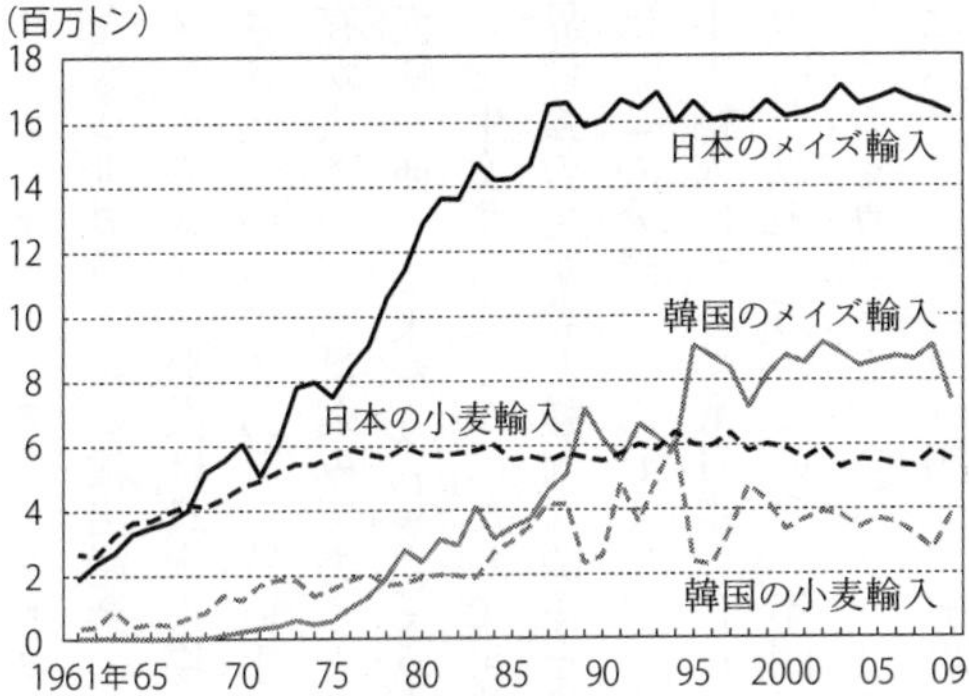

（出所）FAO の統計から作成

　他方アメリカにとってみれば、東アジアは自国のメイズ輸出の約半分をさばく世界最大の市場であり、なかでも日本は三割を購入している。アメリカは世界のメイズ総生産の四割を一国で生産し、貿易総量の半分を提供するガリバー的存在だ。アメリカのメイズは、おなじくアメリカの大豆やブラジルの大豆、フランスのワイン、マレーシアやインドネシアのパーム油などとならんで、一〇〇億ドル規模の輸出額をもつ世界最大級の輸出産業である。その最大顧客が日本の飼料産業と畜産業なのであり、アメリカのメイズ農業は日本市場なしではなりたたない。日米で世界のメイズ貿易の屋台骨をささえているのである。買い手があってはじめて売り手が存在しうるのであるから、対外依存が大きいことは弱みであるとばかりはかぎらない。たとえば、日本国内のかぎられた耕作面積を使って米をうわまわる量（日本の米生産量は現在およそ一〇〇〇万トンである）のメイズを生産することがはたして可能か、またそれが輸入するよりも安定的かと考えてみれば、世界最強の生産者と強固な関係を維持するほうがはるかに現実的な選択だろう。その意味で私は、この分野にかんしてはグローバルな基盤において安全保障が働いていると考えている。

小麦輸入においても日本の存在感は大きく、大量輸入国だったソ連なきあとは世界の貿易量の四％以上を占めている。年間五〇〇万トン以上の輸入量があり、六割はアメリカから、二割ずつをカナダとオーストラリアから輸入している。自給率は十数％だが、国内生産の単収はヘクタール当たり四トン弱の水準で停滞しているから、自給率が向上する見込みはほとんどないといってよいだろう。世界ではほかにイタリア、エジプト、ブラジル、アルジェリア、スペインといった国々が五〇〇万トンから六〇〇万トンの輸入量をもつ大口輸入国である。ちなみに、アフリカ全体では現在三〇〇〇万トンの小麦輸入がある。日本はまた大麦やソルガムを年間一五〇万トンほど輸入していて、自給率は大麦が一〇%、ソルガムは〇%だ。ソバの自給率も二〇%をきっている。つまり日本は、米以外の穀物はすべて貿易によってえているのである。

中国の穀物事情についても少しみておこう。中国の主食穀物は米と小麦の二種であり、生産量は双方とも世界最大、米が年間一億九〇〇〇万トンで小麦が一億一〇〇〇万トンである。中国は一九九〇年代まで、年によっては一〇〇〇万トンをこえる小麦を輸入していたが、現在ではほぼ自給を達成している。メイズにおいても一億六〇〇〇万トンの生産量があってアメリカに次ぐ世界第二位の生産国である。とくに近年の増産ぶりはいちじるしく、耕作面積は米や小麦よりも大きい。

ただし中国は、人口規模が大きいことから穀物貿易収支のブレ幅がたいへん大きい。またさらには一人当たり所得が上昇するにつれて肉食が増えていくと、日韓がそうであったように飼料穀物の輸入が増えていく可能性があることは、じゅうぶん考慮しておかなくてはならない。中国の人口は世界の二〇%に相当するが、可耕地面積の比率は八%にすぎないから、食生活が先進国化していけば飼料作物を自給する余地にとぼしい。メイズ輸入があと数年で日本をうわまわるという予想もある。

日本をこえたアフリカの穀物輸入

さて問題はアフリカだ。アフリカでは欧州でおこったのとはまったく逆の現象がみられる。欧州では生産性の上昇が穀物貿易を輸出超過にしたが、アフリカでは生産性の停滞が輸入の増大をもたらしている。

アフリカは小国の集合なので各国ごとの輸入はさしてめだたないが、サブサハラ・アフリカ諸国の穀物輸入を合計すると、その量はなんとすでに世界最大の輸入国日本を凌駕している。また北アフリカ諸国をくわえたアフリカ全体の輸入量はいまや東アジア地域と同水準で、世界貿易総量の一五%をこえている。しかもアフリカの輸入は、はげしい変動をくりかえしながら増加する一方なのである（図3－7）。

メイズはサブサハラ・アフリカの多くの国における主食穀物であるが、輸入の多くは北アフリカ諸国による飼料用輸入であって、アフリカ全体の穀物輸入においては小麦や米よりも小さい。サブサハラ・アフリカがメイズを輸入したり食糧援助をうけるのは、従来は、天候不順で不作になったとき食糧不足をおぎなうためであった。天災や紛争などで平常の生産がえられなかったときに緊急輸入や食糧援助がおこなわれるというのであれば、国際社会は随時それに対応していけばよい。しかしアフリカの穀物輸入はそのような姿をしていない。傾向的に増加しつづけているのであり、巨大な規模にまで膨張しているのである。それはいったいなぜなのか。

図３－８は、サブサハラ・アフリカにおける穀物の純輸入（輸入量から輸出量をひいたもの）に食糧援助をくわえて域外からの純移入量をもとめ、それが穀物総消費の何％にあたるかを暦年で計算して、そうやってえられた「穀物対外依存率」の推移をしめしたものである。一九六〇年代をすぎると輸入量が増えはじめ、アフリカを大旱魃《だいかんばつ》がおそった八〇年代初頭や九〇年代初頭には対外依存率が二五％にも達している。平常降雨があると食糧生産が回復して輸入量や食糧援助が減るので対外依存率の変動はきわめてはげしいが、それでも上昇傾向にあることがみてとれるだろう。

図３－７　アフリカと東アジアの穀物輸入量

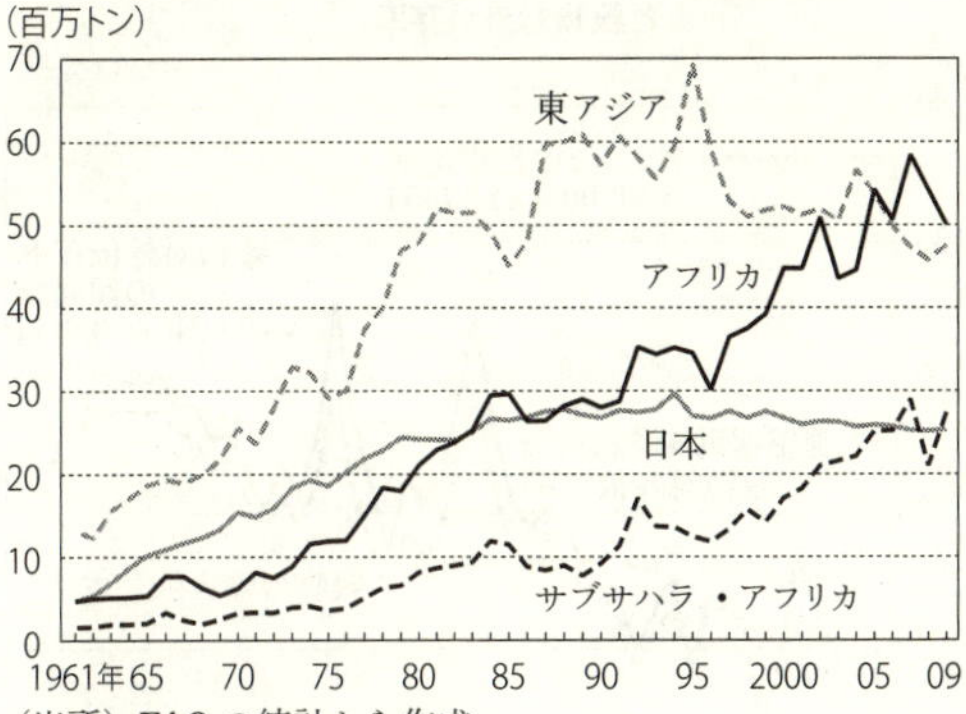

（出所）FAO の統計から作成

　その傾向線をだしてみると図の点線のようになり、その傾きは図中にあわせてしめした都市化率とほぼ一致している。どれくらいの上昇スピードかというと、都市化率の傾きが〇・〇〇四四で対外依存率が〇・〇〇四六（図中の式を参照）だから、二年強でほぼ一％

図3－8　サブサハラ・アフリカの都市化率と穀物対外依存率

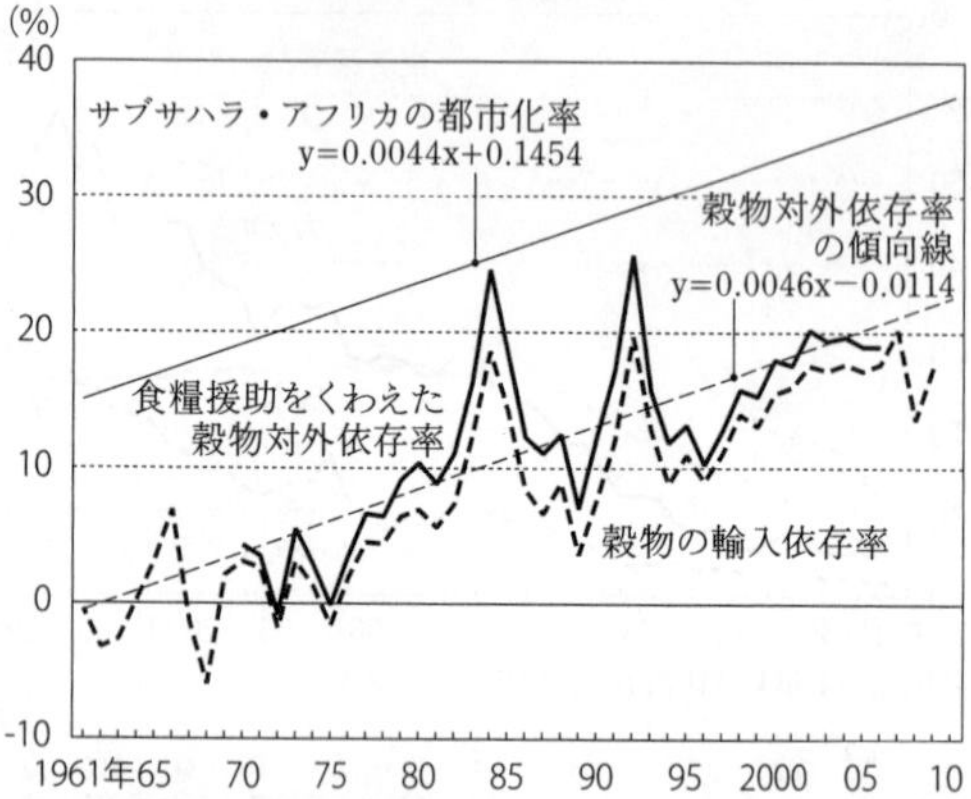

（出所）FAO の統計から作成

ずつ増えてきた計算だ。また図中にしるした穀物対外依存率傾向線の式における定数項と、都市化率の定数項との差をとると〇・一五七になる。つまり穀物対外依存率がゼロのときの都市化率が一五・七％ということであるから、サブサハラ・アフリカ内で生産される穀物だけでは、一五・七％の都市人口しか養うことができないということだ。

北アフリカについてもおなじ作業をしてみると都市化率と穀物対外依存率の傾きはやはり一致していて、三年で一％ずつ増えている。域内の穀物生産力が扶養できる都市人口はわずか二％である。サブサハラ・アフリカと北アフリカをあわせるとアフリカ全体で扶養可能な都市人口比率は一一％だ。言いかえると、サブサハラ・アフリカでは一五・七％、北アフリカでは二％、アフリカ全体では一一％以上に都市人口が増えると、その分の都市住民の食糧はアフリカの外から搬入してこなくてはならないのである。

増えつづける負担、貧しいままの農民

これが意味しているところはおそろしい。アフリカの都市化がこのまま進行して、しかもその都市住民を飢えさせないためには、アフリカは穀物輸入を拡大しつづけなければならないし、世界はそのぶんを増産しつづけなくてはならない。そしてもしアフリカの購買力が不足すれば食糧援助を提供しなくてはならないのである。まさに底なしの援助だ。このことは、食糧生産力からみてアフリカの都市化率は過剰だともいえるし、あるいは都市化率からみて食糧生産力が異常に低いともいえるだろう。アフリカにおける人口増加と都市化の進行が必然的にもたらすこの食糧依存は、世界の穀物生産にのしかかる、徐々に重くなっていく負担なのである。

一九七〇年以降の輸入量の増え方をみると、小麦が年率四・六％、米六・一％、メイズ七・八％、ソルガム五・二％である。一方世界の輸出増加率は小麦二・一％、米四・〇％、メイズ二・〇％、ソルガムについては輸出が減っていてマイナス一・四％だから、アフリカの輸入増大スピードはどれも輸出の拡大をうわまわっている。図３－９はアフリカの穀物輸入量が世界全体の穀物貿易量に占めるシェアの推移であるが、米や小麦ではいまや世界貿易

図３－９　世界の穀物貿易に占めるアフリカ輸入量のシェア

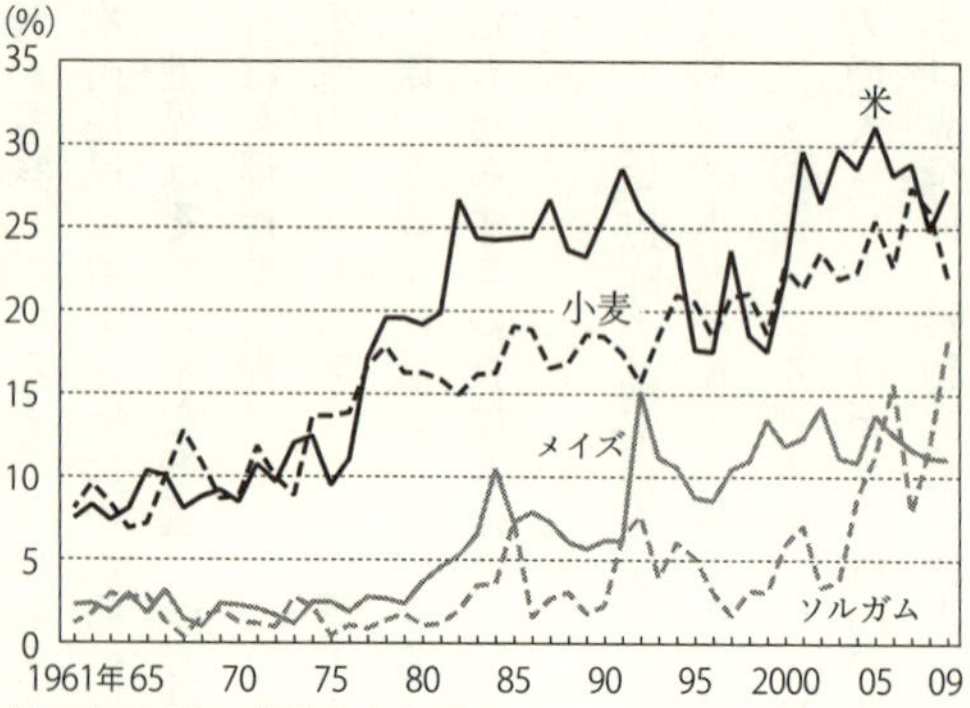

（出所）FAO の統計から作成

のおよそ四分の一、メイズやソルガムでは一四％ほどがアフリカに吸収されていて、その割合は増えつづけている。

通常は経済成長にともなって都市人口が増え、都市の購買力があがっていけばそれだけ食料全般に対する支出が拡大して農産物が買われ、それが農村部の所得になる。その所得は、生産性向上によって減少した農村人口のあいだで分配されるから、農民の所得水準が絶対的にも相対的にもあがっていく。欧米ではおおよそ農民のほうが製造業の労働者より高所得だ。経済成長の成果が都市と農村を循環して農村に裨益していく経路がこれだが、アフリカではこの経路が閉ざされているのである。したがってアフリカでは経済成長がおこっても貧困人口がまったく減らない。アフリカの貧困問題と穀物輸入の拡大は、アフリカ農業の低開発が発している、光源を一にするふたつの写像なのである。

おなじようなことは中米のハイチや中東のイエメンでもおこっているが、サブサハラ・アフリカにおいては地域全体をおおっているのであり、まさに〃アフリカ的現象〃といってよい。

図3−10　サブサハラ・アフリカの穀物生産

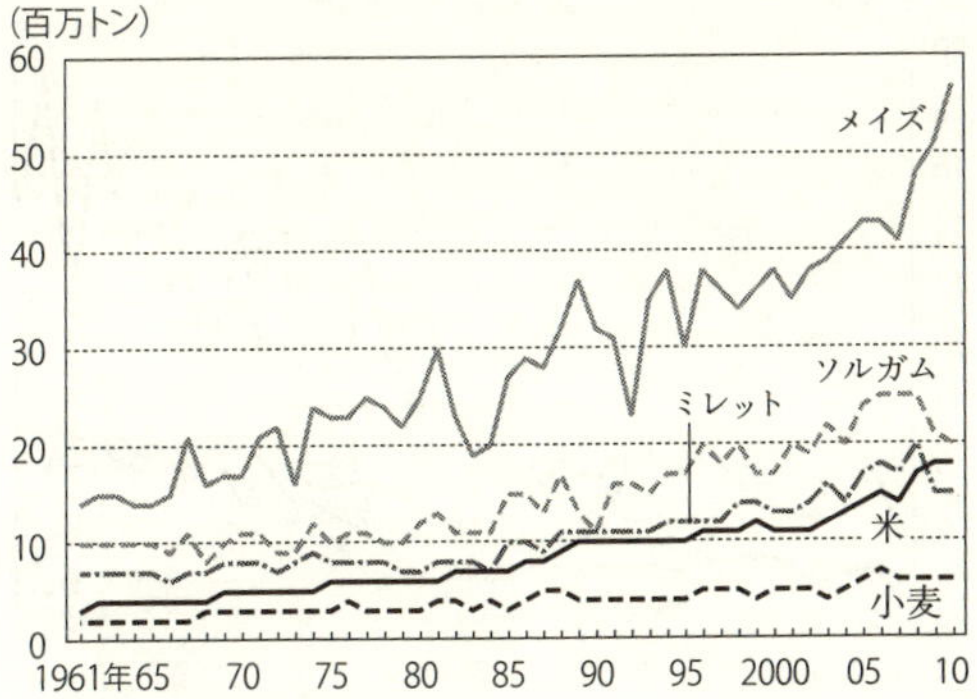

(出所) FAO の統計から作成

停滞するアフリカの食糧生産

さてそこで、アフリカの穀物生産がどうなっているのかをみてみなくてはなるまい。図3−10と図3−11は、サブサハラ・アフリカと北アフリカにおける各穀物の生産量の推移である。サブサハラ・アフリカ農業がつくっている主要な食糧穀物はメイズ、ソルガム、ミレット、米、小麦だ。メイズと小麦は外来種だが、ソルガム、ミレット、米は数千年の歴史をもつアフリカ農耕文化の原点である。ソルガムとミレットはサバンナ地帯の、米はニジェール川流域を中心とした西アフリカとマダガスカルの伝統食糧穀物だ。北アフリカは圧倒的に小麦で、メイズと米をつくっているのはエジプト農業にかぎられる。

エジプトにはたいへん高い土地生産性をもった穀物

図3－11　北アフリカの穀物生産

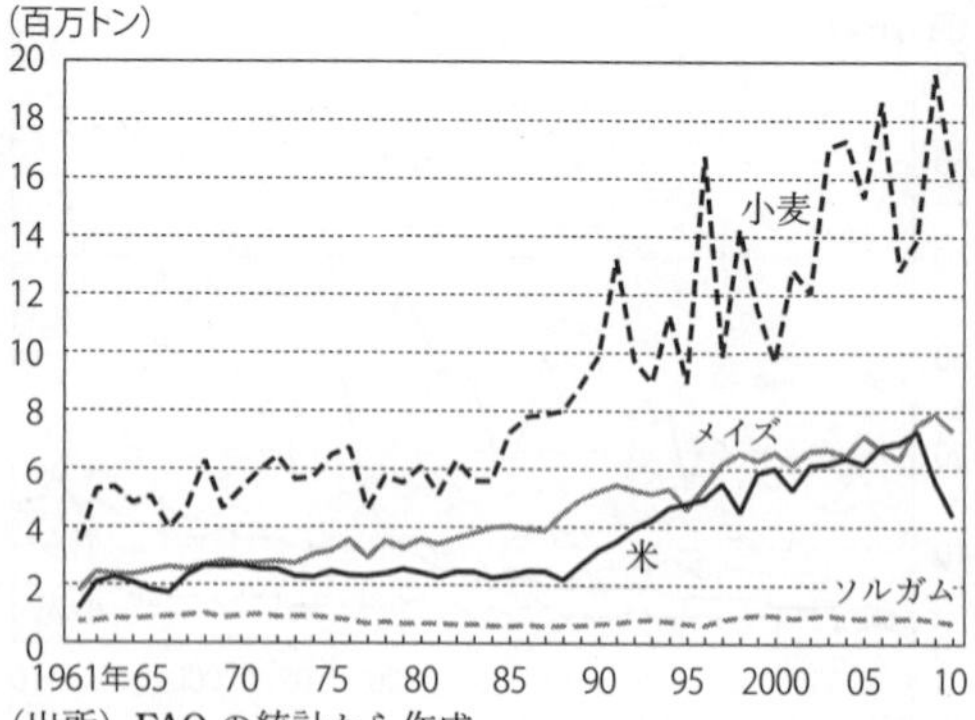

（出所）FAO の統計から作成

農業があって、とくに米はヘクタール当たり九トン以上の収量があり、日本の単収にくらべても五割ほど多い。質はともあれこの土地生産性は世界一といってよい。したがって米にかんしては輸出余力があるが、小麦とメイズは四割ほどを輸入にたよっている。エジプト農業には紀元前にさかのぼるながい歴史があるが、日本とおなじで、世界に占める割合では可耕地比率より人口比のほうがはるかに高いため、現在の人口規模ではそもそも穀物自給がむずかしい。いずれにしろアフリカ地域全体でみれば、この生産量では足りていないということだ。

　どれだけ足りていないのかをみるために、主要穀物別の自給率をサブサハラ・アフリカと北アフリカについて計算したのが図3－12と図3－13である（穀物別の援助量がわからないので、図3－7とちがって、生産量に輸入をくわえ輸出をひいたものを総消費量とした）。サブサハラ・アフリカにおける自給率傾向線の傾きをみると、どの穀物も二年でほぼ一％ずつ減少していることがわかる。ただしメイズにかんしては、自給率一〇〇%をこえた年の輸出のほとんどが南アフリカ一国によるものなので、南アフリカをのぞいた場合のメイズ自給率はこれよりも低く、一九七〇年代以降は一貫して一〇〇%をしたまわっている。北アフリカにかんしてはやはり

図3－12　サブサハラ・アフリカの穀物自給率

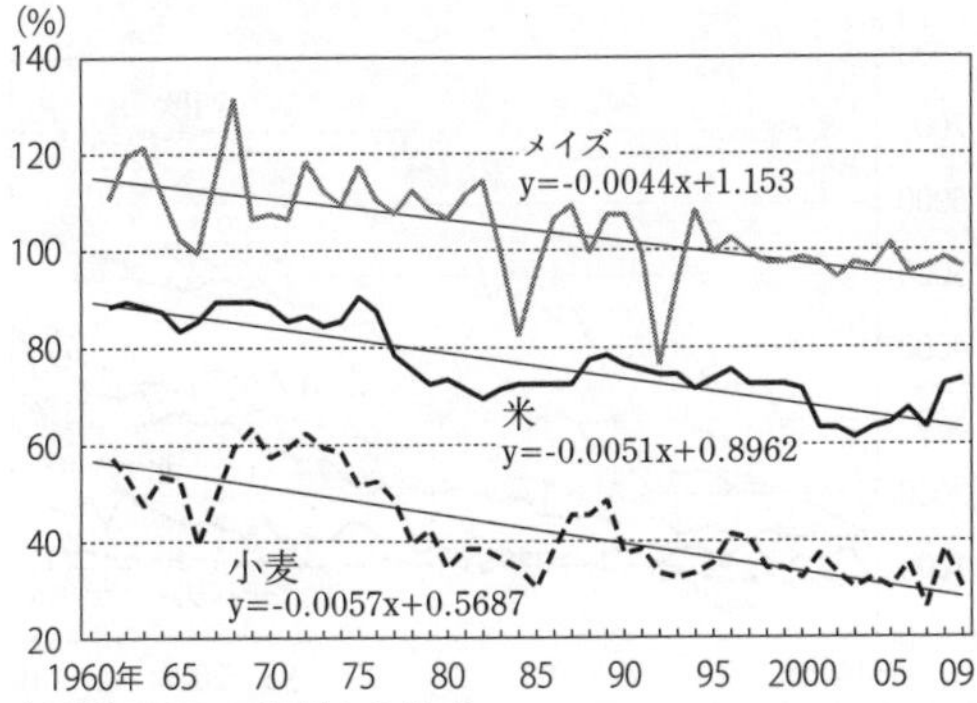

（出所）FAO の統計から作成

図3－13　北アフリカの穀物自給率

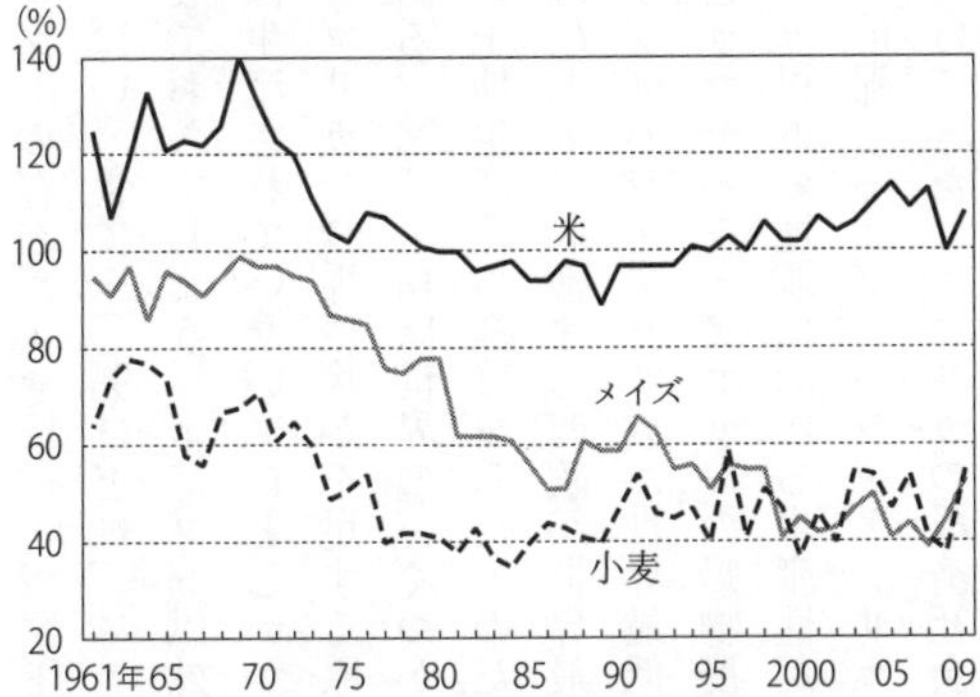

（出所）FAO の統計から作成

図3－14　世界各地域の穀物土地生産性

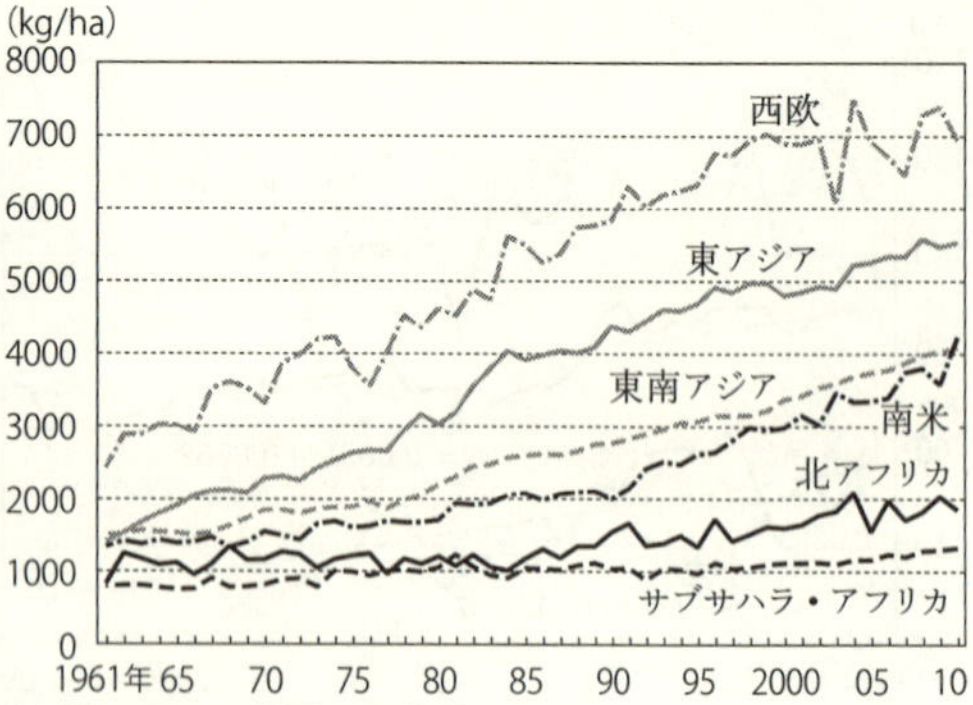

（出所）FAOの統計から作成

エジプトの存在が大きい。エジプトをのぞくと米の自給率はいっきに一〇％ほどに、メイズについては数％にまでおちてしまう。エジプト以外の国では米やメイズは生産されていないにひとしいからである。

アフリカで食糧穀物が不足する原因は生産性の低さにある。図3－14は世界のいくつかの地域における穀物の土地生産性の推移をみたものだ。ヘクタール当たりほぼ七トン収穫する西欧が世界最高で、一・三トンのサブサハラ・アフリカが世界最低である。しかも世界とサブサハラ・アフリカの穀物農業の生産性は、アフリカ以外の地域における生産性が年々上昇することで、停滞するサブサハラ・アフリカとの差がひろがりつづけてきた。アフリカの経済社会を世界一般とわかつ最大の相違が食糧生産性の格差であり、この格差の存在がアフリカ特有の社会現象をうみだす源泉だと私は考えている。アフリカだけが可耕地・人口比率に反して穀物輸入地域になっている原因はここにある。

図3－15　サブサハラ・アフリカの穀物生産性

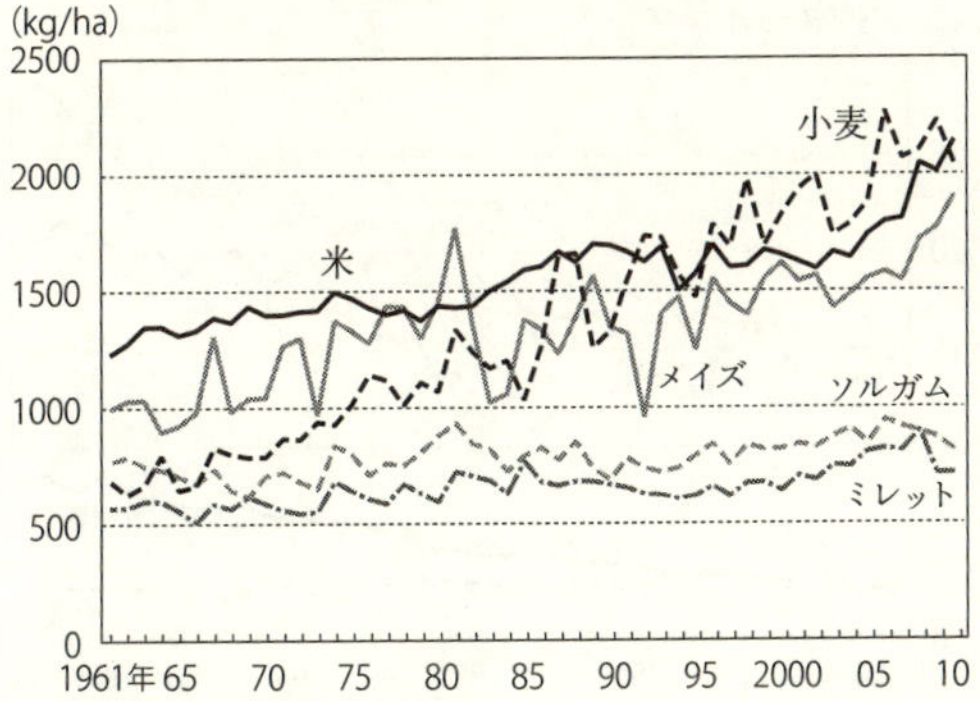

（出所）FAO の統計から作成

土地生産性は世界平均の三分の一以下

図3－10でみたように、サブサハラ・アフリカの穀物生産量はメイズ、ソルガム、米、ミレット、小麦の順で多い。それぞれの土地生産性の推移を図3－15にしめした。最大の食糧穀物であるメイズの土地生産性は、近年のびてきてはいるものの、ヘクタール当たり二トンにとどいていない。世界平均はおよそ五トンだからその三分の一である。第二食糧のソルガムはヘクタール当たり九〇〇キログラムにも達していない。ミレットはさらに低くて、せいぜい八〇〇キログラムだ。米は二トンに達しているが、世界の米生産の九割を占めるアジアの生産性の半分、最大生産国である中国の三分の一である。小麦は世界中でもっとも広範に栽培されている食糧穀物であり、土地生産性の世界平均も米やメイズほど高くはない。サブサハラ・アフリカでも二トン水準にあるが、西欧や北欧

では六トンから七トン収穫されているので、その三分の一以下である。ざっとみてサブサハラ・アフリカの穀物土地生産性は、世界の平均的水準の三分の一にとどいていない。もしサブサハラ・アフリカ農業が世界平均なみの土地生産性をもっていれば、現在の耕作面積で少なくとも三倍の穀物がとれているはずだ。そうなれば穀物輸入の必要はなく、農民の所得状況も現在とはまったくちがったものになるだろう。

土地生産性が改善しないなかでサブサハラ・アフリカ農業は、ではどうやって増えていく人口に対応してきたのだろうか。図3－16は各穀物の耕作面積の推移だが、一九八〇年以降小麦以外はいちじるしく拡大している。米はほぼ倍増、メイズは七六%、ソルガム七七%、ミレット七四%、穀物全体では七五%も耕作地がひろがった。一九八〇年から二〇一〇年にかけてアフリカ以外の地域では穀物栽培面積がおよそ七四〇〇万ヘクタールも減ったなかで、アフリカでは四〇〇〇万ヘクタールも増えているのである。これは、この間農業人

図3－16　サブサハラ・アフリカの穀物耕作面積

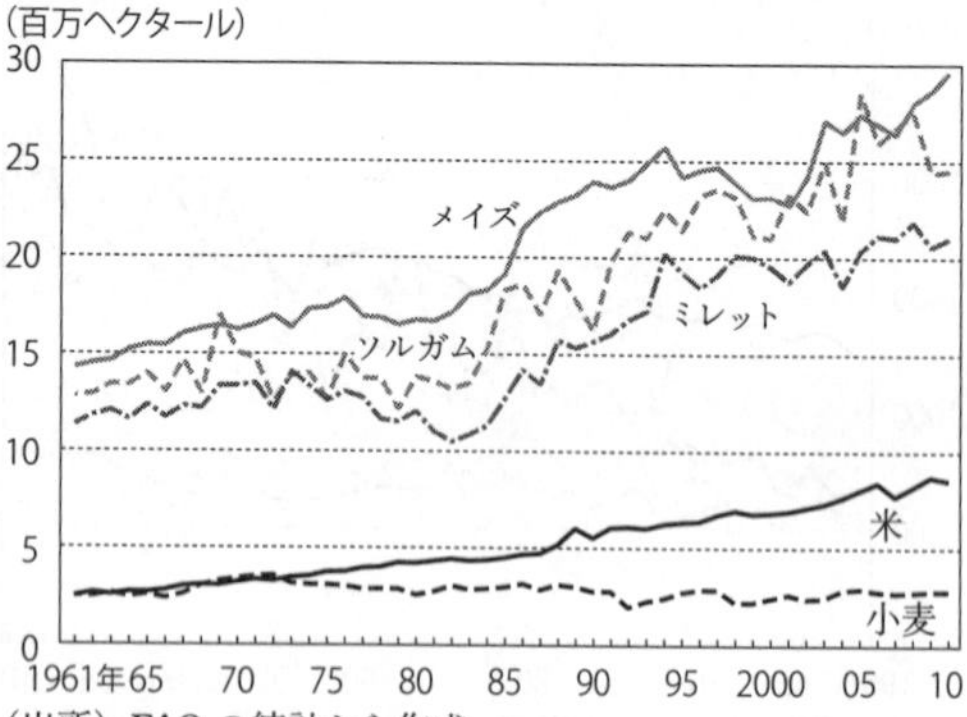

(出所) FAO の統計から作成

口が年間二・二％ずつ増加してきたことにおそらく起因している。つまり、農民自身が食べるための食糧を耕地拡大でまかなってきたわけだ。これでかろうじて年間二・六％の増産をはたしてきたが、しかし都市人口のほうは四・二％ずつ増加しているので、サブサハラ・アフリカ全体の自給率は減少してきたのである。

穀物類は全耕作地のおよそ半分を使って栽培されている農業の根幹であり、アフリカにおいてもそうだ。その生産量の多くが自給自足状態にあって現金化されないアフリカの農村経済においては、農民所得を推定することが容易ではない。しかし、土地生産性が停滞している一方で耕作面積の拡大が農業人口ののび率にとどいていないとなれば、農民一人当たりの耕作面積は徐々に減少して農民一人当たりの収穫量も停滞してきたと考えなくてはならない。

そもそも、機械化されていないアフリカの農耕現場では農民一人が物理的に耕せる面積にもかぎりがある。アフリカ大陸は土壌の肥沃度が低いため、土壌をいためないよう伝統的に移動耕作がおこなわれてきた。そのアフリカで農地が拡大してきたのであるから、輪作の周期がみじかくなって遠隔の劣等地にまで耕作が広がっている可能性が高い。そうだとすれば、生産条件はますます悪化していく。

農地の拡大と土地生産性の改善が農業人口の増加率においつかなくなれば、農民一人当たりの収穫量が減って、つまりは労働生産性が低下する。このようにしてアフリカの農民は次第においつめられているのであり、土地生産性を高めなければ所得上昇のみこみがたたないのである。アフリカの貧困化がはじまった一九八〇年代初頭の農業就業比率は約七〇%、二〇一〇年においても六〇%弱だ。このように労働力の大半を収容している生産部門で労働生産性が停滞してきたとなれば、アフリカの貧困問題がいっこうに解決されないのも不思議はない。アフリカでなによりもまず進められなければならない開発分野はここなのである。

なぜアフリカでは生産性が停滞したか

植物が生育するための栄養分は太陽光と土壌からやってくる。おなじ日射量のなかでは、土壌がふくんでいる養分以上に植物が育つことはない。その制約を、人工的に養分を補給することで打破し土地生産性を飛躍的に向上させたのが近代農業である。つまり近代農業の要点は、化学肥料の開発、化学肥料の投与に感応して種子生産を増やせる品種の開発、新品種の性能を十全に発揮させるための土壌改善や生産環境整備、そして、それら新しい技術パッケージの政策的な普及であった。農業技術が親から子へ伝承されるのではなく、科学的に開発されて生産現場へと伝播《でんぱ》されるものにかわったのである。

先進国がたどってきた経済発展の道筋は、どこでも農業の生産性向上からはじまっている。それはつねに政府や公的機関の介入をつうじておこなわれてきた。日本においては明治期に成立した近代農学と農会技術員制度、第二次世界大戦後の米増産運動と農業改良助長法がこれに相当し、高度経済成長期には米の収量が飛躍的に向上した。アメリカでは一九世紀に政府交付金でつくられた各州の農科大学、現在の州立大学農学部が近代農業の開発機関であったし普及機関でもあった。仏独では中央政府が管轄していた。このイノベーションが第二次世界大戦後に開発途上国へと波及していったのである。これが「緑の革命」とよばれた一大開発事業だった。

だが、緑の革命がアジア農業を変革した一九六〇年代において、アフリカはその対象ではなかった。その後におこなわれたアフリカ農業支援はいまだ成果をうみだせていない。アフリカ諸国政府もまた自国の農業開発、とくに食糧生産にかんしては概して無関心だったといえる。独立後のアフリカ諸国を魅了した南北問題テーゼにおいては、焦点があてられていたのは外貨を稼ぐための輸出用商品作物であり、とりわけその価格だった。

一九七〇年代以降アフリカ農業はバランスを逸しはじめ、都市の食糧である小麦や米の輸入が増えていった。食糧穀物の生産性を向上させるという開発の王道を等閑視したままでは、いかなる政策や事業をおこなっても貧困は削減されない。このままの傾向がつづくかぎり農民は貧困状態から脱することはできず、アフリカの食糧自給率の低下傾向にもはどめがかからずに、穀物輸入は増えつづけるだろう。

図3－17　世界各地域の肥料投入量

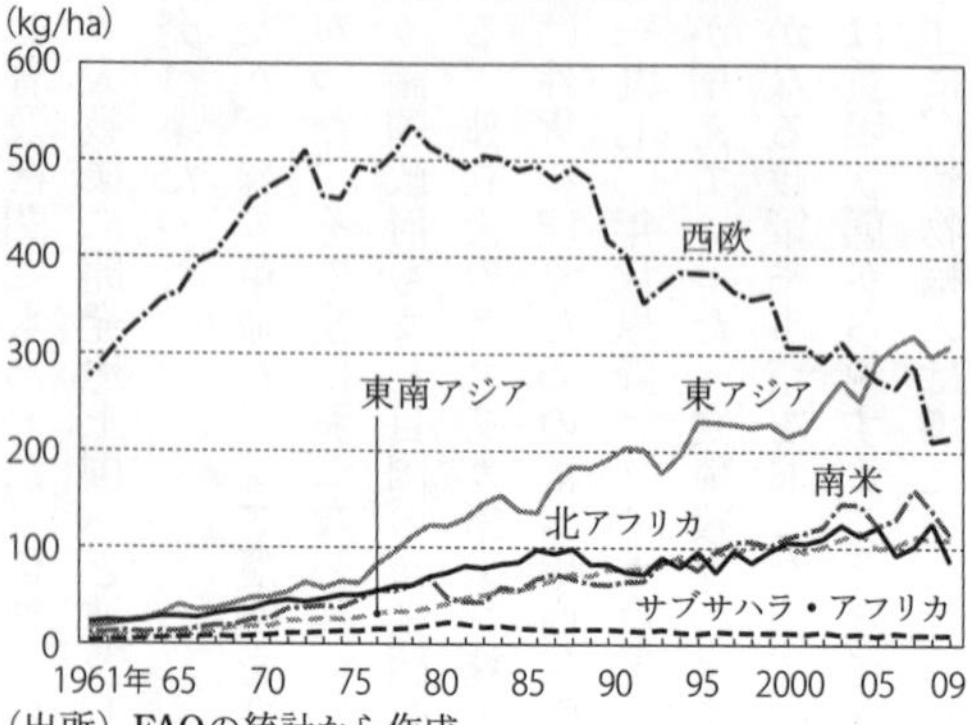

（出所）FAOの統計から作成

低投入低収量農業

近代農業の進展ぶりをみるわかりやすい指標には、さきにしめした土地生産性のほかに肥料投入量がある。図3－17は世界の各地域における肥料投入量を、全作物を対象にして一ヘクタール当たりでしめしたものだ。東アジアでは三〇〇キログラムをこえているがサブサハラ・アフリカは一〇キログラムにすぎない。それもおそらくは企業経営のプランテーションや援助プログラムで集中的に使われているものであって、小農の自給用穀物生産はほとんど無肥栽培である。この図からはサブサハラ・アフリカ農業が依然として近代化されていないことがみてとれる。無肥栽培では収量がのびないのも当然だ。

図3－18にサブサハラ・アフリカにおける肥料の生産と消費および純輸入（輸入から輸出をひいたもの）をしめしたが、一九七〇年代にはいって生産が停滞しはじめ九〇年代以降は

図３－18　サブサハラ・アフリカの肥料生産・消費・輸入

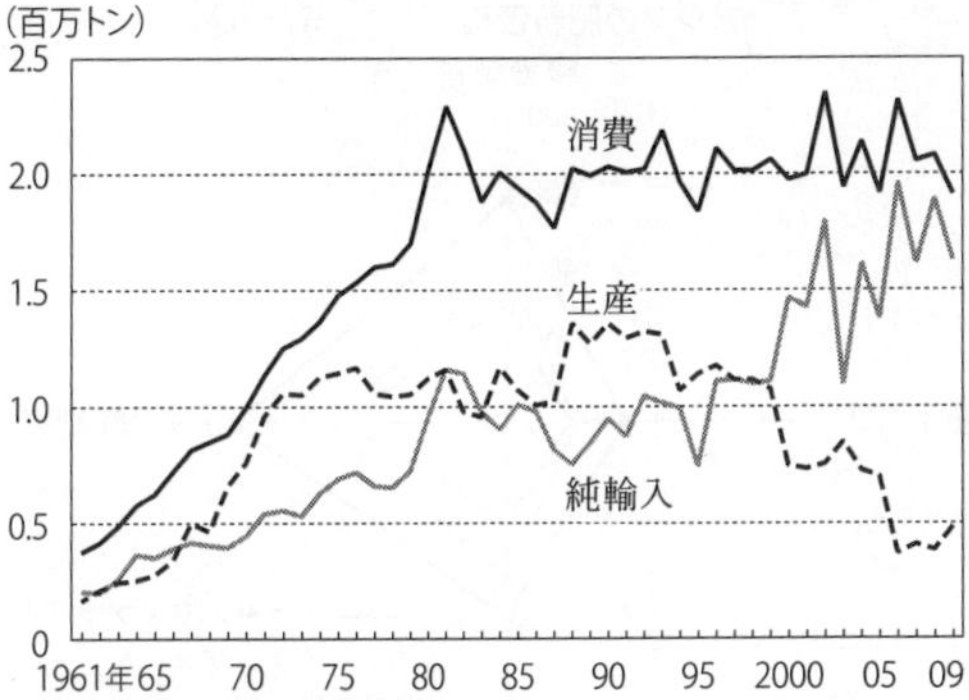

（出所）FAOの統計から作成

衰退してしまったこと、その分を輸入でおぎなってはきたものの消費量は八〇年代から増えていないことがわかる。実際サブサハラ・アフリカ諸国では次々と肥料生産が放棄され、現在では南アフリカとジンバブエくらいしか生産国がのこっていない。その一方で、サブサハラ・アフリカとは対照的に、北アフリカでは窒素肥料とリン酸肥料の生産が拡大して、アルジェリアをのぞく各国は肥料輸出国になっている。肥料産業は経済が近代化していくときに基軸となる産業のひとつだ。日本でも肥料製造のなかから総合化学企業が誕生しているし、中国における郷鎮企業も多くは肥料をつくっていた。サブサハラ・アフリカでは、そのプロセスがはやい段階で挫折したままなのである。

　人口密度の低いアフリカでは各農村が小規模のまま分散し物流から孤立していて、投入財を搬入するにしても生産物を搬出するにしても、アクセスが容易ではない。図３－19は一九九〇年代における各国の肥料価格をわかるかぎり集めて平均値をだし、サブサハラ・

図3−19　サブサハラ・アフリカ、ラテンアメリカ、アジアの肥料価格（トン当たり）

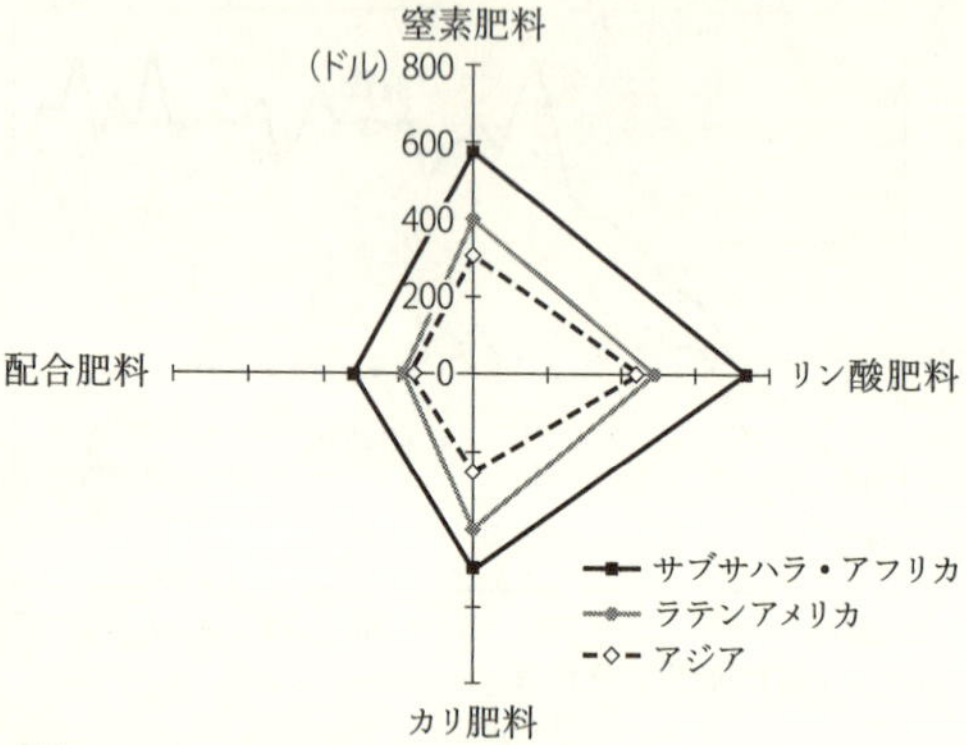

（注）サブサハラ・アフリカ27ヵ国、ラテンアメリカ12ヵ国、アジア12ヵ国の平均値
（出所）FAOの統計から作成

アフリカにおける平均肥料価格をほかの開発途上国地域と比較してみたものだが、サブサハラ・アフリカでの価格はアジアの倍ほどする。国産品がなく、輸入した肥料を内陸部に運ぶための輸送インフラが整っていないアフリカでは、どうしても肥料が高価になる。アジア農民よりはるかに貧しいアフリカ農民にとってみれば、この価格水準は肥料の使用を禁止しているようなものだ。これでは改良品種の採用にふみきれず、結局は、収量は悪くてもアフリカの環境に耐えられる伝統的な品種が栽培されることになる。農民にとってはそれが最善の選択になるのであり、その選択が貧困をもたらす。まさに合理的に選択された貧困であり、彼らは「貧困の罠」からぬけだすことができなくなる。

穀物価格は、鉱物資源価格からおよそ三年おくれて上昇期にはいった。とくに二〇〇七年に小麦からはじまった価格高騰はすさまじく、アフリカの穀物輸入額は前年の倍以上に膨らんだ。資源開発ブームにのって「援助より投資を」と主張していたアフリカ諸国の政府は、一転して食糧援助を要請することになったのである。食糧輸入が滞ると、自給力のある農村はこまらないかもしれないが都市はいっきに干上がる。この年にはアフリカの多くの国で食糧価格の高騰に抗議するデモやストライキがおこり、コートジボワールやモーリタニア、モザンビークでは暴動にまで発展した。これまでみてきた構造ゆえ、アフリカの都市社会は食糧価格の上昇に対してきわめて脆弱《ぜいじゃく》なのである。

肥料という資源

肥料製造のための原料は、リン酸肥料がリン鉱石、カリ肥料がカリ鉱石である。窒素肥料はアンモニアだが、アンモニアの合成にはおもに天然ガスが使われるので実質的な原料は天然ガスだ。

リン鉱石とリン酸肥料の世界最大の生産国は中国である。中国におけるリン酸肥料生産の拡大スピードは中国農業の発展ぶり同様すさまじく、一九九〇年代になると輸入依存が急速に減って二〇〇七年から輸出超過の局面にはいった。しかし翌二〇〇八年からは、国内消費を優先させるためリン鉱石やリン酸肥料に一〇〇%をこえる輸出税が課せられるようになって、輸出抑制がはかられている。中国に次いで第二位のリン鉱石産出国であるアメリカでは資源が枯渇しつつあり、すでに禁輸措置がとられている。それでもアメリカはリン酸肥料については依然最大の輸出国で、第二位はロシアであるが、両国とも輸出量は減少気味だ。日本は中国からリン鉱石を輸入してきたが、現在は南アフリカやモロッコからの調達に代替しつつある。日本のリン酸肥料生産は一九七〇年代にくらべると半減しており、輸入依存度は五〇%まで高まった。おもな調達先はアメリカ、中国、韓国である。

カリ鉱石の五三%はカナダに埋蔵されていて、カリ肥料の生産・輸出ともカナダが首位、第二位はロシアである。日本はカリ肥料の供給を輸入にあおいでおり大半はカナダから調達している。一方窒素肥料にかんしては、日本は一九六〇年代まで輸出国であったが一九七三年のオイルショック後は急速に生産が減退、現在は二〇%ほどを中国などからの輸入にたよっている。

前章で資源問題について論じたが、農業の分野においては食料安全保障とは別に、国内生産を維持するための肥料確保という大きな課題が存在する。

肥料原料価格は二〇〇八年に急騰した。穀物価格全般が騰貴した年だ。ここから業界が動きだす。二〇一〇年、資源メジャーのBHPビリトン社がカナダの肥料大手ポタシュ社に買収をしかけた。これはカナダ政府によって阻止されたが、翌二〇一一年にはロシアのカリ肥料大手二社が合併し、さらにベラルーシの肥料企業を傘下におさめるべく国をあげての工作がはじまった。

リン鉱石もカリ鉱石も賦存が偏在している資源だが、カリについてはカナダに次ぐロシアとベラルーシをあわせると、その埋蔵量は世界の三〇％に達する。鉱物資源と同様カリ資源についても寡占化が進んでいるわけで、カリ肥料の原料となる塩化カリの販売はカナダのカンポテックス社と、ベラルーシに本社をおくベラルシアン・ポタシュ社に集約されて、いまやこの二社の売り手独占といってよい状況だ。カンポテックスの親会社が、穀物メジャー最大手であるカーギル社傘下の肥料会社モザイクである。リンとはうってかわってカリにおいては世界最大の輸入国である中国はベラルシアン・ポタシュからの購入に多くをたよっているが、カリ権益を確保しようとベラルーシ肥料業界への資本進出を模索している。

ひるがえって日本が考えなければならないのは、日本農業が収益力のある産品ポートフォリオと効率的な生産体制を構築していくにあたって、絶対的に必要になる肥料の安定確保だろう。食料安全保障のほうは、日本が必要としている農産品の供給国とのあいだで安定的な貿易関係を維持していくことが最重要課題だが、国内農業の再構築のためにはちがう方途がいる。かつては輸出産業であった窒素肥料においてさえ国内生産が減退して肥料全体の輸入依存が高まっている。中国はじめ新興国における肥料需要の拡大スピードに世界の供給量がおいついていない一方で、供給の寡占化が進行している。こういった状況を鑑みるならば、北アフリカの肥料・肥料原料輸出国との関係が今後日本にとって重要になってくるのではないだろうか。

というわけでふたたび話をアフリカにもどそう。二〇一一年に双日、住友商事、東洋エンジニアリング、三菱重工の四社連合がアンゴラでの肥料工場建設を受注した。同国の天然ガスを使ってアンモニアと尿素を生産するというものだ。二〇一二年にはナイジェリアの尿素肥料会社ノートルと三菱商事が新工場を建設することで合意しているし、日本企業による開発途上国での肥料工場建設はアフリカ以外でもはじまっている。二〇一二年には丸紅がアメリカの穀物商社ガビロンを買収して穀物メジャーの一角に陣をはった。

アフリカにおける貧困問題の元凶である農業の低開発を克服するには、まずはなんといってもアフリカ諸国政府の強い政策意思が必要である。その意思があるかどうかは、二〇年ぶりに謳歌している経済成長のなかで手にした資源収入を農業投資にまわしていけるかどうかでわかる。その道程に参入することは日本にとっても利益になるだろう。潜在的には膨大であるはずのアフリカの肥料需要をみこんで、すでに民間投資が動きだしている。

肥料の国内市場が縮小し国内生産が競争力をうしなったいま、これから市場が成長していく開発途上国で日本の技術を展開すれば、そこから収益をうみだすことができる。それがひ

表３－２　サブサハラ・アフリカと東アジアの穀物価格（ドル）

	1985	1990	1995	2000	2005
小麦（１kg）					
サブサハラ・アフリカ平均	0.59	1.03	0.77	0.59	0.54
東アジア開発途上国平均	0.43	0.72	0.68	0.53	0.73
米（１kg）					
サブサハラ・アフリカ平均	0.66	1.03	0.89	0.57	0.78
東アジア開発途上国平均	0.45	0.62	0.62	0.47	0.63
メイズ（１kg）					
サブサハラ・アフリカ平均	0.47	0.66	0.71	0.33	0.38
東アジア開発途上国平均	0.28	0.30	0.58	0.50	0.33

（注）「東アジア開発途上国」には東南アジア諸国が含まれている
（出所）ILOの統計から作成

いては、日本と世界の食料安全保障に資するのである。

農業の低開発は工業化を阻止する

以上がアフリカにおける食糧穀物生産と穀物貿易の状況である。それが容易には解決がつかない構造的な問題であり、それだけに世界の食糧供給にとっては次第に拡大していく脅威であることがおわかりいただけたと思う。また、農業の低開発がアフリカの貧困問題の元凶であることも理解いただけたであろう。資源ブームのなかで、農業開発にかんする話題はアフリカのなかでも影が薄くなっている感があるが、たとえ経済成長が回復してもその重要性はまったく減じていない。むしろ、経済成長によって都市化のスピードが加速されるならいっそう緊急性をおびてくる。さらに農業の低開発は、じつはアフリカの製造業にとっても深刻な足枷《あしかせ》になっているのである。次にそのことを説明しよう。安くて豊富な財は、強い企業と強い産業にしかつくれない。優れた供給能力とはそういうことだ。供給能力に劣る弱い産業は、財を少なく、高価格でしか提供できないのである。表3－2は、国際労働機関（ＩＬＯ）がおこなっている世界各都市の価格調査から、サブサハラ・アフリカと東アジアの国々の穀物価格を集め、それらを米ドルに換算して地域単位で平

表３－３　製造業平均賃金と１人当たりGDP

	製造業平均賃金（ドル）	1人当たりGDP（ドル）	調査年
南アフリカ	12,680	5,566	2008
モーリシャス	5,569	5,917	2007
セネガル	4,832	511	2002
ケニア	3,012	720	2007
エジプト	2,528	1,426	2006
ウガンダ	2,188	262	2000
ガーナ	1,832	364	2003
タンザニア	1,709	419	2007
エチオピア	1,326	326	2008
レソト	1,318	752	2008
マラウィ	483	205	2001
マレーシア	6,277	6,904	2007
中国	3,853	3,360	2008
フィリピン	3,244	1,403	2006
タイ	2,233	3,116	2006
インドネシア	1,667	1,924	2007
カンボジア	875	295	2000
ベトナム	802	396	2000
チェコ	12,044	16,966	2007
ロシア	7,750	11,601	2008

（出所）国連統計から作成

均値をとったものだ。この調査は年によって調査国がバラついていて国の数も多くはないからあくまで目安にすぎないが、それでもサブサハラ・アフリカの食糧物価がアジアの開発途上国のそれより高めであることがみてとれよう。低開発とは、低所得を意味するのみならず高コストであることを意味してもいる。脆弱な生産力しかもたない国では概して物価が高く、人々は低所得なうえに高い生活コストにも苛《さいな》まれているのだ。

高物価、とくに食糧価格の高さは賃金水準をおしあげる。表3―3は国連工業開発機関(UNIDO)の統計から製造業部門における平均賃金をみたものである。南アフリカはチェコよりも高く、セネガルは中国やフィリピンよりも高い。ケニアはタイよりも高いし、ウガンダやガーナはインドネシアよりも高いのである。しかも、一人当たりGDPはいずれもアフリカ諸国のほうがはるかに低い。国は貧しいのに賃金は高いのだ。

製造業平均賃金が一人当たりGDPに数倍するというのはサブサハラ・アフリカ特有の現象で、さきにみた都市経済と農村経済の乖離《かいり》を反映している。国民の大多数を占める農民層が都市経済からきりはなされているので、都市部の賃金水準と農民の所得水準のあいだにうまれる格差を縮小するメカニズムが働かないのである(一一八ページ)。サブサハラ・アフリカの国々で共通してみられるこれだけ全般的な高賃金は、たとえば労働組合の政治力などではとても説明できないものだ。アフリカ経済のあり方にかかわる現象としてとらえなければならないのである（賃金と物価の関係の理論的な説明に関心のある方は、拙著『アフリカ問題――開発と援助の世界史』を参照いただきたい）。

経済発展の水準が低いにもかかわらずこれだけ賃金が高いと、当然ながら労働力をあてにした投資ははいってこない。アジアの開発途上国の投資誘因である「安くて豊富な労働力」がアフリカには存在しないからだ。それどころか、もしアフリカ諸国の経済が開放されれば、いまある製造業企業もアジアに移転してしまうだろう。サブサハラ・アフリカにおける製造業のプレゼンスはただでさえ微弱である。GDPに占めるシェアは減りつづけていて二〇一〇年は八・七％（図2－7／八八ページ）、雇用面でも総労働力の一％を吸収しているにすぎない。割高な労働コストにたえてアフリカでいきのこっている製造業は、高い資本装備率によって高賃金をカバーできる装置産業だ。装置産業は多額の初期投資を必要とするので、かつての国営企業、あるいは外資系企業がほとんどである。つまりアフリカの生産環境は労働集約型産業や中小企業にとってきわめて不利なのである。経済発展に飛び級はない。農業が発達していないところでは製造業も育たないのだ。

唯一の例外モーリシャス

サブサハラ・アフリカの製造業を囲繞《いにょう》しているこのような状況にあって、唯一の例外といってよい国がモーリシャスである。表3－3をみると、サブサハラ・アフリカのなかでモーリシャスだけは製造業賃金のほうが一人当たりGDPよりも低い。モーリシャスはインド洋上に浮かぶ人口一〇〇万人ほどの島国だが、一九七〇年に輸出指向型工業化戦略を採用して外資をよびこみ、おもに香港資本による衣料産業特化をなしとげて、アフリカでは唯一完全雇用を達成した。一九七〇年時点では二四〇ドルしかなかった一人当たりGDPは、現在では七〇〇〇ドルをこえている。いってみれば、アフリカのなかでただひとりアジア型開発を成功させた国だ。一方農業部門については食糧生産を放棄して砂糖キビ栽培に特化し、EUの保証価格制度を使って輸出してきた（一七七ページ）。モーリシャスはEU市場における最大の砂糖輸出国である。衣料産業に労働力を吸収することで農業就業率も八％にまでさがった。輸入している食糧は小麦と精米だが、アフリカのなかではもっとも安い価格で販売されていて、輸入小麦を小麦粉に加工し輸出もしている。そうやって農業所得をひきあげたので所得配分が均等化して、ジニ係数は〇・四以下におさまっている（アフリカ諸国のジニ係数については八九ページ）。まさしくアフリカの優等生だ。

しかしながら、サブサハラ・アフリカ全体で四億七〇〇〇万人もいる農村人口はモーリシャス方式では救えない。モーリシャスで離農した労働人口はせいぜい十数万人であり、また、さきにみたようにサブサハラ・アフリカでは輸出用商品作物の生産はいちじるしく停滞していて、むしろ衰退傾向にある。モーリシャスの砂糖のようにはいかない。商品作物は価格変動がはげしいから、もしアフリカ諸国がいっせいにカカオやコーヒー豆を増産したらたちまち相場が下落してしまうだろう。だいいち、人口一〇〇万のモーリシャスならまだしも、アフリカの総人口をささえきるだけの穀物生産力は現在の世界にはない。アフリカに食糧生産を放棄させるわけにはいかないのである。

ランドグラブ

穀物価格の高騰以後アフリカで農地を取得する動きがさかんである。これを「ランドグラブ」という。中東諸国、中国、インドの企業がめだっているが欧米企業も多く、シンガポール、マレーシア、韓国のアジア勢、南アフリカやモーリシャスなどのアフリカ企業もいる。自国が必要とする農産品を生産して本国に供給するための開発輸入や、輸出用作物の生産が目的だ。

スペインに本拠をおく国際NGO「GRAIN」は世界中のランドグラブを追跡しているが、その資料によると二〇一一年末時点で最大の農地を提供しているのはオーストラリアで、同国において外資が取得した面積は四五〇〇万ヘクタールもある。オーストラリアに次いでいるのがアルゼンチンの一八〇〇万ヘクタールだ。アフリカ全体ではおよそ二七〇〇万ヘクタールが外資によって取得されていて、スーダンの五六七万ヘクタール、エチオピアの三六二万ヘクタール、モザンビークの二七〇万ヘクタール、南スーダンの二六四万ヘクタール、タンザニアの二四四万ヘクタールなどが大きい。アフリカ二〇ヵ国でランドグラブがみられ、エチオピアでは農地の一〇%、シエラレオネでは一五%が外資の支配下にあるという。

ながく移動耕作をおこなってきたアフリカでは土地の排他的私有制が成立しなかったから、政府の意思で農地を外資に貸与・売却することが容易である。しかしその反面、そこが未利用地であるかどうかもはっきりしない。いま使われていなくても移動耕作サイクルの一部なのかもしれない。だとすれば、農地売却は小農から生活手段をうばう結果ともなりかねないのである。アフリカ自身が必要とする食糧をじゅうぶんにつくれていないのだから、輸出用に農地を転換するのは本末転倒ともいえるだろう。

しかしながら、アフリカ農業の課題が技術導入による生産性の向上であると考えるならば、あらたな投資が流入することによって新技術が定着する可能性も一方では期待できる。アフリカ諸国の政府がむしろ積極的に土地を提供している背景には、そういう動機も働いていると思われる。サブサハラ・アフリカ農業は世界でもっとも低開発な状態にあるからこそ発展の余地もまた大きいはずで、潜在しているビジネスチャンスは膨大なはずである。日本政府は開発途上国の農地取得にかんして国際ルールをつくるよう主張しているが、賢明かつ重要な提言だ。ランドグラブは両刃《りょうば》の剣なのである。

食糧自給への道

アフリカが食糧を自給できていた一九六〇年当時の人口は、アフリカ全体で三億人、サブサハラ・アフリカで二億四〇〇〇万人、都市化率は一五％以下だった。アフリカ大陸の貧しい土壌で、伝統的な耕作法を用いて安定的に養える人口構成はそのくらいだと考えてよい。それが現在はすでに一〇億人をこえ都市化率は四〇％、都市人口は五〇〇〇万人から四億人に膨らんだ。この人口を養うには食糧生産農業の近代化がどうしても必要である。そのための政策努力こそアフリカ諸国政府はなさなくてはならないのであり、開発援助においてもそれを最大課題としていなければならないはずだ。食糧生産性の向上がなければ農村に所得がまわっていかず、工業化もおこらず、貧困削減は実現しない。そして世界は、アフリカの資源を手にいれるかわりにアフリカの都市人口を養わなければならないわけである。この貿易関係は穀物の需給を次第にタイトにしていくだろう。

しかし、このことは逆に、食糧輸入国の集合であるアフリカ大陸でもし食糧余剰を生産できる国が登場すれば、余剰分の輸出先は四囲にひしめいているということでもある。経済成長にはいちじるしく不利とされてきた内陸国は、アフリカのなかの食糧供給地としてはもっとも適した立地にある。アフリカにとって最良の市場は彼らの足元にあるということだ。アフリカ大陸内の食糧需要をみずからの利益に転換することは、貧困削減効果を最大限に発揮できる成長経路をきりひらくことにつながる。それこそが、アフリカの自助努力が世界の食料安全保障に貢献する最短の道なのである。

図3－20　ザンビアのメイズ・小麦貿易収支

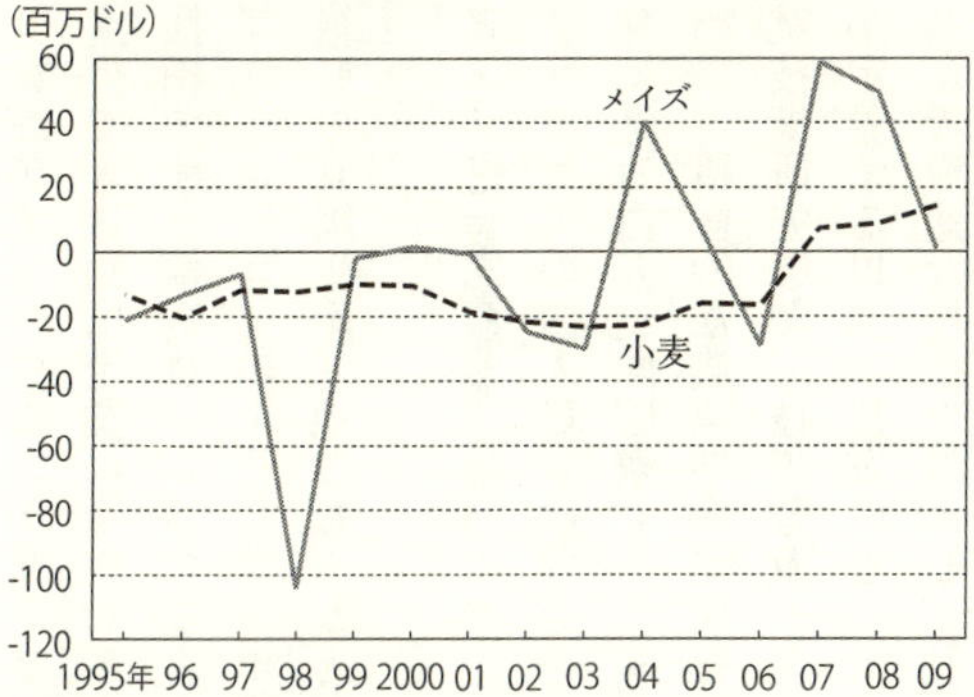

(出所) FAOの統計から作成

これはけっしてみはてぬ夢ではない。実際におこりうることである。図3－20はザンビアにおけるメイズと小麦の貿易収支動向だが、二〇〇〇年以降急速に改善して輸出超過になっている。現在、穀物貿易が黒字なのは全アフリカのなかでザンビアだけである。ザンビアでいったいなにがおこったのか。

じつは、隣国ジンバブエの政府が白人農家から農地を強制収用するという暴挙にでたため、白人農家の多くがザンビアに移住、このことが契機になった。ジンバブエの白人農家は世界でも最高水準の生産性をもつ生産者集団だった。ザンビア政府は彼らに土地を無償で提供し、民間銀行も無担保で融資を提供したので、ときをおかずその技術力がザンビアで花開いた。これによってザンビアの穀物農業は、外貨を獲得できる輸出産業に変貌しようとしている。ザンビアは典型的な内陸国で、基幹産業の銅採掘ですら輸送費がかさむことから開発がむずかしかったところだ。それが一転して、アンゴラ、コンゴ（民主共和国）、ボツワナ、ナミビアといった食糧の大量輸入国と国境を接する絶好の食糧生産基地になろうとしているのである。

アフリカに農業開発は根づくか

ジンバブエの白人農家はなぜそれほど高い技術をもっていたのか。それは、ジンバブエの前身である白人支配国家ローデシアが、原住アフリカ人からの土地収奪という悪しき面をふくめて、積極的な農業増産支援をおこなっていたからである。ローデシア時代につくられた農業技術研究機関、技術普及システム、農業インフラはたいへん進んだものだった。近代技術が定着する以前の農業はどこも、たとえば現在のアメリカ農業のように収益性の高い作物を選んで最適な技術を導入し、利潤極大化をめざして生産をおこなうような姿をしていない。都市住民とちがって農民は、元来、市場からも技術からも遠いところにいるものだ。かつての先進国も、「緑の革命」におけるアジア諸国も、食糧生産農業部門における発展障害を公的介入によって克服してきたのである。ローデシアや現在のザンビアは、そのような政策努力がアフリカでも実をむすぶことを実証しているのである。

この認識にたつと最近の中国の動きにはたいへん興味深いものがある。第1章でふれたが、中国は二〇〇六年の北京宣言で農業開発支援を約束し、あちこちに農業技術センターを開設して一〇〇名をこえる農業技術者をアフリカに派遣している。二〇一〇年には北京で農業協力フォーラムを開催し、アフリカ二〇ヵ国の代表のまえで中国企業による対アフリカ農業投資や農業協力のための基金創設をうちだした。このフォーラムの二日後には全国対外援助活動会議を開いて、低所得国に対する農業協力と農業技術移転の方針を確認している。二〇一二年にはナイジェリア政府とハイブリッド米の種子生産プロジェクトについて協議をはじめた。中国の意図は推測するしかないが、アフリカの穀物輸入増加を抑制することができれば穀物市況の軟化につながり、アフリカとともに国際穀物市場から穀物を購入している東アジアにとって有利になる。またアフリカの膨大な食糧需要にアクセスすることは、うまくいけば尽きせぬビジネスチャンスをうみだす可能性をひめている。中国には農業機械や農業投入財の輸出市場を開拓したいという欲求があるはずだ。

だがその一方開発障害もまた巨大であって、過去の農業開発援助はどれもせいぜい局所的成果しかのこせないできた。とはいえ、二〇年以上経済成長からみはなされ大量のODA投入もまったく効果をうまなかったアフリカ経済は、資源価格高騰によって一転急成長をはじめている。アフリカの農業ポテンシャルに着目する投資がようやくでてきている現在、農業部門においても、ODAがのりこえられなかった困難が克服されるかもしれない。アフリカ農業は、世界にのこされた、最大にして、もしかしたら最後の開発課題である。この課題に解決の道筋がひらかれるかどうかの成否は、世界の食料安全保障に深くかかわっている。アフリカ社会の安定も、農民所得の向上がなければ実現しないのである。

第4章　試行錯誤をくりかえしてきた国際開発

次にとりあげるグローバルイシューは国際開発で、その政策手段とされる政府開発援助（ODA）である。サブサハラ・アフリカは三〇年以上にわたって一貫して世界最大のODA供与先であり、この間開発論と援助論はサブサハラ・アフリカを想定してつくられてきたといって過言ではない。したがって、アフリカをみずして開発論や援助論はわからないのである。

のちにくわしくのべるが、国際開発をめぐる世界経済の状況は資源高の時代をむかえたことで大きく変化した。さらには、従来OECD開発援助委員会（DAC）内でコンセンサス形成がはかられてきた援助論も、中国をはじめとする非DACドナーのプレゼンスが拡大したことで動揺しはじめている。

アフリカのみならず開発途上国全般に対する政策を考えるときODAの活用はとても重要だ。どう評価するかは別にして、第1章で紹介した中国の「ビジネス＝援助ミックス」は効果的に機能しているようにみえる。国際開発をどうとらえ、どのようなODAにつなげていくか。それを国内外にむかってどのように発信すべく理論武装するか。新世紀の開発論と援助論に課せられているこの課題について考えてみたい。

国際開発という理念

まず「国際開発」という理念について説明しておこう。もともと開発はきわめてナショナルな課題だった。産業革命は各国が競いあって進行したものだし、そのための資金は基本的には国内で調達されていた。その開発を国際的枠組みにおいてとらえる考え方が登場したのは第二次世界大戦後のことである。

独立したての旧植民地の経済開発をそれぞれの新しい政府にまかせきりにするのではなく、かつての宗主国はじめ先進諸国が協力して進めようという考え方だ。極端な貧困は、たとえそれが他国や異民族におこっていることでも世界全体の安寧にとって脅威であるから、国境をこえて人類社会から極端な貧困をなくし、世界全体の共存共栄をめざすという理念である。現在ODAを理念的に支えているのがこれだ。

極端な貧困は基本的人権をおかす。一九四八年に国連総会で採択された世界人権宣言は、国籍にかかわらずすべての人間が基本的人権を保障されるべきことを謳っているが、低開発貧困国の状況が改善されなければ基本的人権理念は絵にかいたモチだ。基本的人権の主体として人間を定義しようとするならそのための努力が必要であって、その一環としての国際的な開発協力は、人類のアイデンティティを確立するための行為ということになる。

国際開発と基本的人権のユニバーサル化はこのように強く関連しているのであり、双方とも異民族支配を廃絶しなければ成立しがたいものだった。つまり国際開発は、近代帝国主義の災禍をのりこえることで国際社会がようやくたどりついた理念なのである。これに反対する人はいないだろう。問題は、ではいったいどのように国際開発を進めるか、その方法論である。

援助政策が誕生したとき、世界は大きくふたつの陣営にわかれて冷戦がはじまろうとしていた。共産主義と資本主義とでは経済思想がまったくことなり当然経済政策もことなったから、開発についてもアプローチがちがった。ふたつの陣営が開発途上の国々をめぐって覇権を争うという状況はときに紛争の様相をおびることになったし、また、国際開発そのものが冷戦を戦うための政策と競合関係におかれることにもなった。開発を進めるために開発協力するのか、それとも冷戦を有利に戦うために開発途上国に関与するのかが曖昧《あいまい》だったということである。

冷戦は共産圏の崩壊によって終結したが、いまにつづく問題として国際開発とナショナリズムとの緊張関係がある。共産主義思想はそもそもインターナショナリズムに立脚していたから、モスクワの共産党は開発途上国のナショナリズムを尊重するというより、革命気運を高めるために利用しようとする戦術色が濃かった。一方西側陣営における開発援助も、とくにアメリカにおいては普遍的な市場原理に依拠して政策が設計され、開発途上国が独自の政策を展開するのを警戒する傾向が強い。

しかし、国際開発がいかに崇高な理念だとしても開発の主体はあくまで開発途上国の国民であって、その国家である。東アジアでは「他国よりも豊かになる」ことを目標にかかげた競争志向の強い政権のもとで開発が進められ、それがもっとも経済発展に成功した。つまり、ナショナリズムこそが開発のエネルギーになったのである。他方開発途上国間の連帯を旗印にした南北問題論は、のちにみるように結局のところ開発成果をのこせなかった。

ODAは国際開発の手段たりえているか

先進国においても、ここでもまたとくにアメリカにおいては、「なぜわれわれの税金が他国のために使われなければならないのか」という疑問が払拭《ふっしょく》されたことはない。日本においてもそうだが、税収が好調にのびているときはまだしも、財政がきびしくなると「国民の税金は国民のために使え」という声が強くなる。外交が国益のために展開されなければならないように、ODAと国益の関係はつねに問われる。国際的世界的な政策理念はおしなべてそ

図4－1　ODAと開発途上国向けFDIが世界総生産に占める割合

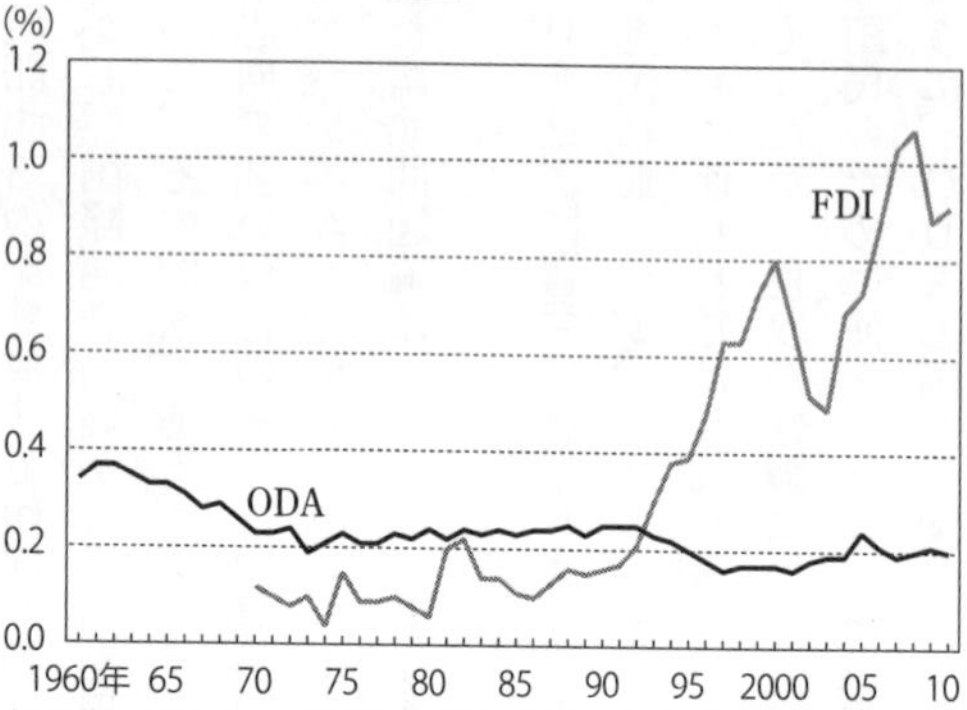

（出所）DACおよび世界銀行の統計から作成

うだが、そのための政策資源はナショナルなところから調達されるのである。援助する側においてもされる側においても、国際開発がもつインターナショナリズムは国内政治に着床しがたい。

そしてさらには、国際開発の政策手段となるODAがはたしてその目的にかなったものなのかという疑問が存在する。国際開発のフレームからいえば国際機関を経由するマルチのODAが本筋になるはずだが、DACメンバー国（トラディショナルドナー）においてすらODAの七〇％以上は各国政府が独自に運用するバイ（二国間）の援助である。中国などの新興ドナーにおいてはバイの援助こそが重視される。バイの援助はドナーによって重点供与国がまったくことなるが、このことは、ODAの配分は各ドナー政府の外交政策によっていて、なにか共通の国際開発理念が主導しているのではないことを示唆している。

また、国際開発の壮大な目標に比してODAの額はとても少ない。図4－1は、開発途上国にはいってくるODAと国外直接投資（FDI）の額がそれぞれ世界総生産の何%であったかをみたものだが、対開発途上国FDIはすでに一%に達しているのに、ODAはその五分の一、〇・二%にすぎない。しかもODAは一九六〇年代と一九九〇年代の二度にわたって比率をさげている。これは、ODAののびが世界総生産においついていないということだ。

図4－2　アメリカの経済援助とODA世界総額
（ネット額、2010年基準実質値）

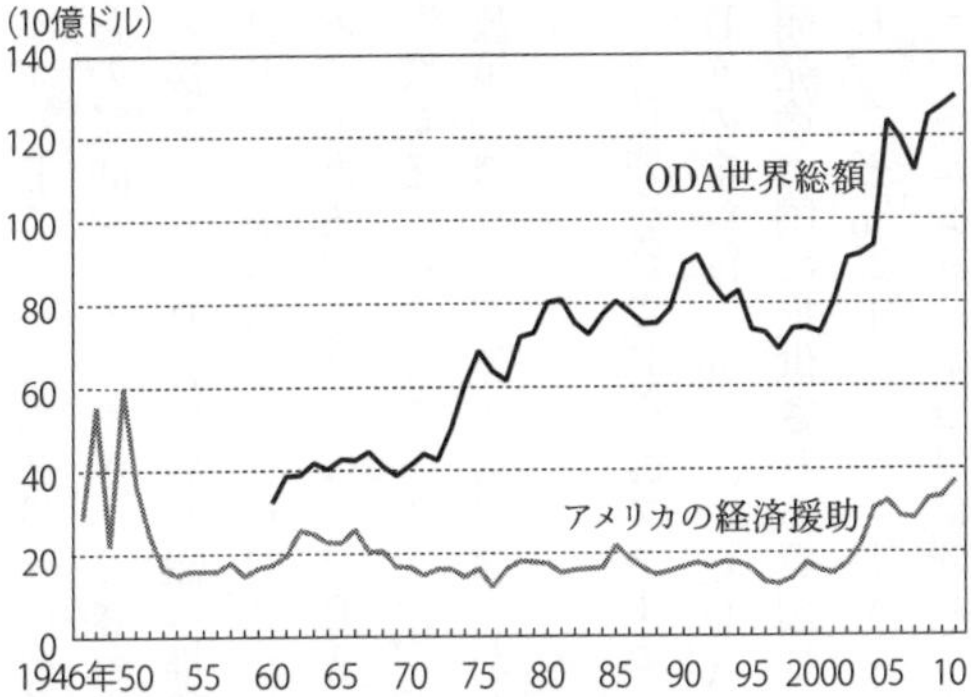

（出所）DACおよびUSAIDの統計から作成

そもそも政策とは、目的と手段とのあいだにバランスがとれていなくてはならないものである。目的を達成するにはそれにふさわしいだけの政策資源を投入しなければならないし、逆に、政策手段がもつ限界以上の目的を設定してはいけないのである。そのバランスを欠いた政策はかならず失敗する。この大原則からみて、はたしてODAは国際開発の手段たりえているのだろうか。そうでないとしたら、いったいODAはなんのために使われているのか。

以上のようなテーマについて考えるため、まずODAのなりたちからみていくことにしよう。紆余曲《うよきょく》折《せっ》をへてODAという新政策が国際的なコンセンサスを形成していくプロセスのなかには、これらの疑問をとくカギがかくされている。図4－2は二〇一〇年基準で実質値化したアメリカの援助額とODA世界総額の推移だが、増加と停滞の時期がはっきりと存在する。これからはじめる試みはまた、ODAが増えたり減ったりしてきた、その背景を説明しようとするものでもある。そこには、ODAの主たる受取国が交代していくという国際関係の歴史が反映している。のちにみるように、開発にかんする議論は経済学に吸引されていくのだが、援助政策のほうは国際政治に深くかかわってきたといえるだろう。

ポスト植民地政策としてのスタート

ODAの定義は一九七二年にDACでつくられた。「国家や地方公共団体およびその機関から開発途上国に提供される資源移転のうち、開発途上国の経済開発と厚生水準の向上を目的とし、二五%以上のグラントエレメントをもつもの」というのがそれである。

グラントエレメント（無償要素）とは資金の譲許性、つまり市場での貸出条件よりどれだけゆるやかであるかをはかる指標で、利子をふくめた返済額が少ないほど高くなり、贈与なら一〇〇%である。とはいえ、DACの定義ができるまで援助がなかったわけではもちろんない。この定義をもって援助政策の実態がわかるわけでもない。むしろ、別個の論理で動いていた各国の援助がすりあわされてDAC内でコンセンサスがつくられ、ODAというあらたな枠組みに統合されるまでの経緯のほうが、援助の本質を知るうえでは重要である。

ODAには何本かのことなる源流が存在する。そのひとつがポスト植民地政策だ。世界大戦で疲弊しきった欧州の宗主国には、アジアとアフリカの植民地において独立をもとめて興隆したナショナリズム、すなわちアジアにおける民族自決主義、中東におけるアラブ民族主義、アフリカにおけるパンアフリカニズムをおさえこむだけの力が、もうのこっていなかった。

イギリスにおいては一九五七年のスエズ動乱が決定的だった。スエズ運河からの撤退においこまれたイギリスでは首相がマクミランに交代、一九六〇年にマクミランは「変革の風」演説をおこなって大英帝国の終焉を宣言する。その後イギリスは植民地体制の清算作業にはいったが、この過程で植民地省が解体され、予算と人員が新設の技術協力省に移されていった。その新しい予算の名称が「対外援助」だったのである。植民地体制下においてもイギリスは植民地の国際収支赤字を補塡《ほてん》し開発事業もおこなっていたが、一九六五年に初の援助白書が刊行されたころには覇権国としての世界政策が消滅し、天井のみえなかった植民地維持の負担からイギリスは解放された。援助はその分岐点で誕生した。

フランスにおいてはアルジェリア戦争が帝国主義の最期の鐘だった。フランス最大の植民地であったアルジェリアではフランス駐留軍がアルジェリア独立に反対してクーデタをおこし、クーデタ軍のパリ侵攻がせまるという緊迫した情勢のなかで第四共和制が崩壊、一九五八年にドゴールを首班とする第五共和制が誕生した。一九六〇年の憲法改正を機にアルジェリアをふくむほとんどの植民地が独立してフランス帝国は瓦解したのである。

その翌年に協力省が新設され、フランス植民地予算の大半を占めていたアルジェリア支出が激減して、イギリス同様フランスもまた帝国維持の重い負担から解放された。なにせフランスは、アルジェリアだけでイギリスの全植民地より多額の出費をおっていたのである。

つまり英仏においては植民地体制の崩壊がまずあって、その事後処理のなかから対外援助がうまれた。そして、植民地経費が援助予算にくみかえられると同時に予算額が減り、戦後財政の基礎ができあがったのである。

さきにふれたイギリス初の援助白書には「イギリスの援助の目的は、生活水準を向上させようとする低開発国の努力を助けること」であり、「援助の目的の基礎は道徳的なものである」と書かれてある。また一九六三年にでたフランスの援助諮問委員会報告は、フランスの援助の基盤は「人類に対して義務をおっているという感情」であり、「フランスの言語と文化を世界にひろめたい」という願いだといっている。しかしながら、両国が援助予算をたちあげた契機はいずれも植民地の喪失だった。しかも、植民地をてばなすまでのあいだ英仏は、インドシナ戦争、スエズ動乱、アルジェリア戦争といった植民地維持のための軍事支出で窒息寸前だった。

　帝国が崩壊したことで財政破綻は回避されたが、だからといって即座にすべての人員をひきあげ、すべての支出からのがれるというわけにはいかない。植民地が「外国」になった以上その経費は、外務省か、あるいはあらたに援助専門の官庁をつくってそこに移管するしかない。当初「技術協力」といわれた予算の内実は、その多くが旧植民地官吏の給与支払いであった。大幅に削減されたとはいえ継続していかなければならない旧植民地に対する支出を、英仏は、「道徳」や「義務」や「願い」と称したのである。

アメリカの〝本音と建前〟

　英仏とはまったくことなるＯＤＡの源流が、第二次世界大戦においてアメリカが連合国を支援するために制定した武器貸与法である。武器貸与法がアメリカの対外援助の起源だというのは、一九五九年に米下院外交委員会がしめした認識だ。武器貸与法と訳されてはいるものの、この法律によってアメリカは戦争遂行に必要なあらゆる物資、すなわち食糧、輸送機械、生産財などを連合国におくっていた。戦争がおわったあとも戦後復興支援としてこのような援助を継続すべきか——終戦後にアメリカがまず考えなければならない課題がこれだった。

欧州はもちろん継続を望んだ。その回答が一九四七年のトルーマンドクトリンである。これにもとづいてアメリカは、イギリスからギリシャとトルコに対する援助をひきつぎ、占領地である西ドイツと日本への援助がはじまり、そしてマーシャルプランが始動するのである。英仏の援助は植民地行政の尾をひきずっていたが、アメリカの場合は冷戦にいどむ覇権国としての世界政策が色濃く反映した。ベルリン封鎖、ソ連の核保有、朝鮮戦争と冷戦は激化していくが、こういった事態の進展をうけて一九五一年に、冷戦を戦うための相互安全保障法（ＭＳＡ）が登場すると、すべての援助は対ソ戦略の一環として「ＭＳＡ援助」に集約されていく。

マーシャルプラン、対独援助、対日援助は短期間で大きな成果をあげた。この成功はトルーマン大統領に援助効果に対する楽観をうえつけたようだ。彼はトルーマンドクトリンの翌々年ポイントフォー計画をうちだして、同様の援助を低開発国にも提供する意思を表明した。トルーマンはある会合で「合衆国は世界の人々の生活水準を二％ひきあげることができる。そうなれば、われわれがおいつけないほどの需要がうまれるだろう。これはじゅうぶんに可能なことだ。世界は飢餓から解放されるだろうし、物資をうばうために戦争をしようなどとはだれも考えなくなるだろう」とかたっている。しかし、旧植民地、とくにサブサハラ・アフリカの状況は欧州や日本とはまったくちがっていた。援助政策は期待された効果をうみだせないまま長期化して、現在にいたるのである。

アメリカにはもうひとつ、やがてODAに合流することになる源流が存在する。それは、一九五四年の農業貿易開発援助法（通称PL480）からはじまった食糧援助である。PL480には「世界の飢餓や栄養不良との戦い」と同時に「アメリカ産農産物の輸出市場の開拓と拡大」という政策目的が書かれている。

当時アメリカは大量の穀物在庫をかかえていたが、これを援助物資として使うための法律がPL480であった。一九六〇年代をつうじてアメリカの農産物輸出総額の二二％はPL480輸出だった。一九六七年の農務省報告には「アメリカからの農産物輸入の三〇％以上をPL480によってえた日本は（中略）長年にわたってアメリカ農産物の最大市場になっている」とあるが、これは食糧援助が一面で産業政策であり通商政策であったことを雄弁にものがたっている。元来援助に冷淡な米議会もPL480を問題にしたことは一度もない。食糧援助という援助形態はPL480とともにうまれたのであり、いわばアメリカの〝専売特許〟であって、現在でもアメリカの援助量が圧倒的である。

PL480は「緑の革命」支援とも深く関係している。開発途上国に対する食糧増産技術援助は、ロックフェラー財団がメキシコ政府の要請をうけて一九四三年にアメリカ人農学者を派遣したことからはじまった。戦後それがインド、そして東南アジア諸国へと拡大されていって「緑の革命」と名づけられるのだが、そのとき、PL480穀物の売上金として各国につみたてられていた現地通貨建てカウンターファンドが、農業プロジェクト資金として使われている。アジアの農村を豊かにすることは、そこに共産勢力が浸透するのをふせぐためにも重要な課題だったと思われる。「緑の革命」イニシアティブは、やがて世界銀行のプログラムとしてくみこまれることになる。

日本の経済協力とその変質

日本における援助の発祥についてもみておこう。日本は一九五一年のサンフランシスコ平和条約で国際社会に復帰し、一九五四年にはイギリスのコロンボ計画に参加して対アジア諸国援助をはじめているが、同時に敗戦国として戦争賠償責任をおった。フィリピン、ベトナム、インドネシアのほかオランダ、スペイン、スイスといった国々に日本は賠償金を支払ったが、このとき賠償請求権を放棄したラオスやカンボジアなどとは経済協力協定をむすぶことで戦後処理をおこなった。

戦中戦後に活躍したアジア学者板垣与一の認識は「賠償は見方をかえれば、貿易の発展にとって不可分な一種の基礎的投資の意義をもちうる」というものだった。英仏における援助政策の出発点が植民地の喪失であったように、日本は戦争賠償という過去の清算を対アジア経済関係の再構築にむけた「投資」に改装しようとする営為のなかで、対アジア「経済協力」政策を出発させたのである。賠償交渉は外務省が、経済協力は通商産業省（現経済産業省）が担当したが（五四ページ）、通産省は一九五八年から『経済協力の現状と問題点』を刊行して、二〇〇一年の省庁再編で外務省が『ODA白書』をだすようになるまで経済協力白書を作成しつづけた。最初の白書にはこうある。

「経済協力の目標の第一の立場である国際協調は一般的抽象的概念である」が、低開発国には「資本と技術の面における先進国に対する期待」が存在し、他方日本には「これら地域に対して資本財輸出の強い欲求」がある。「かかる経済的な相互補完性によって国際協調の具体的な場」をあたえるのが援助の役割であって、それは「輸出市場の拡大および重要輸入原材料の確保にもっとも効果的な方向において展開」されなくてはならない。

そもそも当時は開発援助ではなく「経済協力」という政策名称であったことがしめしているように、現在の援助論とはまったく異質の論理である。財政的余裕にとぼしかった日本は、高い貯蓄率を背景に円借款を急激にのばしていった。図４－３は、日本ODAの最大供与国になったことがあるインドネシア、韓国、中国への援助額が日本の援助総額に占めてきた割合をみたものだ。日本の援助は日本経済にとって重要な国々に集中して投下されてきたのであり、このほかにもフィリピン、タイ、ラオス、ベトナム、インドなどが大きな比重を占めてきた。

図4－3　日本のODA：主要対象国の比率（グロス額）

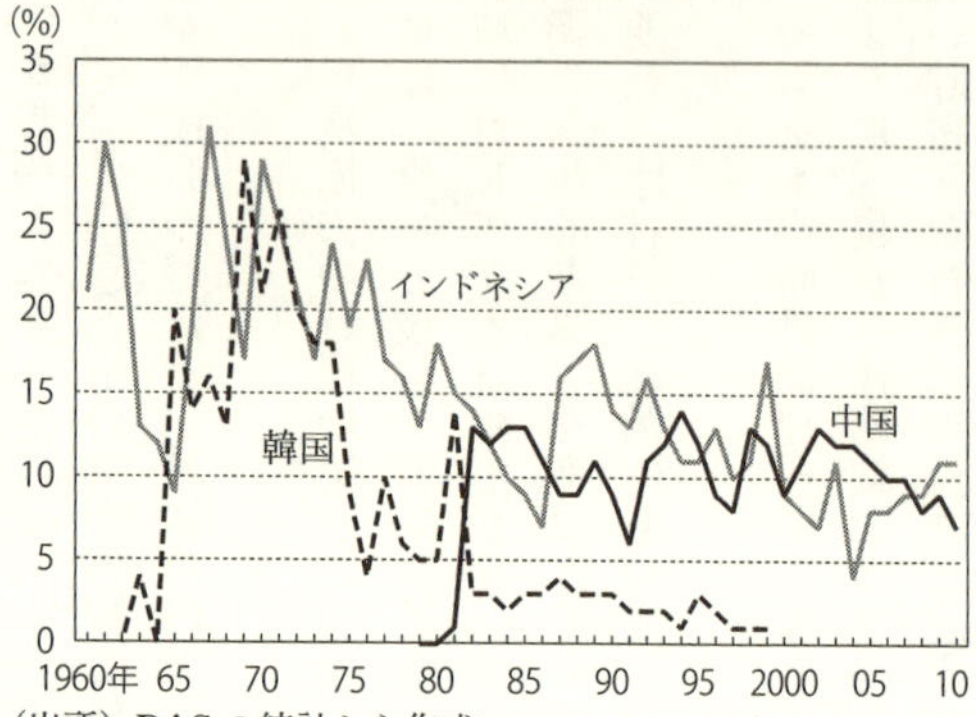

（出所）DACの統計から作成

ほぼアジア諸国だけを対象にしていた日本の援助は一九七〇年代にはいると徐々に対象を拡大していくが、アジア以外でもっとも増えたのがアフリカであり、一九八〇年代から九〇年代にかけて今度は無償援助を優先的に増やしていった。当時アフリカ経済は極度な低迷におちいっていて日本との経済関係も縮小していたから、それまでの方向性によっては説明できない動きである。日本の援助政策が当初の経済協力から変質していったことを象徴しているのが、一九八六年の「国際協調のための経済構造調整研究会報告」（通称前川レポート）だろう。

前川レポートはいわば日本の〝完全先進国化〟をめざしたものとでも形容できるだろうが、

ＯＤＡにかんしては、無償援助の拡充、グラントエレメントの向上、混合借款（援助と輸出信用のミックス）の抑制、アンタイド化（援助物資の提供や援助事業の実施を日本企業に限定する、ヒモつき援助をやめること）を提唱している。これらは当時ＤＡＣが日本に要請していたものだった。世界最大の貿易黒字をかかえ外貨の還流を要請されていた日本は、このあらたな方針のもとで対アフリカ援助を増やし、アジアのドナーからグローバルなドナーへの脱皮をはかって世界最大の援助国になっていくのである。一九九三年の第一回ＴＩＣＡＤはそのための航路であり、日本主導で策定した一九九七年の「ＤＡＣ新開発戦略」はその終着点だったといえよう。ＤＡＣ新開発戦略は期限を決めて国際開発の諸目標をたてたものであり、のちにみるミレニアム開発目標（ＭＤＧｓ）の原型となったものだ。

アメリカの援助政策論理とはなにか

以上のように、援助をはじめた経緯と動機は国によってさまざまである。各々の政策背景は歴史をみればあきらかだが、イギリス、フランス、アメリカ、日本のどれをとっても、最初に説明した国際開発の理念が政策を先導した国はない。つまり、国際開発理念は援助政策が動きだしたあとにつくられたのである。ではいったいだれが、いつ、国際開発というアイデアをつくったのか。各国個別の援助政策はどのようにしてＤＡＣ定義に収斂《しゅうれん》されたのか。

次にそれをみよう。

さきにみた英仏とちがってアメリカは、援助政策の目的についてきわめて率直な、侃々《かんかん》諤々《がくがく》たる議論をつみかさねてきた。サミュエル・ハンチントンは一九七〇年にこう書いている。「対外援助の理論的な根拠とはなにかについてたえず問われつづけている」が、通常明確な目的があってはじめて成立する「公的政策の分野において、このことは援助政策のきわだった特徴である」。援助政策の支持者でさえその根拠が明確でないことを認めていながら、「だからといって援助を削減するのではなく、さらなる根拠をさがそうとするのだ」。ハンチントンのこの言葉はその後のアメリカにおける援助論争を形容するのにぴったりで、援助政策における〝本音と建前〟をみごとについている。

そもそもアメリカでは援助政策を否定する論調が根強い。外国に介入することをきらう孤立主義の伝統にくわえ、市場経済に信をおく自由主義思想は開発援助と相性が悪い。国際開発の考え方は、政府間の資源移転で開発途上国の経済発展が促進されるという想定にもとづいているわけだが、アメリカでは、経済発展は民間の仕事であり政府主導の援助政策はかえってそれを阻害するという考えのほうが優勢だ。だから、歴代の政権は対外援助法を通過させるためにいろいろな論法を駆使して議会を説得しなければならなかった。

アイゼンハワー政権の考え方はドルギャップ補塡論だった。当時アメリカの経済力は圧倒的であったから貿易黒字がどんどんたまり、そのドルを各国に還流しないと世界貿易の決済通貨がたりなくなるという懸念があった。このドル不足をドルギャップといった。民間金融がまわりにくい低開発国については、公的手段でドルギャップを補塡しようという論理がドルギャップ補塡論だ。

この考え方にしたがうなら援助は経常収支黒字国の仕事であり、石油危機のときは産油国、一九八〇年代は日本、いまなら圧倒的に中国の任務ということになる。前記した前川レポートは日本の貿易黒字が世界最大であった時代のものであり、日本マネーの還流が大きな課題とされ、日本ODAの拡大期でもあった。かつてのサウジアラビアやドイツなど、多額の貿易黒字をもつ国がODAを増やすという傾向はたしかにみられる。

しかしながらイギリスもフランスも、その後経常収支が赤字化したアメリカも援助をやめたわけではない。それどころかアメリカはドルをたれながしつづけ、ドルギャップは過剰流動性（ドルのだぶつき）の問題に逆転した。やがてアメリカは世界最大の借金国になって、アメリカこそが最大の資金還流先になった。それでもアメリカはODAを提供しつづけたかららドルギャップ補塡論に説明力はなかったわけであり、援助はなにかほかの論理で動いていたということになる。

アメリカの貿易収支が悪化をはじめた一九五〇年代末に登場したのがバイアメリカン政策

図4－4　アメリカのODA：主要対象国の比率（ネット額）

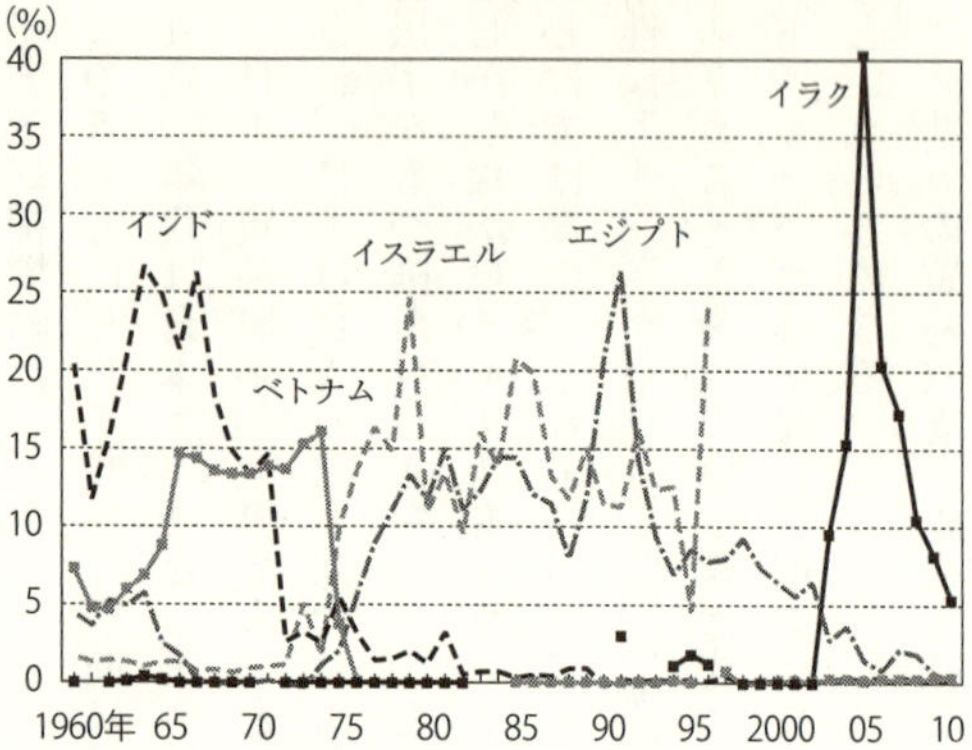

（出所）DACの統計から作成

である。援助はアメリカ製品の輸出を助けるためにおこなうべきだという主張で、ＰＬ480はその典型だった。さきにみた日本の経済協力論にも通底する政策論だが、貿易相手国に援助を投入してきた日本はまだしも、アメリカの場合この論理では援助配分の説明がつかない。援助政策の〝本音と建前〟を知るには、その国の援助が実際どこに配分されているのかをかならずみなくてはならない。図4－4にアメリカの歴代の主要援助対象国をあげたが、インド、（南）ベトナム、イスラエル、エジプト、イラクと変遷してきたその流れは、バイアメリカン政策では説明することができないものだ。この変遷を説明できる論理がアメリカの援助を動かしている真の論理ということになる。

アメリカの援助システムが現在のかたちにかたまったのはケネディ政権のときである。ケネディが大統領に就任する前年の一九六〇年にはアフリカの植民地が大挙して独立し、国際社会における開発途上国陣営のプレゼンスがいっきに高まった。国連の構成が大きく変化したことへの対応をせまられた世界銀行は、低所得国むけ開発金融を担当する国際開発協会（IDA、第二世銀）を同年に創設して世銀ODAを開始し、OECDのなかにはDACの前身である開発援助グループが設置されている。

一九六一年に成立したケネディ政権のブレインにはロストウやローゼンシュタイン＝ロダンといった著名な開発経済学者がいたし、国際開発庁（USAID）や開発ボランティア平和部隊（ピースコー）が創設されたのもこの時代だ。ケネディは一九六〇年代を「国連開発の十年」とすることを提唱した。

ケネディ政権のもとで制定された一九六一年対外援助法は「援助の第一義的な目的は経済開発の促進でなければならない」と明記している。その思想は、経済開発こそが民主主義を定着させるのであり、開発援助はアメリカが望む国際社会を実現していく最善の手段だというものだ。その政策手法は援助対象国について総合的な開発プログラムをつくり、これを長期の借款援助で支援するというものだった。それまで不明瞭だった軍事援助との仕切りを屹《きっ》立《りつ》させ、また英仏のごとく曖昧模糊《もこ》としたものではない、「開発途上国の経済開発を目的とする開発援助」という政策フレームがここに登場したのである。この明瞭な援助論をささえた開発論は、こんにちの目でみるといささか単純なロストウのテイクオフ論や、ローゼンシュタイン＝ロダンのビッグプッシュ戦略だった。これらは要するに、低開発経済を成長軌道にのせるにはまとまった資金を投下して一時的に強い刺激をあたえなければならないという考え方だ。大きな資金を動員するには金融を使うのがよく、それゆえ借款援助が重視されたのである。

ケネディの援助政策というとラテンアメリカ諸国との「進歩のための同盟」がよく言及されるが、一九六〇年代にアメリカの援助が集中的に投下されたのはインドである（図4－4）。六〇年代中ごろにおける対インド援助のシェアは二五％にも達した。当時アメリカの援助総額の三〇％以上は食糧援助だったが、インドはその最大供与先でもあった。「緑の革命」がインドで進行した時期である。その結果インドは、一九六一年大飢饉《だいききん》を最後に、大飢饉の悪夢から解放された。

中国が「竹のカーテン」に閉ざされていた時代、インドは圧倒的な世界最大の開発途上国で、産声をあげたばかりの開発論や援助論はインドを主要舞台にして展開されていた。またインドは、東西両陣営とは一線をひく第三陣営「非同盟運動」の提唱者であって国際政治においても重要な存在であり、米ソ援助競争の主戦場でもあった。現在にいたるまでの累積援助額を実質値でみればインドが享受してきた額はずばぬけている。さきにのべたＤＡＣのＯＤＡ定義も、じつは対インド国際借款においてアメリカがしめした借款条件を原型としている。ケネディ自身も上院議員時代から対インド援助に関与していた。

しかし一方でこの時代は、ベルリン危機やキューバ危機、やがてベトナム戦争に発展する第二次インドシナ戦争が進行した危険な時代でもあった。ケネディ亡きあとベトナム戦争が激化していくとアメリカの援助は南ベトナムに集中するようになり、援助は戦争遂行の一環だという認識がアメリカ社会のなかにひろがって、世論の批判を集めるようになった。アメリカ国内のみならず国連においても、また世銀においてさえも、援助のあり方とその効果に対する疑義が高まり、そこから貧困削減と福祉向上に重点をおいて政治性を脱色した援助論が形成されていった。援助の目的をベーシックヒューマンニーズ（ＢＨＮ）の充足におく考え方がそれで、国連はＢＨＮアプローチをかかげて「第二次国連開発の十年」にのりだす。援助は、開発途上国の経済発展だけではなく貧困削減、不平等是正、雇用創造、保健衛生、栄養改善、教育普及を包含するきわめて包括的な目的を課せられるようになった。ここにおいて国際開発理念の基盤ができあがり、現在にいたるＯＤＡの姿が完成したのである。

国際開発とＯＤＡの理念的姿は、ドナー各国においてではなく国連において、厳密にいうならば国際開発を組織使命とする国際援助機関によって構築されたといってよい。本章の最初でふれた「なぜわれわれの税金が他国のために使われなければならないのか」という疑問は、そのまま「なぜ国際援助機関に資金を提供しなければならないのか」というかたちでくりかえされるから、国際援助機関はみずからの存在意義をしめすため開発援助の必要性や有効性を説明し、援助手法の改善にとりくむ積極的な動機をもっている。一九六五年には国連の開発機能を調整統括する機関として国連開発計画（ＵＮＤＰ）が創設された。国際開発と開発援助の理念および手法の精緻《せいち》化は、世銀をはじめとするこのような国際援助機関の手によって進められていくことになる。

ところで、このように援助の目的が拡大すれば、それにつれてＯＤＡの規模も大きくなったと考えるのが普通だろう。だが、アメリカをはじめ世界のＯＤＡは停滞し（図４－２）英仏にいたっては縮小傾向がつづいていた。この事実もまた、実際の援助政策が理念によって動いているのではないことをしめしている。あらたな援助理念が模索されるとき、そしてそれが貧困削減に焦点をシフトするとき、ＯＤＡは縮小するという傾向が顕著にみられる。あるいは逆に、ドナー各国がＯＤＡに対する熱意をうしなうとあらたな援助理念が登場するのである。ＢＨＮもそうだし、のちにみる「人間の安全保障」論もそうだ。

ケネディ政権からニクソン政権へ

一九七〇年代は世界が激動して戦後秩序が改変された時代である。アメリカにニクソン政権が誕生すると金ドル兌換《だかん》が停止され（ドルショック）、一九七三年には第四次中東戦争が勃発して石油危機がおこった（オイルショック）。原油価格がいっきにひきあげられたことで世界貿易はさまがわりし、産油国の貿易黒字が膨張して、国際金融は産油国からの資金還流を軸にして動くようになった。ODAにおいても同様で、一九七五年から八一年にかけてはアラブ諸国の援助額がアメリカのそれより大きくなり、サウジアラビアのODAはフランスのODAよりも多くなった。ただし、アラブのODAはアラブ諸国のみを対象とし、なかでもエジプトに集中した。

ニクソン政権における優先的な外交課題は、ベトナム戦争の泥沼からアメリカを救出することと、中東和平のあらたな枠組みを構築することであり、中東和平の要《かなめ》はイスラエル＝エジプト和平だった。ニクソンは開発援助の目的をBHNにしぼりこみ、USAIDの解体をも視野にいれて援助予算の大幅削減をもりこんだ法案を議会に提出したが、それでも援助立法は難航に難航を重ねた。ようやく成立した一九七三年対外援助法は、援助目的をBHNにおきかえたことで「新路線」とよばれたが、それ以降のアメリカの援助はイスラエルとエジプトに集中していくのである（図4－4）。

一九七五年のサイゴン陥落でベトナムに対するすべての援助が消滅すると、ベトナムにかわってイスラエルが最大援助受取国になった。それ以降は、一九九七年に対イスラエルODAがなくなるまで、イスラエルかエジプトのどちらかが毎年アメリカの最大援助対象国でありつづけた。その後二〇〇〇年まではエジプトが首位だった。二〇年にわたってこの両国でアメリカの援助総額の二〇%以上を享受してきたのである。とくにエジプトには、アラブのODAとあわせ巨額の援助が投入された。これは、エジプトの経済発展のためというより中東和平の〝コスト〟だったといえる。BHNアプローチをかかげる「新路線」の内実がこれであった。

一九六〇年以降における開発途上国陣営の膨張を契機とし、それに敏感に反応したケネディ政権の援助理念を起点として、おもには国際援助機関の手によりこのようにして国際開発理念は構築された。しかしそれは、実際の援助政策を先導したものでも反映したものでもなかったということである。

南北問題における援助論

国際開発理念が形成されるまでのあいだ、援助をうけとる側、すなわち開発途上国の陣営を糾合した開発論が「南北問題」の議論だった。その名がしめすように南北問題の考え方は、「北」の先進国グループと「南」の開発途上国グループから構成される単一のシステムとして世界経済をとらえるものである。低開発問題を世界システムから説くその議論は、たんに先進国と開発途上国の経済格差を論じるのではなく、両者の関係性を問う思想だった。そのさきがけは、アルゼンチンのプレビッシュが一九四九年に発表した一次産品貿易論である。プレビッシュはアルゼンチン中央銀行の初代総裁を務めた実務派経済学者で、大恐慌の苦い経験をふまえ戦前から輸入代替工業化の必要性をとなえていた。その議論はこうである。

世界経済は工業化の進んだ地域とそこに原料を供給する地域とに二分されており、双方のあいだでは工業製品と一次産品とが交易される。工業製品の需要弾力性は高く技術進歩もはやいが、一次産品はそうではない。したがって両者の交易条件は一次産品にだんだんと不利になり、そのため一次産品輸出地域の外貨収入が減って経済成長が阻害される。この状況を改善するには国際交渉によって一次産品価格をひきあげ、その輸出収入を使って、それまで輸入していた工業製品の国産化をはかる必要がある。

簡単にいうとこれが南北問題テーゼの骨子だ。その特徴は、低開発問題を開発途上国の国内問題としてではなく、世界貿易のあり方にもとめる点である。これが南北問題テーゼの核なのであり、この核心部をみずして南北問題の議論を平面的に「南北格差に対する問題提起」としてとらえてしまうと、本質をみのがすことになる。

プレビッシュ自身はマルキストではないが、開発問題を世界経済システムの問題としてとらえる考え方はその後、世界規模での搾取構造を論じるネオマルキシズムによって深められていった。開発途上国が一致団結して既存の世界経済システムに抗議するという姿勢は、マルキシズムの影響が強かった独立直後の開発途上世界には親和的でもあった。当時の南北は現在では考えられないほど敵対的で、イデオロギーとしての波及力は旧態依然の共産主義思想よりもネオマルキシズムのほうが大きかった。したがって南北問題テーゼは本質においてアンチテーゼなのであり、そのことは、フランス革命における「第三身分」になぞらえた「第三世界」という自己規定にもうかがえる。

南北問題の開発戦略は経済よりも国際政治を舞台としていた。南北間の団体交渉をつうじて一次産品優遇の管理貿易と国際所得移転のシステムを構築することがその目的だったのである。そのための協議の場としてつくられたのが一九六四年創設の国連貿易開発会議（UNCTAD。初代事務局長はプレビッシュ）であり、最終到達点は一九七四年の「新国際経済秩序」（NIEO）宣言であった。NIEOは植民地時代から継続する不平等な国際経済体制の脱構築を謳い、賦存資源にかんする完全恒久主権を主張して、開発途上国と先進国それぞれの輸出財価格を連動させること（インデクセーション）を要求した。インデクセーションとは、工業製品の価格が上昇したらそれにあわせて一次産品価格もひきあげていくというものである。

さらには、開発途上国の国際収支が悪化した場合は国際通貨基金（ＩＭＦ）から自動的に資金をひきだせるようにすることを提案している。ＩＭＦの特別引出権（ＳＤＲ）をＯＤＡと連結するというもので、つまりはこれが、南北問題テーゼがドナーにむけて提唱した究極の援助論だった。バイの援助ではなく完全マルチで、ドナーの裁量にいっさい依存しない、輸出収入補塡のための援助である。

ロメ協定の誕生

この援助論はもちろん実現していないが、南北問題テーゼがうみだした最大の成果として一般特恵関税制度（ＧＳＰ）があげられる。開発途上国の輸出を促進するため先進国が片務的に関税を免除する制度である。

しかしこれは、互恵関税主義にもとづいて創設され最恵国待遇の相互付与をモットーとする「関税および貿易にかんする一般協定」（ＧＡＴＴ）とは相反するものだった。結局ＧＳＰは、ＧＡＴＴの例外措置として各先進国が個別に施行することになったが、アメリカがこれを認めた背景には欧州との対立があった。その対立とは、欧州経済共同体（ＥＥＣ）のアフリカ貿易政策にかんするものである。

一九六三年に締結された「EECとアフリカ・マダガスカル連合協定」（通称ヤウンデ協定）の域内特恵はたいへんな物議を醸した。これは当時のEEC加盟国と、旧仏領を中心とするアフリカ諸国が相互に関税を免除して自由貿易圏を形成するというものであり、いわば旧フランス帝国貿易の再構築だった。これに対しUNCTADは先進国を一方的に利するものだとして反対し、アメリカは経済ブロック化につながるとして反対した。域内特恵にしてもGSPにしてもGATTとは相容れないが、どちらかの選択をせまられるかたちになったアメリカは「いずれかの先進国と特恵関係にある開発途上国にはアメリカのGSPを適用しない」という方針をうちだしたのである。

イギリスがEECに加盟したあと、ヤウンデ協定は一九七五年に旧英領諸国をふくむ「アフリカ・カリブ海・太平洋諸国とEEC連合協定」（通称ロメ協定）に改組されるが、ロメ協定は域内特恵をやめてGSPを採用した。これで開発途上国の輸出はあまねくGSPを享受することになった。GSPは現在も継続しているが、その成立史は波瀾《はらん》にみちており、アメリカ、フランス、UNCTADの意向がいかにことなるものであったかを教えてくれる。外交戦と国際調整のなかから現在の開発協力のあり方が錬成されてきたことがわかるのである。

ロメ協定は輸出所得安定化制度（STABEX）と鉱産物生産維持促進制度（SYSMI

N）を新設した。これは、開発途上国の輸出所得がいちじるしく減少した場合に無利子融資を提供する制度である。また砂糖貿易にかんしては、英連邦の規定をひきついで保証価格での一定数量買付を約束した。前章で紹介したモーリシャスが利用していたものだ。つまり、ロメ協定は南北問題テーゼにもっとも近いスキームをもっていたのである。欧州と旧植民地の関係再編はロメ協定をもって、欧州が開発途上国側に譲歩するかたちで一応の完成をみた。この体制は一九九九年までつづく。

南北問題テーゼの挫折

しかし南北問題テーゼの実現ということでいえば、ロメ協定よりはるかに大きなインパクトをもたらしたのは石油危機である。石油輸出国機構（ＯＰＥＣ）が一方的に原油価格をひきあげたことで先進国はのきなみ貿易赤字に転落し、かわってＯＰＥＣ諸国が貿易黒字国の上位を独占、世界の貿易黒字の八四％がＯＰＥＣに集中した。これは当時の世界総生産の一・三％にも相当する額で、ＯＤＡ総額の五倍をこえた。貿易をつうじて世界の利益配分が激変したわけで、南北問題テーゼの主張が劇的に実現したのである。

だが、このことはむしろ南側の結束を崩壊させる結果となった。一九七〇年代の世界経済は不況とインフレが同時進行するスタグフレーションにおちこんで一次産品需要は低迷し、非産油開発途上国はいっそう苦しい立場においこまれた。もし南側が結束して開発にとりくむというのであれば、産油国に集積した外貨を開発途上地域に分配しなければならなかったはずだが、さきにみたようにアラブのODAはアラブ諸国にしか供与されなかった。国際収支が大幅赤字に転落したラテンアメリカ諸国やサブサハラ・アフリカ諸国は借金漬けになっていったのである。

しかもOPECは原油の生産調整に失敗し、一九八〇年代後半には原油価格が大暴落して、実質値では石油危機以前の水準以下にまで逆戻りしてしまった。皮肉なことにOPECは、石油スポット市場や先物市場の醸成をうながして、やがてくる石油コモディティ化への道をひらいたのであった。つまり、南北問題テーゼが主張していた一次産品価格の国際管理は実際には不可能であることを、OPECみずから証明する結果になった。「南」の結束は崩壊した。

一九七〇年代末になると、サブサハラ・アフリカ諸国のマクロ経済バランスは崩壊寸前の状態におちいる。国際収支が急激に悪化し、インフレが昂進して通貨は下落、財政赤字は拡大の一途をたどった。一九八一年にアメリカでレーガン政権が誕生して、ドル防衛・高金利政策がはじまると重債務国は返済負担にたえられなくなり、ラテンアメリカ諸国では債務危機がおこって債務救済措置がとられた。サブサハラ・アフリカの場合対外債務の九割がOD

Aを中心とした公的債務であったから、これを救うためのあらたな援助政策が必要になった。

NIES研究がかえた開発論

だがその一方では、急速に製造業輸出をのばして順調に経済成長する国々が存在した。のちに新興工業経済地域（NIES）とよばれる東アジア諸国である。一九五五年のバンドン会議からUNCTAD創設まで連帯の歩調をとってきたアジアとアフリカはまったくちがう経路を歩みだし、経済パフォーマンスの明暗がわかれていった。

いったいNIESでなにがおこっているのか。先進国にとっては工業品輸出のライバルとして台頭したNIESに対して、当初は日本をふくめ警戒する論調や「ながつづきしない」とする悲観論が強かったのだが、やがて開発論からの関心が高まり、一九七〇年代からアメリカでNIES研究がはじまった。そこから、南北問題テーゼの輸入代替工業化とは対照的な「輸出指向型工業化モデル」が抽出されたのである。韓国、台湾、シンガポール、香港の事例研究から導かれた輸出指向型工業化モデルのエッセンスとは以下のようなものだ。

国内市場が小さい開発途上国が急速に経済成長するためには国外に市場をもとめるしかない。したがって輸出競争力をもたなくてはならないが、東アジア諸国の製造業が競争力をもつのは、安価で豊富な労働力が賦存しているからである。つまり輸出指向型工業化モデルは、輸入代替工業化とはちがって、要素賦存の比較優位にもとづいたきわめて合理的な戦略である。東アジアの政府は強いリーダーシップによって輸出に有利なインセンティブ政策を定着させ、輸出産業を育成することに成功している。

経済モデルとしてのみならず政治のあり方をもふくみこんだ議論だ。NIES研究の成果を世銀は、一九九一年の『世界開発報告』において、開発における政府の役割をきわめて重視した「開発の政治経済学」としてまとめている。本書ではこの名称を使うことにするが、これが、一九八〇年代以降の援助論を支配した「構造調整」の理論的基盤のひとつになるのである。

南北問題のフレームにはそもそも「製造業輸出をする開発途上国」という想定がなかった。南北問題テーゼにおいては、低開発の根本原因は開発途上国内部にではなく世界システムにあるのであり、そのシステムをかえないかぎり開発は実現しない。世界システムを改革する一義的責任は先進国にあるとされるから、南北問題の論者にとって開発とは国際交渉をつうじて先進国の譲歩をひきだすことだった。

ところが、「開発の政治経済学」が登場したことによって開発論は世界システムではなく国単位の議論になり、国際政治ではなく経済にかんするものになったのである。そして、よりよい政策をきちんと実行できた国が開発に成功するという政策選択の議論になった。

つまり、現在理解されているような開発論のあり方は、南北問題の時代が終わってから、「開発の政治経済学」を土台にして形成されたものなのである。また、これ以降の開発論はおもにエコノミストの仕事になり、なかでも世銀エコノミストのプレゼンスが大きくなった。それにつれて世界の経済学界においても開発研究がメジャーなテーマになっていった。すなわち、現在にいたる開発経済学の系譜が誕生したのだった。

構造調整

構造調整の開発論を理論的に説明した最初の文書は、世銀が一九八一年に発表した『サブサハラ・アフリカの開発促進』（通称バーグ報告）であった。これは世銀がサブサハラ・アフリカについて包括的な見解をしめした最初の文書でもある。

さきにふれたように、サブサハラ・アフリカ諸国では公的債務の弁済がむずかしくなっていたから、債務救済をおこなうにあたって世銀はじめ国際援助機関には、対アフリカ政策をつくりなおしドナー諸国に提示する責務があった。世銀では一九八一年に総裁がマクナマラからクローセンに交代し、チーフエコノミストにはアン・クルーガーが就任している。クルーガーは、一九六九年に発足した全米経済研究所（NBER）初の開発途上国研究プロジェクトを指揮した経済学者で、輸出指向型工業化モデルにも通暁していた。

一方、バーグ報告がでる前年にアフリカ統一機構（OAU。現アフリカ連合）は経済サミットをひらいて、経済危機に対処するための方針として「ラゴス行動計画」を採択している。これはOAUがアフリカの総意として発出した初の経済文書だが、南北問題テーゼにそくして書かれた世界最後の文書にもなった。

その認識は、アフリカは「外部の新植民地勢力」や「人種主義による支配」をうけ「直接的に搾取」されており、これがアフリカの経済発展を妨げているというものだった。そこから脱却するためにラゴス行動計画が提唱したのは一次産品輸出国の団結であり、民族資本を育成するための「まとまった資金援助」だったが、維持不能なところまで膨張した輸入と財政に対する処方箋《しょほうせん》は書かれておらず、自身の痛みをともなうような提言はどこにもなかった。OPECが分裂状態におちいり、一方では東アジアの高度成長が進行していた時代状況からみて、あきらかに時代おくれの議論であった。

一方のバーグ報告は、ほかの非産油開発途上国とくらべてサブサハラ・アフリカ諸国の経済パフォーマンスがいちじるしく劣っている最大の原因は、アフリカ諸国政府の政策にあるといっている。その認識は次のようなものだ。

一九七〇年代における交易条件の悪化率はほかの地域のほうが大きかったが、アフリカの貿易収支はどこよりも悪くなっている。それは、アフリカでは輸出部門や農業部門に不利な政策がとられているため輸出が停滞し、人口の多数を収容している農業への政策的配慮が欠けているために小農層の生産意欲が減退して食糧輸入が増加しているからだ。為替統制、高関税、外貨管理といった過度の政府介入によって民間の経済活力がいかされていない——これがバーグ報告の現状分析だった。したがって、経済成長を実現するにはそのような政策をあらため、農民や企業が生産を拡大して輸出にのりだせるようなインセンティブを供給しなければならない。そのためには政府介入を縮小して市場機能を回復し、競争原理をいかして経済効率をあげていくべきだというのが政策提言になっている。

当時はアフリカのGDPの四割が政府の手にあり、そこからうまれるさまざまな権益は権力層のなかで恣意《しい》的に分配されて、政治学でいうパトロン＝クライアント関係が形成されていた。当時のアフリカはほとんどの国が独裁体制のもとにあり、投入された援助はその権力構造にくみこまれるということになりがちだったのである。構造調整がもとめたのは、政治による経済支配を排して企業や農民が増産意欲をもてるような体制を構築することである。政府が政策的に市場機能を誘導し、市場インセンティブを使って生産拡大をめざすというのは「開発の政治経済学」における政策論のエッセンスであり、のちにマーケットフレンドリーアプローチともよばれるようになる手法である。構造調整は、累積債務の返済をリスケジュールするための条件として、ケニアとセネガルをかわきりに続々と導入されていった。

ネオリベラリズムとの相克

ところで構造調整にかんしては「ネオリベラリズムの援助論であって教条的な市場主義政策だ」といういわれ方がよくされる。しかし歴史的にみるとネオリベラリズムは、ケインズ政策を否定するマネタリズムとして登場したものである、インフレ対策が元来の政策対象であって、開発途上国の経済や開発問題は視野にはいっていなかった。

経済開発と市場の活用を最初にむすびつけたのはＮＩＥＳ研究である。放漫財政をただすための支出削減や市場機能活性化のための規制緩和は、それがただちにネオリベラリズムの政策ということにはならない。

ネオリベラリズムの要諦《ようてい》は政府による経済介入効果をまったく認めない点にある。政治による経済支配を唾棄《だき》するのみならず、さらに進んで、従来規制が必要であるとされてきた分野、たとえば銀行業規制をも否定する。そもそもネオリベラリズムの観点からは開発政策そのものが認めがたく、開発途上国に対しては市場の全面開放が政策提言になるだろう。リベラリズムとネオリベラリズムをきちんと区別する目でみるならば、バーグ報告はネオリベラリズムの文書とはいえないということである。しかしながら構造調整は徐々にネオリベラリズム色を強め、一九九七年のアジア通貨危機においてはネオリベラリズムそのものといってもよいほど、開発論としての色彩をうしなってしまった。

構造調整がもつ「開発の政治経済学」とネオリベラリズムの二面性、そしてその変質は、これが世銀とＩＭＦの共同プログラムであったということが関係していると思われる。一九七一年のドルショック以降先進国通貨が変動相場制に移行したためＩＭＦのおもな業務対象が開発途上国になり、また七〇年代債務危機の発生がＩＭＦの開発途上国関与をいっそう強めた。構造調整とは元来、国際収支危機におちいった国に対してＩＭＦが適用するスキームの名称だったのである。開発途上国における構造調整は、ＩＭＦが担当するマクロの緊縮政策と世銀が担当するミクロの経済自由化政策とからなっていたが、ＩＭＦの組織使命は国際金融秩序の維持にあるから、グローバル金融寄りのネオリベラリズム志向をもっている。

一方の世銀は、たとえ国際収支バランスが回復したとしても開発効果がえられなければ組織使命をはたしたことにはならない。さきにふれた世銀の『世界開発報告』一九九一年版には「経済がその潜在力を発揮するためには多くの種類の政策介入が不可欠である」という言辞があり、さらには「市場は失敗するものなので政府は介入しなければならず」、そこにおいては「政府が市場よりもうまく対処できるという確信がもとめられる」とさえいっている。

こういった思考はネオリベラリズムには存在しない。これは「開発の政治経済学」を背景にしたものなのである。

いわば「構造調整宣言」となったバーグ報告の論理は、いってみればごく普通の経済学の論理だ。市場機能を重視することは経済学一般の前提であり、ネオリベラリズムとは関係ない。逆にいえば、経済学が考える常識的な論理が機能していないのがサブサハラ・アフリカ経済の実態だった。「開発の政治経済学」とネオリベラリズムの相克、世銀とＩＭＦの齟齬《そご》は、やがてくるアジア通貨危機への対処をめぐって決定的になり、構造調整に対する国際世論の反発が強くなって、一九九九年には世銀からもＩＭＦからも構造調整という政策名称は消滅するにいたった。構造調整が開発論であることをやめてネオリベラリズムに傾斜していった最大の原因は、ＩＭＦをパートナーにしたことだったのではないかと思われるのである。

南北問題からアフリカ問題へ

構造調整は当初五年ほどで効果がでてくるものと想定されていたが、アフリカ経済のパフォーマンスはさらに悪化していった。サブサハラ・アフリカ経済の成長停止は二〇〇二年まで二〇年以上もつづいた（図2－4）。ほとんど経済成長しなかった間に人口はほぼ倍になったから、サブサハラ・アフリカの一人当たりＧＤＰは一九八〇年のおよそ一〇〇〇ドルから二〇〇二年には五〇〇ドル以下まで半減してしまった。これが、ながらく議論されてきたアフリカの貧困化現象であり「アフリカ問題」の核心である。世界の貧困問題はアフリカの地域問題になっていくという意味で「貧困問題のアフリカ化」といういわれ方までされるようになった。

このようにも長期にわたる経済低迷はめったにおこるものではない。ほかにはかつてのソ連と現在の日本くらいだろうが、ソ連はその間に崩壊している。低開発分析にとってみればかっこうの〝自然実験〟だったのであり、サブサハラ・アフリカを分析することで開発経済学は飛躍的に発展した。構造調整が登場して以後の開発論と援助論はサブサハラ・アフリカを想定したものになり、それはアフリカ経済研究とともに進展し、また迷走していった。NIESを嚆矢《こうし》としてアジア諸国が急成長するなかアジアとアフリカを並列して論じる意味がなくなり、かつて南北問題として話しあわれていた貧困問題は、アフリカ問題という地域的な枠組みにおいて議論されるようになった。実際G８サミットは二〇〇〇年の沖縄サミット以来ほぼ毎回、アフリカ問題を議題のひとつにしてきた。

開発と貧困の問題がアフリカに集約されていくと同時に、サブサハラ・アフリカに対するODAは増加の一途をたどり（図４－５）、一九七七年に対南・中央アジアODAをうわまわってからは現在にいたるまで一貫してODA最大供与地域でありつづけている。八〇年代

図4－5　世界のODAの地域配分（ネット額、2010年基準実質値）

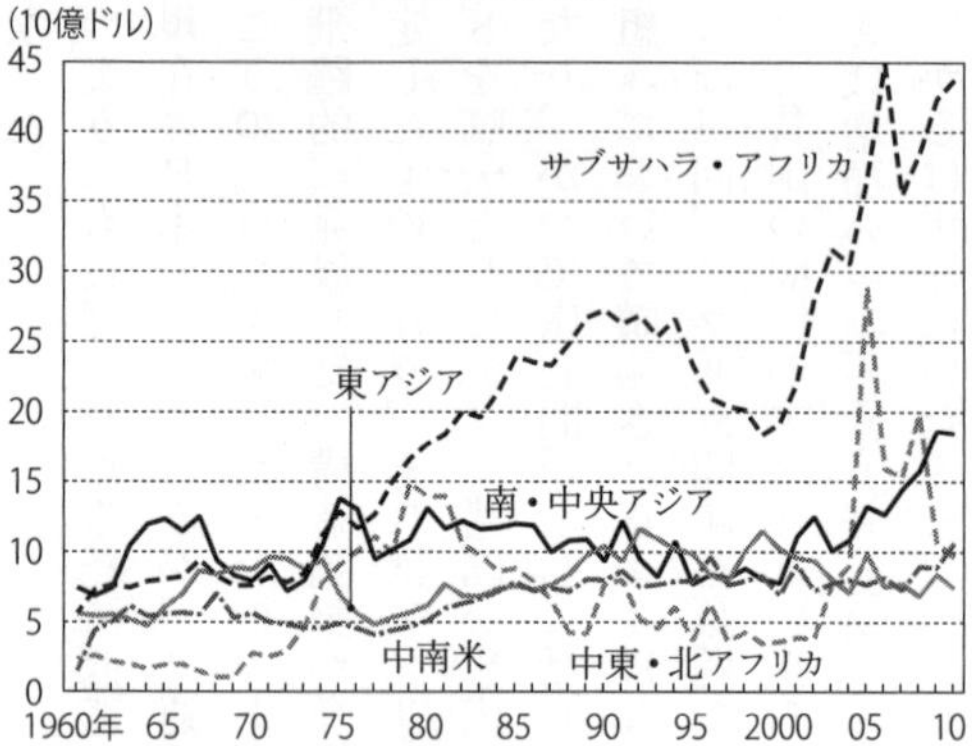

（出所）DACの統計から作成

後半以降は、世銀においてはおよそ四〇%、バイの援助においてはおよそ三〇%がサブサハラ・アフリカむけである。しかしながらこれほど大量のODAを投入されてもアフリカの経済成長はいっこうに回復せず、それゆえさらなる援助が投入されるという悪循環がくりかえされて、援助政策は底なし沼にはまったような状態になった。アフリカの援助依存は深まっていき、ドナーにおいては「アフリカに経済成長は期待できないのではないか」という〝アフロペシミズム〟が蔓延して〝援助疲れ〟が蓄積していった。

構造調整が効果を発揮できなかった理由をひとことでいえば、当初想定されていなかった成長阻害要因がアフリカには存在していたということになるだろう。構造調整とは市場機能を拡幅して生産拡大インセンティブが働くようにする経済環境整備の政策だ。だが、経済学が通常想定する「価格が上昇すれば生産が刺激される」というようなメカニズムの発動が、アフリカにおいてはなにものかによって妨害されているということである。それはインフラの欠如といった物的なものかもしれないし、相互信頼の欠如といった社会的なものかもしれない。アフリカ問題と格闘するなかでその後の開発経済学は、その〝なにものか〟をさがすことに精力をそそいでいった。

そこからさまざまな論考がうまれたが、アフリカの経済を呪縛している非経済的な要因を考慮にいれると生産を増やさないほうが最適行動になるという結論は共通している。最適行動である以上それをあらためるような誘因は働かないから、そこからぬけだせなくなる。つまり、アフリカにはミクロ経済的な「貧困の罠」が存在しているということだ。ノーベル経済学賞を受賞したスティグリッツの「情報の非対称性」はそのひとつである。市場が正常に機能するためには情報が均等に共有されていなければならず、その要件を欠くと、理論上想定される資源の最適分配は実現されないというものである。そのアイデアは、彼が若き日にケニアのナイロビ大学に滞在していたときえたものだという。スティグリッツは一九九七年から二〇〇〇年まで世銀のチーフエコノミストを務めたが、彼は安易な市場自由化に反対し、開発支援に社会的要素をふくみこむ「包括的アプローチ」を主張した。アジア通貨危機に際してはＩＭＦの対応を舌鋒鋭く批判している。

もう少し具体的にいえば、第3章で論じた農業の問題がもっとも大きいと私は考えている。

少なくとも貧困問題が深刻化したのは農業の低生産性が最大の要因だ。第3章でのべたように、農業技術を「親から子への伝承」から科学的開発と政策的普及のシステムにかえるには、どうしても公的な介入がいる（一二六ページ）。社会インフラの構築が不可欠なのである。

しかし「開発の政治経済学」のフォーカスは輸出産業にあてられていて、アジアの農業発展にかんする記述をふくんでいなかった。バーグ報告は農業をきわめて重視していたが、その政策提言は農産品の価格統制撤廃であって政策介入の議論が希薄だった。構造調整の援助手法は、経済環境改善の効果があらわれてくるまでのつなぎとして国際収支や財政の赤字を補塡するというものであったから、生産部門を対象としたプロジェクト援助はのびなやんで、援助総額に占める農業援助の比率は二〇〇三年には二％まで減ってしまった。

開発の理念は「人間の安全保障」へ

世銀がもっとも重視した非経済的な成長阻害要因はガバナンスであった。政策はただしくても政府にそれを実行しようとする意思が欠如していたり、行政能力が不足していれば、当然政策効果はえられない。世銀はガバナンスを改善することが経済成長の前提であるというスタンスをとるようになり、一九九〇年代後半からガバナンス指標を作成して公開するようになった（九一ページ）。しかし外国のガバナンスを改善する有効な介入方法があるわけではないし、これはもう貿易の課題でも経済の課題でもない。

一九九〇年代にはいると世界のODAは減少をはじめた（図4－2）。一九八〇年代のODA増額を先導してきた対アフリカ援助も、九〇年代後半には目にみえて減少する（図4－5）。それまで対アフリカ援助が増加していたひとつの要因は紛争からの復興支援だったが、共産圏の崩壊以降世界中で猖獗《しょうけつ》をきわめた紛争は徐々に鎮火し、それにともない紛争対策と復興支援が減った。アフリカにおいてもソマリア、コートジボワール、ルワンダといった紛争経験国に対する援助がもっとも減少したのである。構造調整がうまくいかないとなれば援助を増やすうらづけもない。サブサハラ・アフリカでは貧困化だけが進行していった。

援助論はかつてのBHNアプローチのごとく社会政策的な貧困削減を前面にうちだすようになり、二〇〇〇年紀をむかえるにあたってミレニアム開発目標（MDGs）がたてられた。MDGsとは、二〇一五年までに世界の貧困人口を半減することを中心に、教育、保健、医療の各分野について国際開発の達成目標を定めたものである。

これを理念としてささえたのが「人間の安全保障」論だ。従来の国家安全保障ではまもられない人々の基本的人権と厚生に焦点をあて、国家の枠にとらわれることなくインターナショナルな基盤をつくって援助を提供しようというものである。人間の安全保障はBHNアプローチに思想のいしずえをあたえるものであり、国際開発理念の完成形だともいえる。二〇

○二年の国連開発資金国際会議（通称モンテレー会議）ではMDGsを達成するためにODA倍増が合意された。当時のODAはおよそ五〇〇億ドルだったから、これを一〇〇〇億ドルにまでひきあげようという合意だった。

ODAはなぜふたたび増えたのか

日本をのぞいてODAがはっきりと増勢に転じたのはたしかに、モンテレー会議のあった二〇〇二年からである。アメリカはこの年マルチを減らしてバイの援助の増加をまかなった。欧州諸国のODAも増勢に転じた。二〇〇五年にはODAは目標どおり一〇〇〇億ドルを超過している。しかし、ODAがふたたび増加をはじめた契機はほんとうにモンテレー会議だったのだろうか。

二〇〇二年のODA最大受取国はコソボ紛争後のセルビアだったが、その後のODA増大を牽引《けんいん》したのはイラクへの援助である。二〇〇五年にはODA総額のなんと二七%がイラクに投入された。二〇〇二年から二〇一〇年までの累計額でみるとイラクに次いで多いのがアフガニスタンで、両国で総額の一五%を吸収している。イラクもアフガニスタンも、およそ半分はアメリカからの援助である。

サブサハラ・アフリカに対する援助も増大しており、イラクとアフガニスタンに次いでいるのはナイジェリアとコンゴ（民主共和国）だ。この両国に対して多額の債務削減がおこなわれたからで、このほかカメルーン、コートジボワール、コンゴ（共和国）など多数の国で累積債務が整理されている。債務救済については、一九九九年の重債務貧困国（HIPCs）イニシアティブ、世銀とIMFの債務を帳消しにするマルチ債務救済イニシアティブ、HIPCs以外の国にも返済免除を認めた二〇〇三年のエビアンアプローチなどが合意されていたから、それらが履行されたということである。最大の債務削減はイラクに対しておこなわれたが、債務救済スキームの対象はその多くがサブサハラ・アフリカ諸国だった。二〇世紀からひきついだ開発の不良債権が処理されたのである。

エチオピア、タンザニア、スーダン、モザンビーク、ケニア、ウガンダ、ガーナといった国々に対しては債務救済以外の援助ものびている。なかでも東アフリカ諸国については二〇〇〇年代後半以降援助額が急増しているが、これにはおそらくソマリア情勢が関係している。エチオピア軍は二〇〇六年にソマリアに侵攻しているし、AU（アフリカ連合）ソマリア派遣軍の司令官はウガンダ人である。ケニア＝ソマリア国境は交戦状態にあるといってよい。アメリカはこういった国々のイスラーム過激派対策を一貫して支持し、共闘姿勢をとっている。

図4－6はアメリカの経済援助と軍事援助の推移をみたものだ。マーシャルプランのとき

図４－６　アメリカの経済援助と軍事援助
（2010年基準実質値）

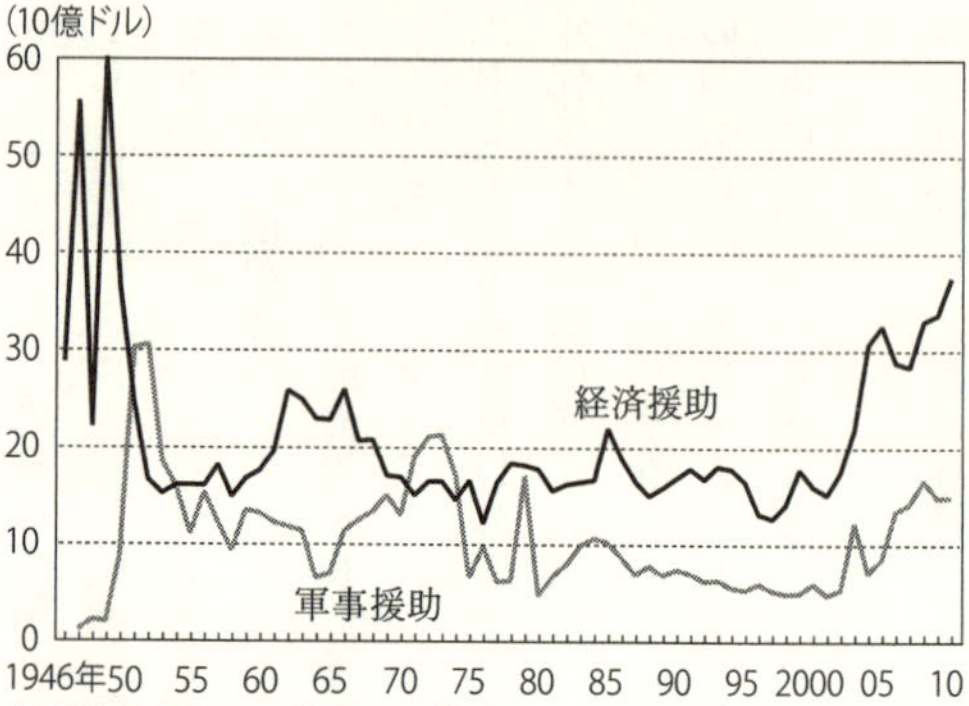

（出所）USAIDの統計から作成

の経済援助（一九四八～五一年）、朝鮮戦争（一九五〇～五三年）と第二次ベトナム戦争（一九六五～七五年）における軍事援助、ケネディ政権時代の経済援助（一九六一～六三年）、ソ連のアフガニスタン侵攻（一九七九年）後における軍事援助といった山々がみてとれるが、一九八〇年代後半以降減少傾向にあったものが二〇〇三年ごろから経済援助・軍事援助とも増加に転じていることがわかる。二〇〇三年はイラク戦争があった年だ。双方とも増加するというのはこれまでなかったことであり、アメリカの援助政策が一変したことがうかがえる。二〇〇三年以降経済援助ではイラクとアフガニスタンが、軍事援助ではイラク、イスラエル、アフガニスタンが突出して多額の援助をあたえられている。

アメリカにとってアフリカはいまや中東をしのぐ原油供給地になった。したがって中東に匹敵する安全保障戦略をアフリカに展開する必要にせまられている。イスラーム過激派による国際テロ活動の兵站がアフリカに存在するという認識をアメリカがもっていることはすでにのべた（九七ページ）。図4－7にサブサハラ・アフリカに対するアメリカの軍事援助をしめしたが、二〇〇五年から急増している。その多くはスーダンとソマリアで使われている。

図4－7　サブサハラ・アフリカに対するアメリカの軍事援助（2010年基準実質値）

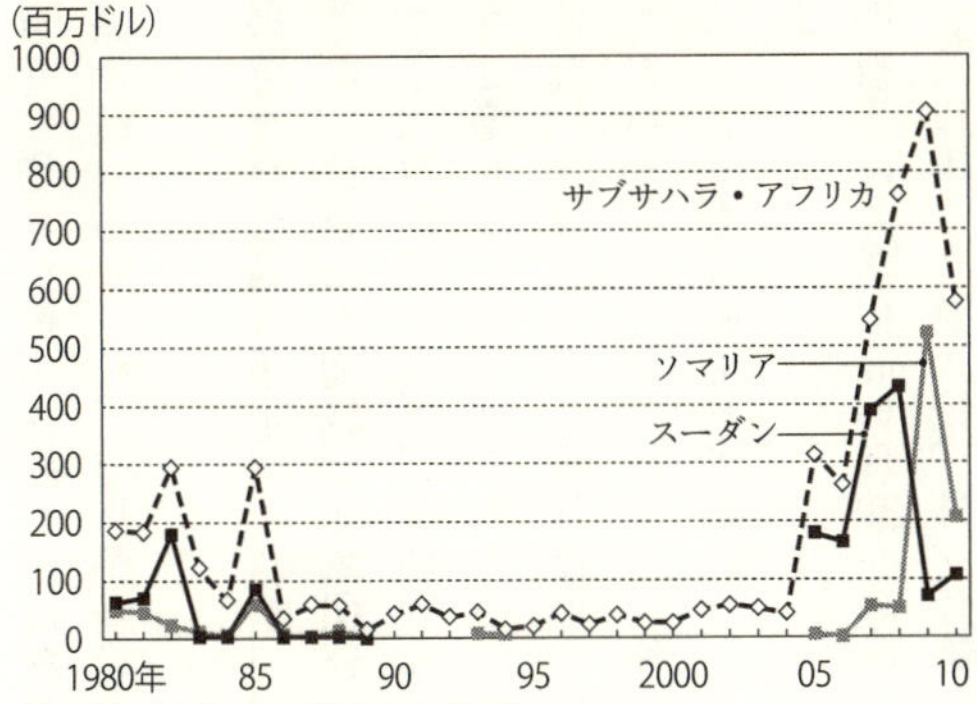

（出所）USAIDの統計から作成

いまひとつ世界の対アフリカ援助が増加している背景は、第2章でみた資源価格の高騰とそれにともなう対アフリカ投資の増大であろう。さらには、そこにおける中国のアフリカ攻勢である。各国企業がしのぎをけずってアフリカの鉱業開発にのりだしているなかで、ながらく低迷していた経済インフラ援助をふくめ、資源国へのODAが増加した。第1章でみたとおりアフリカにおけるインフラ建設支援では中国が圧倒的に先行している。アフリカの資源をもとめる国々が、中国に対抗しながらさまざまな手段を使ってアフリカに接近しているということだ。

二〇〇二年以降のこういった援助動向を、さきにのべたMDGsで説明することはむずかしい。実際にＯＤＡの増分が投入されたのは紛争地と債務削減だったのであり、ＭＤＧｓ達成にとって無関係とはいわないが、それが直接の動機だとはいいがたい。

援助政策の〝理想と現実〟

さきに、ＯＤＡの増減と地域配分は援助の真の動機と論理を知るカギだと記した。これまでみてきた援助史からは、援助はなぜはじまったのか、どうして特定の国に集中してきたのか、なぜ増えたり減ったりするのかを読みとることが可能だ。いうまでもないが、援助はなにか普遍的な理念のあらわれなのではなく、国際政治史と世界経済史にうめこまれた一現象としてとらえなくてはならない。社会科学においてたいせつなのは、政策文書になにが書いてあるかよりもなぜそれが書かれたのかをさぐることであり、それを事実と突きあわせることである。

援助政策は非常に高い理想を胚胎《はいたい》することができる可能性を有している。だが一方でそれは、貿易政策や産業政策、外交政策や国際戦略に従属する副次的政策として機能してきた。このような多義性は、ハンチントンがいうように援助の政策理念と政策手法が曖昧であることによって可能になっている。ＮＧＯとちがってＯＤＡはドナー各国の公金でなりたっているから、そこには各国の政策がかならず反映する。ある国に対して援助官庁と外務省がことなる方針をとったりすれば二重外交になってしまう。国家がおこなう政策としての援助は、国際開発の視点からだけでは十全に理解することはできないということだ。

国際開発理念と援助政策は、その生成においても運用においても、また担い手においても別のものなのであり、おたがいに利用しあう関係にある。それはどちらかがただしくてどちらかがまちがっているということではない。それぞれがことなる任務をもってうまれ、ことなる機能をはたしていると考えるべきで、両者を混同してはいけないということなのである。

この事情は一概に悪いことだとはいえない。ＯＤＡという予算にはさまざまな機能が期待できるということだし、さまざまな機能を担わせるために曖昧にされているとさえ忖度《そんたく》できる。だとすれば、国際開発理念からみてＯＤＡはこうあるべきだといったような、いわばイデオロギー的な議論は、ＯＤＡの政策効果をかえって減退させてしまうかもしれない。たいせつなのは、ＯＤＡ個々の事業の目的をはっきりと提示し、その目的が国益にかなっているかどうかを確認したうえで、費用対効果を高く維持することである。そのためには、ＯＤＡにはなにを期待してよくてなにを期待してはいけないのかを理解しておくことが肝要だ。次にそのことを検討したい。まずは、構造調整がサブサハラ・アフリカでめざしたように、開発途上国の経済成長をＯＤＡによって始動することが可能かどうかについて考えてみよう。

図4－8　国際ジニ係数と石油価格

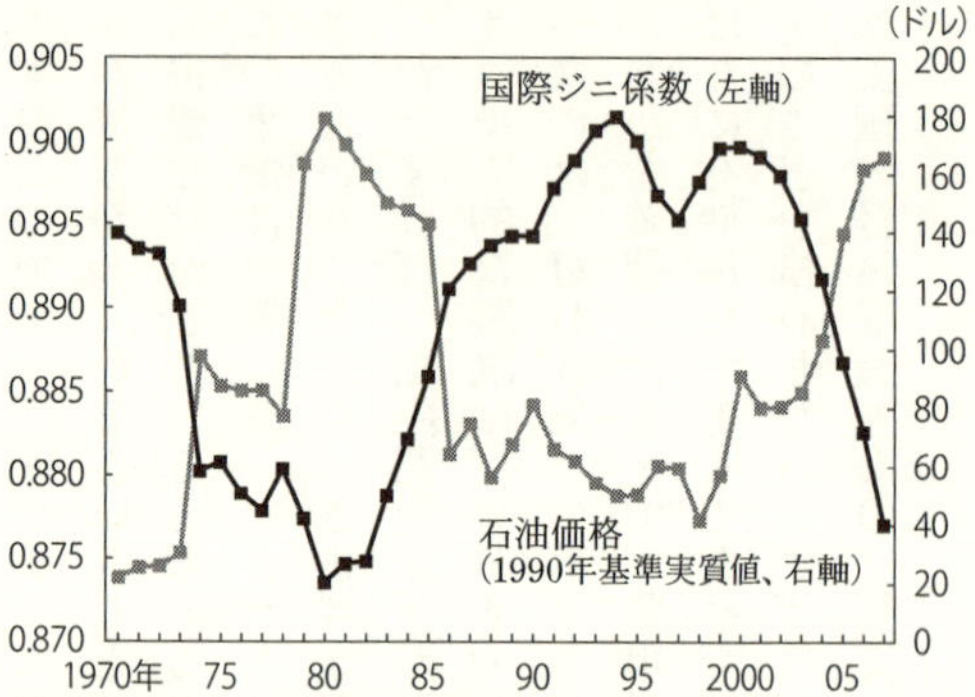

（出所）国連およびIMFの統計から作成

ODAによって経済成長を始動できるか

第2章でジニ係数についてふれたが、これを国単位で計算したものを「国際ジニ係数」と名づけて図4－8にしめした。世界全体の所得を各国がどのようにわけあっているかをみたものである。係数の値が非常に高いのは、世界各国の人口規模が大きくちがううえに、国の所得であるGDPについては、最大のアメリカが世界総額の四分の一を一国で占め、それは最小のツバルの五〇万倍もあるという、個人所得とは比較にならない不均等分布になっているからだ。

それでも国際ジニ係数には波が存在していて、その波動は、図中にあわせてしめした石油価格の変動と逆になっている。原油は世界最大の貿易品で総貿易の一〇%ほどを占めているが、原油輸出のほとんどは開発途上国によってなされており、先進国全体としては純輸入だ。だから、石油価格があがると先進国グループから開発途上国グループに所得が移転する。資源高がはじまった二〇〇三年からリーマンショックがおこった二〇〇八年まで石油価格が上昇しつづけたため、石油輸出だけで毎年二〇〇〇億ドルが開発途上国の輸出につみましされていた。この図では石油に代表させているが、資源価格一般は石油価格とほぼおなじ動きをしめす。一次産品全体では毎年およそ三〇〇〇億ドルが、この間追加的に開発途上国グループにもたらされたのである。

先進国と開発途上国のあいだの所得分配は、歴史的にみると資源価格の変動によってもっとも大きく左右されてきた。ただし、開発途上国グループのとりぶんが増えれば人類全体の所得分配が均等化するというわけではない。資源価格の上昇で開発途上国グループへの配分が増えると、今度は開発途上国内の所得分配が不均等化してジニ係数が上昇する傾向があるからだ。そのことは「資源の呪い」との関連ですでに説明したとおりである（八九ページ）。

国際ジニ係数がさがって開発途上国のとりぶんが増えるということは、先進国グループよりも経済成長率が高くなるということにほかならない。すなわち、開発途上国全体の経済成長率は資源価格の変動によって増減してきたということだ。この点で南北問題テーゼはただしかったのであり、開発途上国総体としてみれば資源価格こそが経済成長率を決定する最大要因だったのである。

ただし、南北問題テーゼは一次産品しかみていなかったという点においてまちがっていた。なぜなら、すでにのべたようにNIESの高成長は製造業輸出によって実現したものだからである。開発途上国総体の輸出額が資源価格に左右されるのはまぎれもない事実だが、それが減少していく局面でNIESは逆に輸出をのばした。つまり、開発途上国経済にはことなる動きをしめすふたつのグループがあって、両者は相反して動く。

ここから読みとるべきは経済成長率と貿易の関係である。ジェフリー・サックスはアンドリュー・ワーナーとの一九九七年の共著論文で、サブサハラ・アフリカ経済が低迷した最大の要因は貿易の停滞にあったことを実証的に論じている。サブサハラ・アフリカ同様二〇年をこえる低迷に苦しんでいる日本経済についても、このことはあてはまる。日本の貿易については最終章で再論する。

資源価格の上昇による輸出収入の増加は他律的で、しかも資源輸出国すべてに裨益するから、南北問題テーゼの想定どおりだ。他方、東アジア諸国における輸出指向型工業化においては他国の市場で競争に勝たなければならず、市場競争での勝者に対する報酬として経済成長が実現する。したがって、自律的で国内政策重視の開発戦略が必要とされる。ふたたびネオリベラリズムとの対照をみるなら、ネオリベラリズムの政策勧告が開発途上国の国内市場開放に焦点があてられるのに対して、「開発の政治経済学」では国外市場への進出が重視される。このちがいはたいへん重要である。ネオリベラリズムの議論は開発途上国の市場を先進国企業にとって参入しやすくするという志向が強く、逆の観点はきわめて希薄だ。

さてそうなると、ＯＤＡで開発途上国の経済成長を始動することが可能かという設問にはとてもひかえめにこたえなくてはならないだろう。ドナー各国が拠出できるＯＤＡの額は資源価格の上昇がもたらす輸出収入にはとてもおよばない。日本の貿易は資源高によって多大な影響をこうむったが、自国の経済をあやうくしてまでＯＤＡを拡張する国などない。かつて不可能ではないかとささやかれていたアフリカの経済成長は、資源価格の高騰であっさりと実現してしまった。バーグ報告（一八一ページ）の政策文書としての重要性はアフリカ開発史において巨大だが、アフリカ経済におよぼした実際の影響という点では、資源価格の変動に遠くおよばない。

それでは、ＯＤＡによって輸出競争力を向上させ、たとえばアフリカにあらたなＮＩＥＳをつくりだすことができるだろうか。これについてもやはりこたえはひかえめになる。ＯＤＡによってインフラを整備し職業訓練をおこなったとしても、アフリカの労働力を活用して競争力のある商品を生産しようとする主体があらわれないかぎり付加価値はうまれない。営利に直結する活動にＯＤＡが関与することはむずかしいという反論も出てくるだろう。

第3章で説明した農業と製造業との密接な関係を考えれば、輸出指向型工業化を実現するには農業革命が先行しなければならない。アジア農業を激変させた「緑の革命」をふくめ、アジアＮＩＥＳの経済成長をささえた歴史的、社会的、文化的背景は、ＯＤＡのような外国からのささやかな介入によっては移植しようがない。

現在日本が苦しんでいるように、経済成長率を政府の政策によって操作することは至難の業だ。しかもＯＤＡは主権のおよばない外国を現場とするのである。自国でできないことは当然ほかの国でもできない。構造調整はサブサハラ・アフリカの経済成長再生を目的にしながら膨大な資金を無駄についやす結果におわったが、しかし経済成長をＯＤＡで始動できないというのは、いってみれば自明の解答なのである。経済成長とは付加価値生産が増えていくことであり、付加価値をつくりだすのは企業や農民にほかならない。主役の仕事は脇役にはできないのであり、構造調整がいくらフィールドを整備しても、貧困の罠に阻まれてそこにプレーヤーは登場しなかったのである。

ＯＤＡは国際福祉政策たりうるか

だとすれば、ＢＨＮアプローチや「人間の安全保障」論が主張するようにＯＤＡを貧困対策に集中することで、国際的な福祉政策として位置づけることは可能だろうか。

福祉政策や社会保障のような公共政策を総称して社会政策という。社会政策の主たる手法は社会扶助で、個人を対象にした所得補塡だが、日本や中国をふくめアジアのドナーにはこれを開発支援とすることに違和感があるようだ。「経済成長なくして貧困削減なし」というのは日本が主張してきたところだが、しかし社会政策の考え方はこれとはちがうのである。社会政策論はもともと、産業革命がうみだした労働問題や都市問題が過激な労働争議に発展するのをふせぐためドイツで形成されたものである。そこでは、経済成長は貧困をなくすのではなくうみだすという認識が起点になっているから、貧困対策は所得再分配によっておこなわれることになる。

貧困対策において欧州とアジアの認識がときにことなるのは、この発想のちがいがあるからだ。経済成長が所得分配均等化をともなったのは、現実には優れて東アジア限定の現象だったのであり、アフリカやラテンアメリカでは経済が成長すると貧富の格差が拡大した。経済が成長しはじめると当初は貧富格差が生じるが、いずれ反転して所得分配が均等化していくという「クズネッツの逆U字曲線」は、いまだに確認されていないのである。

社会政策は同一条件同一給付の原則をみたしていなくてはならない。社会政策のもっとも重要かつ困難な課題は、だれを扶助の対象として認定するかというターゲティング問題だ。政策の公平性をたもつためには、適正な基準を設定してその基準をみたす人々にあまねく施策することがもとめられる。すなわち、ナショナルミニマムとしての厚生水準が前提になっていなければならない。この政策設計がともなっていないと、たまたま目についた人々への慈善か、あるいは特定集団の優遇になってしまう。これでは政策とはよべない。

およそ低所得国は社会政策をもっていないものだ。現地にナショナルミニマムの基準がないので、ドナーがこれをつくり、給付額を決め、対象者を特定するという作業をしなくてはならないが、ことは一国でおわらず、あまたある開発途上国間で公平性をもたせなくてはならない。そうでなければ今度は特定の国を優遇することになる。これでは福祉政策を国際化したことにならない。現実には、世界におよそ一〇億人いるといわれる絶対的貧困層の海のなかからわずかな集団が選ばれ、彼らを対象にして社会政策的な援助プロジェクトがくまれているにすぎないのである。なぜ彼らを選んだのかの説明がなされることはまずない。

それでも、じつは社会政策のフレームで完結できる援助がある。それは緊急援助である。災害や紛争の被害者はターゲティングが比較的容易であり、しかもほぼ同一の給付がなされるからだ。とはいえ、平常時における援助を緊急援助とおなじ方針で運営することはできない。緊急援助は恒久的でないことが前提だが、社会政策はいったんはじめたら継続するのが原則である。

緊急援助と同列にあつかえない最大の理由は援助対象者の数の差であり、つまりは財源の問題だ。前述したように絶対的貧困層はおよそ一〇億人もいるのである。絶対的貧困層とは一日一ドル以下の所得しかない人々のことをいうが、となれば一人当たりGDPが三六五ドル以下の国では、国民の所得をいかに再分配しても貧困問題はなくならない。だから低所得国は社会政策をもてないのである。

そこで、必要財源をまかなうためにODAを投入し国際的な所得再分配でおぎなうとしよう。一人につき一日一ドルを一〇億人に支給するとすれば、これだけで年間三六五〇億ドルが必要になる。モンテレー会議の想定ではとてもまにあわない。MGDsには教育や保健衛生分野にわたる一八目標があるが、期限である二〇一五年までにこれを達成するための費用は別の報告書によっていて、そこでは五〇〇億ドルと算定されている。

この報告書はなんど読んでもよくわからないものなのだが、意をくんで解釈すると、ODAをもっと効率的に投入すれば開発途上国の経済成長が高まって貧困削減が進むという論理のようである。だとすれば、援助効率が悪い国からODAをひきあげて効率のよい国にふりわけていくことになる。これでは同一条件同一給付の原則を満たせない。

社会政策とODAの矛盾

社会政策財源については、本章の最初で言及したインターナショナリズムとナショナリズムの齟齬も関係する。第2章でとりあげた赤道ギニアを例にあげよう（七三ページ）。赤道ギニアは資源ブームにさきんじて誕生したアフリカの新興産油国で、一人当たりGDPは二〇〇八年には二万ドルをこえた。これは韓国やサウジアラビアと同水準であり、所得再分配によってじゅうぶんな社会政策を実行できるはずだ。にもかかわらず五歳以下児童の栄養不良率は一〇%で死亡率も一〇%に達しており、〝開発なき成長〟の典型になっている。国際開発理念や「人間の安全保障」の観点からいえば、たとえどのような国に居住していても生存の脅威にさらされている人々に対しては救いの手をさしのべることがただしい。赤道ギニアはいまだに国民一人当たりおよそ五〇ドルのODAをうけとっていて、これはサブサハラ・アフリカの平均とほぼ同額である。そのほとんどは旧宗主国スペインと国際機関からの援助だ。

もし赤道ギニアが天災におそわれ緊急援助を発動したというのであれば、ODA投入の正当性を説明するのはたやすい。だが貧困対策用だとなれば、ドナー国の納税者はそれを許容するだろうか。ナショナリズムとは民族と国家の自決権を基盤とし、それゆえ自己責任を要請する。国民の生存を擁護することは民族国家に付託された第一の任務である。赤道ギニアの社会政策費用を外国が負担すれば、この国の富裕層は当然おうべき義務を免除されて、浮いたぶんはほかの支出にむかうだろう。これを「援助のファンジビリティ」という。援助をもらって高級車を購入したり軍事費を増やすような行為のことだ。

ナショナルミニマムは元来、同じ社会に暮らして同一通貨を使っている人々においてしか設定できないものである。そうでないと、なにをもって最低限の生活水準や消費水準とするかを共有できないからである。また社会扶助の額も、もし自分がおなじ境遇におちいればその給付をうけられるという認識の共有をささえとして負担可能な徴税限界が決められる。貧困層は給付額を増やそうとし、富裕層は減らそうとするので、この認識共有がないと妥協が成立しないからだ。インターナショナルな枠組みはこういった要件を欠くので、納得のいく基準の設定ができないのである。

そもそも開発政策とは、先進国のように社会政策をもって貧困対策をおこなうだけの経済力のない国が、国民経済のパイを大きくすることで貧困問題を解決しようとする政策のことをいう。したがって、開発政策は社会政策ではなく経済政策の範疇《はんちゅう》に属する。社会政策とはちがって開発政策は、政策の公平性ではなく、潜在的成長力をもつ有望分野を選択的にターゲットにして効率よく成長効果をうみだすことがもとめられる。東アジアの政府はこの選択に成功した。経済政策の原理と社会政策の原理は、援助というひとつの土俵におかれてしまうと、えてして対立することになる。

評価されない日本の巨額のODA

社会政策的であるべきか、経済政策的であるべきか。ＯＤＡをめぐる議論がゆれるひとつの原因は、そのなかに異質な要素がくみこまれているからである。バイの援助とマルチの援助も本来異質なものだし、緊急援助と社会政策的な援助がことなることもさきにのべたとおりだ。なかでも日本にとって大きな意味をもっているのは、有償援助と無償援助のちがいである。

社会政策はわたしきりの無償給付だが、開発政策は潜在的成長力をみこんでおこなうものであるから将来の返済が期待できる。したがって金融を提供するほうが望ましい。金融を活用すればより大きな資金を供給できるからであり、そもそも金融とはそのために存在する。民間金融が不じゅうぶんなら政府がその任をおうことになる。政府機関がおこなう政策金融は公正でなければならないが、社会政策のような公平性は必要ない。むしろ開発金融においては、融資対象が将来有望であるかどうかの査定が重要なのであり、査定をおろそかにすれば返済が滞ることになる。

無償援助と有償援助はこのようにまったくことなる政策原理をもっており、これを「有償援助」とよぶこと自体適切とはいえないかもしれない。ODA融資、あるいは開発金融というべきだろう。両者のちがいはグラントエレメントの差などではないのである。前川レポートが主張したように無償援助を増やしてグラントエレメントを向上させれば、援助が開発金融の機能を阻喪して、かえって開発効果を減殺する結果ともなりかねない。これは国際開発にとってよいことだろうか。経済発展は民間銀行だけにまかせてはおけず公的で譲許的な政策金融が不可欠だという認識は、東アジアに共通してみられるものである。中国の援助も譲許的融資が主体になっている。

図4－9は各ドナーと世銀の有償援助額の推移をみたものだ。アメリカがかつて多額の有償援助をおこなっていたことはケネディ政権の援助手法にかんしてすでに説明したが、そのアメリカをふくめ日本以外のドナーは有償援助を減らしつづけ、現在は若干回復のきざしがあるものの、日本をのぞけば有償援助がグロスの援助総額に占めている割合は一〇％以下である。一方日本は半分以上が有償援助だ。欧米ドナーにおいては、開発金融はほぼ世銀にまかされているのである。その世銀に匹敵する規模の融資をおこなっているのが日本だ。

図4－9　ドナー各国と世界銀行の有償援助
（グロス額、2010年基準実質値）

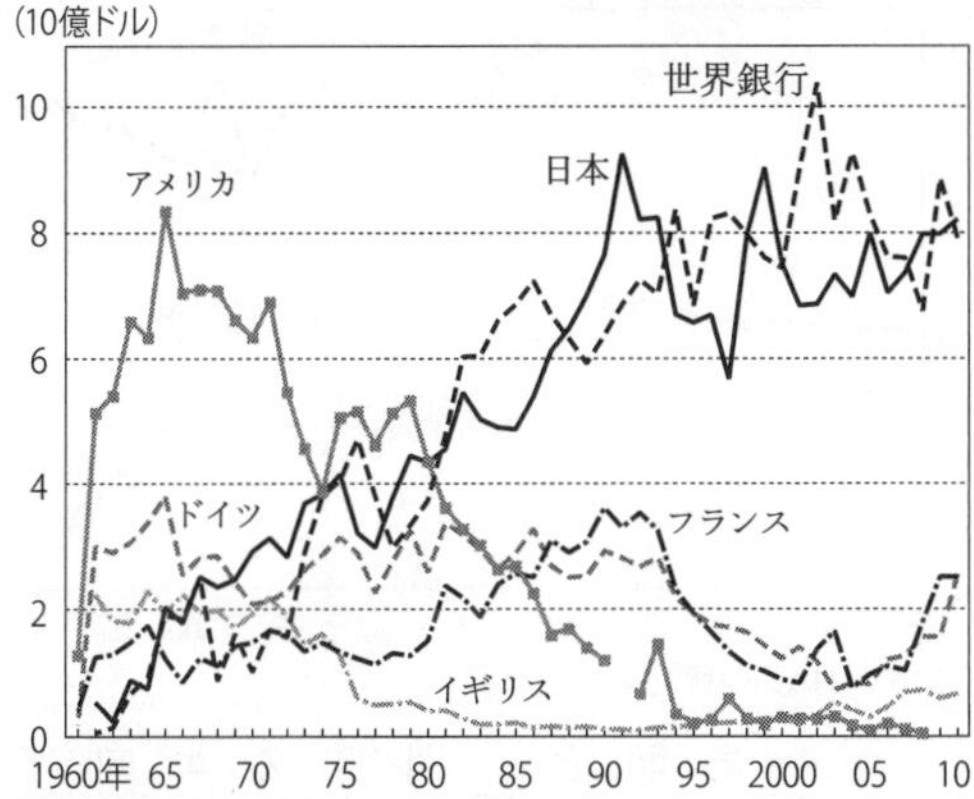

（出所）DAC の統計から作成

このことは、DACにおいて日本の開発論と援助論が異質であることを如実にしめしている。無償であるほうが開発を促進するという理屈はどこにも存在しない。欧米のバイの援助は社会政策指向が強いために無償援助が中心で、それゆえグラントエレメントが高くなっているというにすぎないのである。グラントエレメントの向上は政策目標としては意味がなく、開発援助の目標は開発途上国の開発促進以外にはないのである。

図4－10に日本の有償援助である円借款の粗供与額と返済額、そして粗供与額から返済額をひいた純供与額の推移をしめした。一九九〇年代以降それまで右肩あがりだった円借款ののびはとまっているが、返済額のほうは増える一方だ。そのため純供与額が急激に減って、二〇〇四年以降はマイナス基調になっている。

図4－10　日本の援助（名目ドル）

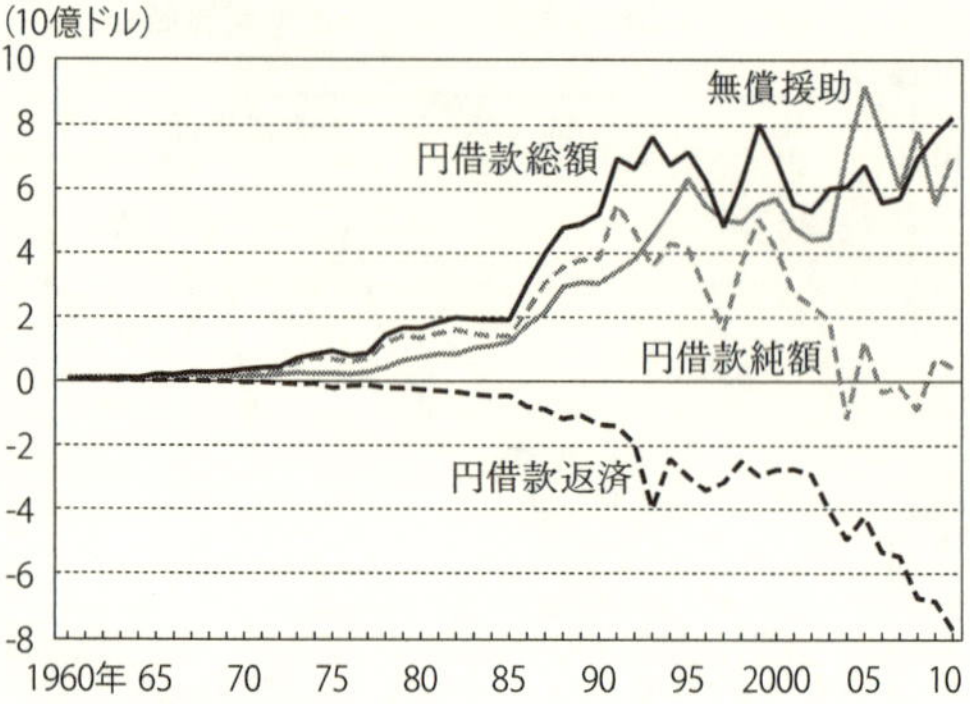

（出所）DACの統計から作成

これが、日本のODAが増えなくなった最大の原因である。ODAは純額ではかることになっており、無償援助はそのままカウントされるが有償援助は収支額だけがカウントされるからである。すでに日本の無償援助額は欧州諸国とくらべて遜色《そんしょく》ない規模にまで増えているが、円借款収支が足をひっぱるかっこうになっている。

円借款の供与総額は図4－9でみたとおり世銀なみであるから、グロス額ではかれば日本はいまだにアメリカに次ぐ圧倒的な第二位だ。

これはずいぶんと皮肉なことである。返済が順調に増えているというのは、過去に提供した有償援助が開発金融として成功したことの証しだ。日本のODAは、成功したがゆえに増えなくなったのである。これだけの円借款をだしていながらそれが国際的に評価されず、むしろマイナスにカウントされるというのは、おかしなことではないだろうか。

援助には教育、保健衛生、文化、治安維持など国内においてなら別個にあつかわれるさまざまな分野があり、事業形態としても資金提供のほか機材供与や人材派遣といった手法のちがいがある。これらをひとつの政策枠におしこめて同一の基準ではかることはできないし、またすべきでもない。つまり、ODAとは政策ではなく予算の名称なのである。政策科学を援助に適用する場合には、ODA予算の中身を腑《ふ》分《わ》けして個別に検討しなくてはならないということだ。

新世紀のODA

もし世界政府が存在するとすれば、あるいは、人類が世界政府の樹立にむかって歴史を歩んでいるとすれば、ODAの論じ方はちがったものになるだろう。世界各国で生活水準格差が徐々に縮小していき、社会サービスにかんする期待値が接近すれば、ナショナルミニマムにかかわるインターナショナルミニマムが設定できるかもしれない。世界経済がさらに発展して人類全体の経済力が増強されれば、たとえ一〇億人でも貧困層を救えるだけの財源を手にいれられるかもしれない。そうなれば、ナショナリズムがインターナショナリズムに徐々に席をゆずり、政策執行の責任は民族国家の手をはなれて国際機関にゆだねられるようになるのかもしれない。

そういう方向にわれわれが進んでいるのであれば、ODAは時代にさきがけた萌芽《ほうが》だろう。グローバルイシューの数々は一面で、世界各国が共同でそれらにとりくもうとするインターナショナリズムを醸成するにちがいない。人類はそうやって社会的に進化してきた。国際開発理念もそのなかからうまれたのである。

サブサハラ・アフリカに展開の場を集中してからの援助論は、サブサハラ・アフリカが貧困の集積地である事情も働いて社会政策的色彩を強めてきたが、しかしそれは、少なくとも現状では疑似社会政策でしかない。援助が政策として不完全だということは、援助論には政策科学が欠けているということである。政策には費用がかかり、それはドナー各国の税収でまかなわれていて国内政策と代替関係におかれているわけだから、政策はかならず科学され、精査されなければならない。たとえ援助に高い理想が胚胎されているとしても、現実の政策は現実的妥当性をもたなくてはならない。

アフリカが急激な経済成長をはじめたこと、そしてそこに中国の援助が登場したことで、これまでDACがとりしきってきた援助論は動揺している。EUと開発途上国をむすびつけてきたロメ協定は一九九九年に失効し、二〇〇〇年にはあらたにコトヌ協定が締結されたが、コトヌ協定がめざしているのは経済連携協定（EPA）への移行だ。WTO交渉が暗礁にのりあげてからの国際貿易は、FTAやEPAといった地域自由貿易圏の時代をむかえており、ODA生成期とは隔世の感がある。二〇〇八年にひらかれたEUアフリカ・サミットのコンセプトは、アフリカをビジネスパートナーとして位置づけることだった。

アフリカの貧困問題はいまだ厳然として存在するものの、資源高によってアフリカ諸国政府は財政的余裕をもてるようになり「援助より投資を」と主張するようになった。ゆえに、前記したファンジビリティ（援助の流用）の問題は深刻になりつつある。ファンジビリティはたいへんむずかしい問題であり、最貧国政府であっても開発政策や貧困対策以外の支出はかならずあるから、厳格に基準をひくことはできない。とはいえ、開発支出や貧困対策が援助まかせになっているとすれば、ドナー国の納税者は納得しないだろう。

いまアフリカでもっとも評価されている援助国はおそらく中国だ。第1章でくわしくのべたが、中国の援助はDACが否定してきたヒモつき援助である。中国にDAC加盟の意思はなく、ODAの定義にも頓着《とんちゃく》していない。援助協調にもいまのところは無関心だ。中国の援助論である「南々協力」はDAC的な国際規範をもたず、いかなるかたちであってもその国のナショナリズムを包容する。これが評価されるということは、援助政策とナショナリズムの関係があらためて問われているように思えるのである。ODA予算が国家を源泉としている以上、援助政策がナショナリズムからのがれることはできない。この現実を無視して国際開発理念の崇高さをいかに論じても、政策としての正統性を確立することはできない。アメリカが援助の正統性をめぐって議論をくりかえしてきたのは、ひとことでいえば援助にナショナルな基盤をあたえようとしてきたからだ。

ナショナリズムとインターナショナリズムを現実においてつなぐもの。それはおそらく相互利益の実現である。相互利益は政府のあいだだけでは実現しない。そこには、開発の担い手である付加価値の生産者が必要になる。雇用拡大によるにしても社会政策によるにしても、貧困削減を進めるためにはあらたな付加価値の生産がいる。開発途上国の経済成長率が先進国よりも高くなり、各国の企業がそこにビジネスチャンスをみいだそうとするかぎり、援助論はさらなる変貌を要請されるだろう。その変化のいきさきは、開発途上国を外交や世界戦略の道具として使うことではなく、貧困の容器としてみることでもない。そうではなくして、開発途上国とのパートナーシップを構築して世界全体の生産力を増強していくことだろうと思う。

国際開発の理想は足元のナショナリズムから接近するしかない。ドナー国の国民にとって利益となり、それが同時に開発途上国の国民を豊かにするという政策手法をつくりだすしかないのである。このさきは最終章で、日本を舞台にして論じたい。

第5章　グローバル企業は国家をこえて

アフリカの現実はきびしい。経済成長率は高くても貧困問題はいっこうに解決されず、安定した社会基盤が形成されにくい。それゆえ政情は不安定で、政治リスクも小さくない。しかしそれでも経済が拡大しているのは、企業活動が活発で利益がでているということだ。現地政府の支援がさして期待できず、場所によっては公的サービスがほとんど不在という環境のなかでさえ、事業を展開して付加価値をうみだすことのできる企業がアフリカには存在しているのである。

もちろんこれまでアフリカに企業がいなかったわけではない。従来とのちがいは、国外からの投資が急激に増えてアフリカの生産力をおしあげていることだ。それを可能にしたのは、うけ手としてのアフリカの投資環境が改善されたからではなく、だし手としてのグローバル企業の投資能力が向上したことにあるというべきだろう。このことはグローバリゼーション下における経済成長の一般的な特徴であり、それゆえ現下のアフリカの経済成長にかんしては、開発経済学者よりも経営学者のほうが高い関心をもつようになったのである。

私が地域研究の世界にはいったころは、まず現地政府の経済計画を読み、政府の機構を頭にいれて政策の様子を把握することが研究の第一歩だった。だが、いまのアフリカ経済をみるうえでそのような作業は二義的な意味しかもたないようだ。現在アフリカ諸国の経済成長率を左右している最大の要因は外からどれくらいの投資がはいるかだが、投資の流入量を決めているのは政策ではない。最大の誘因は有望資源の賦存であって、各国の政情と政策ぶりは、いってみれば投資にゴーサインをだせるかどうかを判断する際のシグナル、あるいはハードルのひとつにすぎない。投資先に選択肢が存在する製造業投資とはこの点がことなっている。中国の援助はこのハードルをさげるためにおこなわれているともいえるだろう。したがって、中国企業をふくめ投資決定主体である企業の動きを把握することが、アフリカ経済のマクロ動向を占ううえで最大のポイントになった。

グローバリゼーションが進行すると政府と企業の力関係がかわっていく。政府は、その定義からして国境をこえることができない。グローバリゼーションを進めているのは、またそこから利益をえているのは企業なのであり、世界競争で勝ちのこるグローバル企業の力はグローバリゼーションの進行とともに大きくなっていく。アフリカがグローバライズされたということは、アフリカ経済の主役がグローバル企業になったということだ。本章がとりあげるのは、アフリカというグローバリゼーションの極北、あるいは最先端で利益をあげている企業のあり方である。それはあきらかに前世紀とはちがっている。

旺盛《おうせい》な投資意欲をもつグローバル企業がいったいどのようにしてアフリカに登場したのか。このテーマを南アフリカ企業から説きおこすことにしよう。

南アフリカの先行、牽引

南アフリカは一九九一年に「人類に対する罪」といわれたアパルトヘイトを廃止し、そこから民主化プロセスがはじまって、一九九四年には史上初の民主選挙を成功させマンデラ政権を樹立した。政治改革に四年の歳月をついやしたわけだが、経済のほうは一九九〇年から堰《せき》をきったように変容していった。政府がかわるまえに南アフリカ企業が変身し、経済がかわったのである。それはアフリカにおける企業成長のあり方を先行的にしめすものだった。それゆえ南アフリカ企業をみることから本章をはじめたいのである。

そのまえに、政治よりさきに経済がかわったということを確認しておきたい。図5−1は南アフリカの貿易におけるアフリカ域内比率の推移をみたものだ。一九九〇年から経済制裁が解かれはじめアフリカ諸国との貿易が統計にも登場するようになったが、一九九四年のマンデラ政権成立以前にもう輸出比率が急増している。輸出品の多くは機械類、自動車、鉄鋼、石油製品、プラスチックといった製造業製品である。南アフリカのアフリカ域内貿易の特徴は、それがいちじるしい輸出超過であることだ。多くの国にかんしては輸入がほとんどなく、ナイジェリアとアンゴラを中心とした原油輸入がアフリカ域内輸入の七割以上を占めている。アパルトヘイト時代の南アフリカ貿易は、鉱産物を先進国に輸出してかわりに機械類を輸入するという典型的な開発途上国型であったが、現在は、アフリカ域内貿易の黒字でその他地域との収支赤字をうめるという地域大国型に変容している。その変化は民主選挙以前にはじまり、マンデラ政権がたったときにはもう定着していたのである。

図5－1　南アフリカのアフリカ域内貿易比率

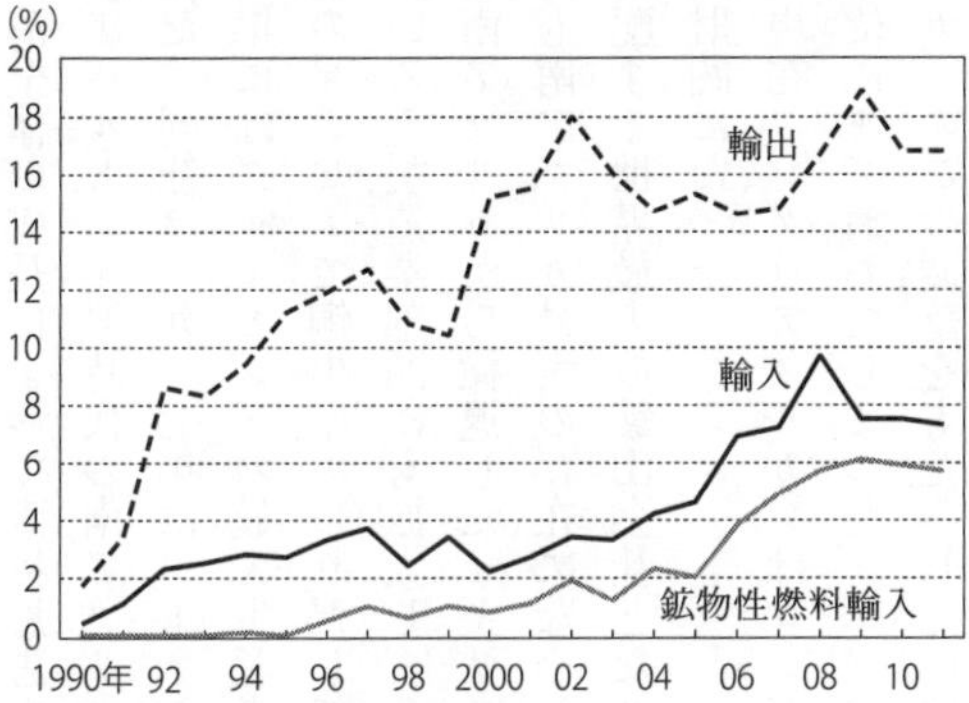

（出所）World Trade Atlas 統計から作成

　これは南アフリカ企業による輸出攻勢というばかりでなく、ほかのアフリカ諸国が先進国製品から安価な南アフリカ製品に輸入をきりかえるという双方向の動きであった。ちなみに南アフリカの貿易黒字は日本、ジンバブエ、ザンビアの順で大きく、一方赤字はドイツ、サウジアラビア、中国の順で大きい。アフリカ域内貿易の黒字幅は、対日黒字の二・五倍、対独赤字の一・五倍もある。つまり南アフリカ経済は、アフリカ経済全体の成長によって直接恩恵をこうむっているのである。

アパルトヘイト時代の南アフリカ経済において圧倒的存在だったのがアングロアメリカン社だ。同社は一九一七年にアーネスト・オッペンハイマーが金生産会社として創業、一九二六年にはダイヤモンドの最大生産者であったデビアス社を傘下におさめ、一九二八年には現在のザンビアで銅生産にのりだして、一九四五年には石炭業にも進出した。一九六〇年代にはいると製造業部門にも拡大し、八〇年代にアパルトヘイトに対する経済制裁が強化されると南アフリカから撤退したイギリスのバークレイズ銀行の資産を吸収して、金融部門においても南アフリカ最大の存在になった。最盛期には世界の金、プラチナ、ダイヤモンド生産を支配する世界最大の鉱山会社となり、同時に、南アフリカ経済のあらゆる分野に君臨する一大財閥になった。

現在アングロアメリカンはロンドンに本拠を移しているが、世界の鉱業界における順位は五位にまでおちてしまった。デビアスによるダイヤモンド支配もいまはない。アングロアメリカンのこの凋落《ちょうらく》をもたらしたのは現在も進行中の業界再編なのであるが、それはおなじ南アフリカの企業家たちによって着火されたものだった。世界の鉱業界の再編は南アフリカではじまったのである。

サンラム・グループの挑戦

南アフリカ国内でながらくアングロアメリカンの後塵《こうじん》を拝していた企業が、サンラム・グループに所属するジェンコー社だった。サンラム社は一九一八年創業の保険会社で、南アフリカの非イギリス系白人であるアフリカーナーを営業基盤としていた。アフリカーナーの経済力向上をかかげながらアングロアメリカン同様さまざまな産業に進出し、アングロアメリカンに次ぐ国内第二位の企業グループに成長した。南アフリカ白人社会におけるイギリス系とアフリカーナーの分断は、経済においてはアングロアメリカンとサンラムを双璧《そうへき》とする企業グループの分断として現出していた。

アパルトヘイトが廃止された一九九一年に、サンラム・グループの持株統括会社であるサンコープ社のCEOになったのがマリナス・ダリングであった。その二年後に彼はサンラム・グループの会長に就任している。アングロアメリカンやサンラムなどの財閥や企業グループが支配していた当時の南アフリカ経済では、二重三重の複雑な持株構造が網の目のようにはりめぐらされ、ヨハネスブルグ株式市場はまるで老衰した象のように、上場額は大きいもののきわめて流動性にとぼしい市場だった。

ダリングはグループの株式ポートフォリオを合理化して資産の再編を果敢に実行した南アフリカで最初の人物である。彼はサンラム・グループの製造業・鉱業部門資本を統括していたジェンコー持株会社を解体し、傘下にあった各社の株を売却して経営を独立させた。一九九〇年以降外国からポートフォリオ投資がヨハネスブルグ株式市場に流入していたから、これによってサンラム・グループは次なる展開のための資金を調達したと思われる。

がんじがらめの株式保有でかためられた財閥や企業グループのピラミッドは、アパルトヘイト体制下の白人経済支配を体現するものだった。ダリングはまた、マンデラ政権がたつまえにグループ生命保険会社株式の一部を黒人企業に譲渡して、南アフリカの経済民主化に最初の布石をうった。彼はわずか三九歳にしてサンコープの実質的運営をまかされていた俊英で、抜群の記憶力と明晰《めいせき》な頭脳で知られたが、二〇〇二年に癌《がん》で亡くなった。死後、南アフリカ財界の発展と黒人の経済力向上に尽くした功績によって叙勲されている。いまでもダリングの名声は、白人財界のみならず黒人政界においても高い。

それまでの南アフリカ経済の伝統からみてグループ解体はじつに思いきった手だった。南アフリカではこれを「アンバンダリング」とよんでいたが、複雑な株式持合いシステムによってオッペンハイマー家の支配を維持していたアングロアメリカンはアンバンダリングにおくれをとった。これがアングロアメリカンの躓《つまず》きの石になったのである。アングロアメリカンは一九九九年に一次上場をロンドンに移し、二〇〇七年にはアメリカ人女性をCEOにまねいて事業再編と資源ビジネスへの集中化を進め、二〇一一年にはオッペンハイマー家との関係も解消した。しかしすでに業界首位のBHPビリトン社とは、売上高においても利益においても倍の差がついてしまっている。そのBHPビリトンは、じつはジェンコーの発展形なのである。

ギルバートソンの辣腕

ダリングによってくびきから解放されたジェンコーのCEOだったのがブライアン・ギルバートソンだ。ジェンコーは一九九四年にロイヤルダッチシェル社からビリトン社の株を購入した。ビリトンはオランダ領インドネシアのビリトゥン島の錫《すず》鉱山を開発するため一八六〇年に設立された会社で、その後アジア地域を中心にビジネスを展開していたが、一九七〇年にロイヤルダッチシェルに買収されていた。

ジェンコーは貴金属部門をのぞくすべての自社資産をビリトンに移管して、新しいビリトンをロンドン株式市場に上場する。その結果ジェンコーは、南アフリカの外貨規制から首尾よく脱却した最初の南アフリカ企業になった。

世界の資源業界を驚かせたのはギルバートソンがうった次の一手だ。それが二〇〇一年に発表されたビリトンとBHP社の合併である。BHPはオーストラリアのブロークンヒル銀鉱床開発のため一八八五年に設立された会社で、一九七〇年代にはアメリカやペルーに進出、一九九〇年代には世界第二位の銅生産量をもつにいたったオーストラリア随一の資源企業だった。この合併によって世界最大の資源メジャーBHPビリトン社が誕生する。こうしてジェンコーは幾度かの変身のすえ巨大なグローバル企業となって、アングロアメリカンをぬきさったのである。

二〇〇三年からの資源ブームのなかで世界の資源業界にはM&A（企業統合・買収）旋風がまきおこるが、その引金をひいたのがギルバートソンであった。彼はわずか半年でBHPビリトンをさったが、インドのヴェダンタ・リソース社にまねかれ、同社のロンドン株式市場への一次上場をインド企業としてははじめてはたした。ヴェダンタ・リソースはいまやインド最大の資源企業でアフリカにも多くの権益をもち、ザンビアの銅生産においては中国以上のシェアを有している。おそらくはもっともアフリカに投資しているインド企業だろう。その後ギルバートソンはロシア第二位のアルミニウム会社スアルにCEOとしてまねかれ、ロシア第一位のアルミ会社ルサールとの合併を実現して、世界最大のアルミ企業UCルサール社を誕生させた。ギルバートソンは資源業界で世界最高給をとる「鉱山業界でもっとも成功した経営者」になった。

三菱商事が二五％出資したことでながく日本の対アフリカ投資を代表する存在だったモザンビークのアルミ精錬工場モザールも、ギルバートソンが推進した案件であり、彼の企画力の凄味《すごみ》をしめすものだ。モザールが計画された当時のモザンビークは、内戦がおわったばかりの、一人当たりGDPが世界でもっとも低い国だった。モザンビークに投資することなど南アフリカにおいてさえだれも考えなかった時代だ。だが、その首都マプトは南アフリカの産業地帯にとって国内のダーバンやケープタウンよりも近距離に位置する港湾都市であり、一九世紀にはヨハネスブルグにとっての主要港だったから、南アフリカとモザンビークの関係が正常化すればマプト港の重要性が増すことはじゅうぶんに予想された。

案の定、新生した民主南アフリカではマプトにいたる交通路の開発計画「マプト開発コリドール」が策定され、モザールはその中核となることで政府の全面的支援をうけることになった。原料のアルミナをオーストラリアから輸入し、電力は南アフリカから供給して世界一安いアルミニウムを製造するという奇抜なプロジェクトであったモザールは、いまやモザンビーク総輸出の半分を稼ぎだして政府歳入をささえている。モザンビークにとってもBHPビリトンにとっても、また三菱商事にとっても、なくてはならない収入源になっているのだ。

南アフリカ白人の起業家精神

二〇〇七年にBHPビリトンのCEOに就任したマリナス・クロッパーズも南アフリカ人である。就任の翌年にはライバルのリオティント社に買収をしかけた。この買収は失敗したものの、大胆不敵な攻めの経営はギルバートソンと共通している。南アフリカビジネスマンのこのような経営手法はBHPビリトンにかぎったことではない。

二〇一二年、スイスの資源商社グレンコアと資源メジャーであるエクストラータ社の合併が発表された。鉱業界では史上最大の合併であり、上流から下流までをあつかう石油メジャーなみの資源メジャーが誕生することになった。新会社は売上高においてBHPビリトン、ブラジルのヴァーレ社、リオティントに次ぐ第四位になる。一方アングロアメリカンは中国最大の資源企業である神華能源にもぬかれる可能性が高く、そうなれば第六位にまで転落する。つまりアングロアメリカンは、足元の南アフリカから世界にひろがった急速な業界再編と新興国の台頭にはさみうちされたわけだ。

この合併をなしとげたグレンコアのCEOイヴァン・グラゼンバーグとエクストラータのCEOミック・デイヴィスは、二人とも南アフリカ白人である。デイヴィスはギルバートソンにみいだされてジェンコーに入社、BHPビリトンのCFO（最高財務責任者）を務めたあとエクストラータに移って、同社を現在の規模にまで育てあげた。デイヴィスの経営手法も積極果敢であって、二〇〇八年にはプラチナ大手のロンミン社に買収をしかけて失敗したが、それでも二四・九％の株式を手にいれた。また逆にヴァーレから買収をしかけられたが、これはエクストラータの大株主であったグレンコアが阻止している。二〇〇九年にはアングロアメリカンに対等合併を提案したが、これも拒否された。

なんとも凄まじい攻撃的な経営だ。「南アフリカ製のスーツを着て、南アフリカで散髪したみばえのしない紳士がのりこんできて世界の鉱業界に衝撃をもたらした」。昔みたイギリスの業界誌にあった一文である。アパルトヘイト時代の経済制裁で国内にとじこめられていた南アフリカのアントレプレナーシップ（起業家精神）が、一九九〇年代に突如として世界の舞台にあらわれ、資源価格の低迷で沈滞していた鉱業界にM&Aの嵐をまきおこしたのだ。南アフリカ白人ビジネスマンの特徴は、リスクをいとわずひたすら規模の拡大をおいもとめる積極経営にある。精鋭の多くはすでに南アフリカをさって国際舞台で活躍している。南アフリカの民主化がもたらした衝撃は、現在にいたる影響度からいえば、政治より経済の面のほうが大きかったかもしれない。

資源分野以外のアフリカビジネス

南アフリカ白人のアントレプレナーシップは資源分野以外でも発揮されている。南アフリカのある研究者は、南アフリカ企業のアフリカビジネスを「先駆者利益の追求」と形容している。その意味するところは、リスクにひるむことなく思いきったFDIやM&Aによって先行進出し、うまくいけば出先の市場を総どりするというものである。

代表例のひとつは、第1章でもふれたSABミラー社だろう（二三ページ）。一九世紀末に創設された老舗企業である南アフリカ醸造会社（SAB）は、主力のビールを中心に食品、流通小売、ガラス製造、不動産などさまざまな事業を国内および南部アフリカ諸国で展開し、南アフリカ国内のビール市場では圧倒的なシェアをもっていた。コカコーラのボトリングも南アフリカではSABがおこなってきた。知る人ぞ知る土漠《どばく》のなかの巨大リゾート「サンシティ」はSABが建設したものであり、傘下のサザンサンホテル・グループは「ホリディイン」のフランチャイズをもっている。南アフリカではじめて一九七八年に人種無差別雇用をうちだしたのもSABだった。

SABは南アフリカ民主化を契機として国際展開にのりだし、まずポーランドとハンガリーで最大シェアをもつビール会社になった。その後中国、インド、南米のビール会社を次々に買収して、一九九九年には本社をロンドンに移転した。第1章で紹介したが、中国最大の売上をもつ「雪花啤酒」もSABミラーと香港企業の合弁会社のブランドであり、ライバルのハイネケン社とちがって自社ブランドをもちこむことをせずに中国でも成功した。二〇〇二年にはアメリカ第二位だったミラー社を買収、売上高世界第二位のビール会社になった。現在アフリカ一三ヵ国に子会社を、二一ヵ国に提携会社をもち、そのほか世界二〇ヵ国に拠点をかまえている。

中国工商銀行が資本参加したことで世界を驚かせたスタンダード銀行についても説明をくわえておきたい（二五ページ）。スタンダード銀行は一八六二年に英国南アフリカ・スタンダード銀行として南アフリカのポートエリザベスを本拠に設立され、その後英領アフリカ一帯に支店網を展開していった。一九六九年に英領アジアを営業圏としていたチャータード銀行と合併して、イギリスに持株会社をおくスタンダードチャータード銀行になる。

しかし反アパルトヘイトの国際世論が高まるなかでスタンダードチャータード銀行は一九八七年に旧スタンダード銀行を分離、スタンダード銀行はふたたび南アフリカ企業になった。スタンダードチャータード銀行との差別化をはかるため南アフリカ以外の支店については「スタンビック」の名称を用いている。現在スタンダード銀行はアフリカ一七ヵ国に展開してアフリカ最大の営業網をもっており、一三ヵ国に展開するスタンダードチャータード銀行がそれにつづいている。英国際開発省の主導で二〇〇二年につくられた官民連携融資機関である「アフリカ・インフラ基金」の運営も、スタンダード銀行がおこなっている。

スタンダード銀行の強みは、アフリカビジネス情報の厚みと低所得層（ベース・オブ・ピラミッドの略でＢＯＰとよばれる）ビジネスに長《た》けている点であろう。銀行のＢＯＰビジネスといっても日本ではなじみがないのでわかりにくいが、スタンダード銀行にかぎらずアフリカ諸国で高い収益をあげている銀行はＢＯＰビジネスのノウハウをもっている。自前の通信網をはって地方にATMを設置し、小口口座を増やして少額の手数料を薄くひろく集めるというリテールビジネスだ。アフリカ経済において重要な位置を占めている送金が、収益源のひとつになっているのである。

アフリカ人は大陸内にかぎらず世界中に拡散し、貧しい生地を遠く離れて生業をえている。高い移動性はアフリカ人の特徴のひとつだ。毎年二五〇万人以上が祖国をあとにしており、そのなかには大卒者の一二%がふくまれている。世銀の統計から計算すれば彼らの送金はアフリカのGDPのおよそ四%に相当するが、実際にはその倍以上の額がやりとりされているといわれる。そこから収入をえるノウハウをアフリカの銀行はもっているのである。アフリカでの送金サービスは、米ウェスタンユニオン社のような専門業者のほか携帯電話プロバイダーも参入している激戦市場だ。そのための広範な支店網やインフラが業績を左右するので、規模が大きいほど競争上有利になる。

BOPビジネスは、末端消費市場に近い業種では共通してみられる。開発途上国の小売部門ではスーパーマーケット化が進行していて、小売市場に占めるスーパーマーケット販売の割合が増えている。アフリカにおいても同様で、消費爆発とBOPビジネスの進展によっていまやスーパーマーケットは都市部の富裕層のみを対象にしたビジネスから飛躍し、低所得層を顧客としてとりこみながら急速に店舗網を拡大している。南アフリカの小売市場に占めるスーパーマーケット販売の比率は五〇％から六〇％と推定されており、これはアルゼンチン、メキシコ、フィリピンに匹敵する数字だ。南アフリカの小売流通企業は民主化を契機にまず黒人居住区に進出し、その後周辺アフリカ諸国へと展開していった。

南アフリカ最大の小売流通企業がショップライト・グループで、アフリカ全体でも最大のスーパーマーケットチェーンを有している。国内に一四ブランドをもち、合計で一〇〇〇をこえる店舗網がある。南アフリカ民主化直後の一九九五年にザンビアに進出したのをかわきりに、現在は南アフリカ国外でおよそ二〇〇店舗をもっている。進出先はアフリカ一六ヵ国とインドである。どこよりも安価に商品を提供すると謳っていて、実際露天市場のキオスクよりも低価格だ。これを可能にしているのがアフリカ全土を覆うロジスティクス管理技術であって、どの国の店舗にもほぼ同様の商品が展列されている。これは、南アフリカ製品を中心にヨーロッパや中国から一括大量購入した商品を各国に配送するシステムによっている。国境線が錯綜して通関効率が悪いアフリカでこのロジスティクスを確保しているからこそ、ショップライトは国際展開ができているのである。ショップライトのほかにも南アフリカには、アフリカ一一ヵ国に三一店舗、中東に八店舗を有するウールワース社がある。

アフリカの潜在需要にのって急成長する企業

消費爆発のなかで小売流通業をしのぐ急成長ぶりをみせているのが携帯電話だ。アフリカではいま世界最速のスピードで携帯電話の普及が進んでいる。携帯電話業界の国際団体であるGMS協会によれば、二〇〇〇年には二%にすぎなかったアフリカの携帯電話普及率は、二〇一一年には六三%にまで激増した。毎年数千万単位で契約数が増えていることになる。アフリカで使われている携帯電話の九六%はプリペイド方式で、つまりは貧困層にも浸透していけるBOPビジネスである。

アフリカにおける最大のプロバイダーは一九九四年創業の南アフリカのMTN社で、アフリカ一六ヵ国のほかアフガニスタン、イラン、シリアをふくむ中東六ヵ国にも進出しており、二〇一一年九月時点で合計一億六〇〇〇万契約を擁している。とくにイランでは三〇〇〇万をこえる契約数をもっていて、これは南アフリカにおける契約数より多い。イギリスのボーダフォン社やフランスのオレンジ社もアフリカ市場を重視しているが、二〇一〇年にはインドのエアテル社が、クウェートのザイン社からアフリカのネットワークを買収して参入をはたした。携帯電話通信網を建設するための機材の多くが中国から輸入されていることは前述したが（三四ページ）、アフリカの携帯電話市場はこのようにグローバル企業が覇を競いあっている激戦市場だ。そのなかでもMTNは最強なのである。

一九八三年創業のIT企業ディメンションデータ社も、民主化を契機に国際化した南アフリカ企業だ。一九九六年にオーストラリア企業を買収したのをかわきりに欧米企業を次々に傘下におさめ、二〇〇〇年にロンドン上場をはたしてのちは中東、南米、アジアにも進出してグローバル企業になった。そして二〇一〇年、日本のNTTがディメンションデータを買収したのである。買収金額は三二・四億ドルで、これは日本の対アフリカ投資史上最高額であった。

グローバル展開している南アフリカ企業はほかにも数多いのだが、ネットケア社にはふれておきたい。ネットケアはMTN同様一九九六年に創業した若い企業で、病院経営と医療サービスの提供を業務とし、現在南アフリカで国内最多の五二病院を経営している。二〇〇一年にはイギリスに進出し、イギリスにおいても五六病院を経営する最大の医療会社になった。アフリカ市場に対しても積極的で、一九九四年の大虐殺で七〇万人もの犠牲者を出した直後のルワンダに進出している。これは大幅損失になって撤退を余儀なくされたが、二〇〇六年にはレソトで公共病院の建設と経営にのりだした。こちらのほうはレソト政府、南部アフリカ開発銀行（南アフリカの地域開発機関）、世銀グループの国際金融公社（IFC）との官民連携事業（PPP）で、二〇一一年に開業している。

アフリカに潜在する医療需要は膨大だ。問題は医療サービスをなるべく低価格で提供できるようにして、いわばヘルスケアのBOPビジネスを構築することだが、ネットケアのアフリカ戦略はこれをPPPによって実現することにある。

南アフリカ以外の企業はどうか

成長しているのは南アフリカの企業だけではない。二〇一一年に『フォーブス』の世界長者番付でアフリカ一の資産家とされたナイジェリアのアリコ・ダンゴート（資産総額は一三八億ドル）は、同国最大のコングロマリットであるダンゴート・グループの創業者にして会長だ。

ダンゴート・グループは食品・衣料・建設・運輸・石油などさまざまな産業分野にまたがる一五企業を傘下に擁し、ナイジェリアの砂糖市場の六割、セメント市場の四割を支配している。セメント製造ではアフリカ最大であり、アフリカ一一ヵ国に工場をもっている。ただしダンゴートは国内志向が強く、政界とのつながりもあって、アフリカ企業のふるい体質をのこしているともいえる。アフリカ最大の人口規模をもつナイジェリアならではの企業ともいえるかもしれない。

南アフリカ企業があたえた影響という点では、ザンビアのザムビーフ社は非常に興味深い例だ。同社は一九九四年に、ザンビア人とアイルランド人の二人の白人青年によって牛肉製造会社として発足した。その翌年、ザンビア政府直営の小売チェーンが民営化されたのをうけ前述のショップライトがザンビアに進出、ザムビーフはショップライトの納品基準をクリアして出店する。以後はショップライトの拡大とともに成長し、多角化して、鶏肉、豚肉、乳製品、食用油、皮革製造、穀物生産をてがけるザンビア随一のアグリビジネスに成長した。いまやザンビアの株式市場最大の上場企業だ。ショップライトのアフリカ展開に連動してナイジェリアとガーナにも進出している。

ザムビーフが創業した一九九四年はザンビア経済が低迷の底をはっていたころで、基幹産業である銅の市況は低落をつづけていたし、ザンビアのような内陸国はとくに経済成長の見通しが暗いとされていた。民営化プログラムにより銅山は、もともとの開発者であるアングロアメリカンが購入したが、そのアングロアメリカンも二〇〇二年には撤退してしまった。中国やインド企業が進出したのはそのあとだ。だから、ザムビーフの目をみはる成長は奇跡というのに近いのである。南アフリカ企業の要求にこたえられる製品管理と、綱をわたるがごときにかすかなビジネスチャンスを確実にものにしていった機敏な経営が、極度の不況のなかでもザムビーフを成長させたといえるだろう。

さきに記した携帯電話の爆発的普及はアフリカ人による起業も大いにうながした。スーダン生まれのモ・イブラヒムは有名だ。エジプトやイギリスの大学で通信技術を学び博士号まで取得した彼は、ブリティッシュテレコムで働いた経験をもとに一九八九年に起業、アフリカ一五ヵ国に展開する携帯電話会社セルテルを築きあげた。そのセルテルを二〇〇五年にクウェートのザイン社に売却して得た資産で財団をつくり、「モ・イブラヒム賞」を創設した。これは、優れたガバナンスを達成した元国家元首に多額の年金を支給することで平和裏での政権交代をうながそうというユニークな賞である。この旧セルテルがいまはインドのエアテルに渡っていることはさきに記した。アフリカ人がおこしてそれが中東企業、インド企業へとひきつがれながら大きくなっていったというのは、現在のアフリカ経済のダイナミズムを象徴している。

MTNの強力なライバルにケニアのサファリコム社がある。同社は国営ケニアテレコム社と英ボーダフォン社の合弁会社だが、最近では携帯電話を使った送金サービス「M―PESA」が注目されている。このシステムは英国際開発省が支援して開発されたもので、二〇〇七年から営業を開始したが、ケニア国内ではすでに契約数一四〇〇万をこえており、ケニアはモバイル送金が世界でもっとも普及している国になった。M―PESAはタンザニア、アフガニスタン、南アフリカにも進出している。ちなみに、CEOとして二〇一〇年までサファリコムの成長を牽引したのは南アフリカ人のマイケル・ジョセフだ。携帯電話送金はほかのプロバイダーもはじめているが、金融サービスについては銀行と連携せざるをえないことから、サファリコムはケニア商業銀行と、MTNはスタンダード銀行と共同している。

母国で起業するということ

逆境をはねのけて成長した企業ということでは、なんといってもエコネットワイヤレス社をあげなければならない。創業者のストライブ・マシイワは一九六一年にジンバブエで生まれた。ウェールズ大学で電子工学を学んだのちジンバブエ郵便通信公社（PTC）にはいり技術主任にまで昇進したが、一九八八年に独立して一九九四年にはエコネットワイヤレスをたちあげている。PTCやジンバブエ政府の執拗《しつよう》な妨害にあったが四年間にわたるジンバブエ高裁での法廷闘争で勝利、エコネットワイヤレスは一九九八年に国内営業を開始した。

ジンバブエ政府と戦っている最中にすでにボツワナで営業をはじめていたが、その後南アフリカ、ナイジェリア、ルワンダにも展開、イギリス、ニュージーランド、ボリビア、ドミニカにも進出した。現在は光通信や太陽光発電事業にも着手している。

エコネットワイヤレスが多国籍企業として発展していくあいだ母国ジンバブエではムガベ政権の独裁化が進んだが、マシイワは、政府の弾圧で潰《つぶ》れかけていた唯一の民営新聞『デイリーニュース』の経営をひきうけ、南アフリカから電子版を発行している。マシイワ自身も二〇〇〇年に南アフリカに移住、エコネットワイヤレスの本社も南アフリカにある。

権力とむすびついた政商ビジネスの例にはことかかないアフリカで、マシイワのような人物はきわめてめずらしい。通信業をはじめ現代のアフリカビジネスは、細分化されているアフリカの国境を必然的にとびこえていく。小国を苛む閉鎖的独裁に敢然と戦いをいどんで、しかも勝利したエコネットワイヤレスは、新しいアフリカ経済のあり方を象徴する企業だろう。マシイワはクリントン元米大統領がたちあげた「南部アフリカ企業開発基金」の理事であり、ロックフェラー財団とゲイツ財団がたちあげた「アフリカにおける緑の革命連合」（AGRA）の議長代理でもある（議長はアナン元国連事務総長）。二〇一二年のG8サミットではAGRAを代表してスピーチをおこなっている。

ながい経済低迷と政治的不安定がわざわいしてこれまで多くの優秀なアフリカ人がアフリカを離れ、欧米などで高い教育をうけそのまま先進国で職に就くケースが多かった。ディアスポラ・アフリカンとよばれる人々だ。アメリカには一〇〇万人以上のアフリカ移民が住んでおり、彼らの教育水準はアフリカにおける平均よりもはるかに高い。だが、この一方的な流出傾向が、アフリカの経済回復によって変化しはじめているようにみえる。つまり、母国でのビジネスチャンスをめざして帰国し起業する動きがはじまっている。母国で起業するメリットは、アフリカは競争がはげしくないことだという。先進国と母国でのネットワークを活用すればグローバル企業ともじゅうぶんに戦え、成功する確率は高いらしい。

ナイジェリアでは、世銀副総裁を務めていたナイジェリア人女性オコンジョ＝イウェアラが二〇〇五年に同国財務大臣に招聘されてから、高学歴ディアスポラの帰国が増えたように思われる。オコンジョ＝イウェアラ自身は、幼いころアメリカに渡りハーバード大学をでてマサチューセッツ工科大学で経済学博士号を取得したエリートだ。またジェノサイド後急速に復興しているルワンダでは、それまでながくつづいた騒乱と弾圧で亡命していたツチ族ディアスポラの帰国を政策的にうながしている。こういった動きは、アフリカの紛争につねに付随していた難民や避難民の帰還問題とは別の、新世紀アフリカ特有の現象である。

先進国企業の投資

アフリカ地域経済をマクロにみた場合、経済成長の火つけ役はやはり欧米の資源企業というべきだろう。まっさきに大型投資をうちこんだのはエクソンモービル社の赤道ギニア油田開発であるし（七三ページ）、資源探査や鉱山開発を先導してきたのも欧米企業である。なかでも非鉄金属においては、世界全体の探鉱開発投資のうち一五％ほどがアフリカに投入されているという。

新興産油国が続々と誕生しているアフリカで油田を探査してきたのは、メジャー以外の企業である。モザンビーク沖で大規模ガス田を発見した米アナダルコペトロリアム社、ガーナ沖でジュビリー油田を発見した英タローオイル社や米コスモスエナジー社などであり、タローオイルはウガンダのアルバート湖の油田やケニア沖合のガス田も掘りあてている。鉱産物の探査試掘も、おもには資源メジャー以外の資源ジュニアとよばれる企業がおこなっている。こういった独立系資源企業は、資源探査に成功すると権益を資源メジャーに売却することも多い。シノペックがアフリカ油田を手にいれたのもスイスのアダックスペトロリアム社を買収したからだ。一方、アフリカで数々の探査を成功させたタローオイルやアナダルコペトロリアムのように、みずから生産主体に成長していく例もある。

石油メジャーや資源メジャーはすべてアフリカに生産現場をもち、開発プロジェクトを動かしている。開発プロジェクトの多くは二〇〇五年以降にはじまっており、どれも一〇億ドル単位のたいへん巨大なもので、メガプロジェクトとよばれていることは第2章でのべたとおりだ。小国の集合体であるアフリカではメガプロジェクトひとつで国の経済がかわってしまう。赤道ギニアはアフリカで一人当たりGDPがもっとも高い国になり、かつての農業国タンザニアはアフリカ有数の産金国に変貌して、ウガンダもガーナも産油国になった。独立以来内戦状態にあったアンゴラは、いまではアフリカ一経済成長率の高い国である。ちなみにモザンビーク沖ではイタリアの政府系企業ENIもガス田を発見しており、二〇一二年にはノルウェーの政府系企業スタトイルがタンザニア沖でガス田を発見した。日本では独立行政法人のJOGMECがアフリカで資源探査にたずさわっている。このように官民あげての資源開発がおこなわれている。

先進国企業の対アフリカ投資はその八割が資源関連といわれ、製造業投資は少ない。その理由は第3章で説明したとおりで、製造業投資は依然アジアにむかっている。中国の賃金水準が上昇しているとはいえ、ベトナム、バングラデシュ、カンボジア、ミャンマーと伍《ご》していけるような労働比較優位をもっている国は、アフリカには存在しない。

しかし末端消費市場における先進国企業の進出ぶりは注目に値する。アフリカ市場で昔から大きな存在感をもつユニリーバ、ネスレ、コカコーラなどは、これまでたびたびふれてきたBOPビジネスを主導的に開発してきた企業であり、市場の末端にまでとどく販売ネットワークを構築している点で、低価格を武器とする中国商品とは一線を画している。先進国市場の縮小もあってこれらグローバル企業はアフリカ市場を重視するようになっている。中国企業や中国商人にはまねのできない高度なビジネスモデルが、BOPビジネスには必要なのである。

BOPビジネス

所得ピラミッドの最底辺とされる年間所得一五〇〇ドル以下の階層は、当然先進国にも存在する。しかしながらＢＯＰビジネスのマーケットとして想定されているのは開発途上国であって、なかでも、ＢＯＰビジネスの萌芽を育んだインドやメキシコのような大型の開発途上国である。ＢＯＰビジネスは単価マージンの極小さを膨大な販売量でおぎなう収益構造を特徴とするから、ただ貧困者がいるというだけでは成立しない。マスとしての貧困層が前提となっている。地理的に集中した貧困の堆積が大きければ大きいほど、ＢＯＰビジネスには有利な市場になるのである。

この事情は開発政策にとてもよく似ている。第4章で説明したように開発途上国とは所得再分配では貧困問題に対処できない国のことをいうのであり、開発政策とはそのような国が国内の貧困問題を解決するにあたって実施する、経済成長を第一義とした貧困対策である。そして、開発ニーズが非常に高い国で開発政策と並行して展開されるビジネスがＢＯＰビジネスだ。それも、人口の多い国、人口密度の高い国のほうが適しており、優れたＢＯＰビジネスモデルをもった能力の高い企業ほど、より大きな貧困集積地に進出してより大きな利益をあげることができる。しかし、それはまた同時に、優れたＢＯＰビジネスほどより深刻な貧困問題とむきあわざるをえないということを意味してもいる。

味の素株式会社は日本でもっともＢＯＰビジネスに習熟した企業のひとつである。創業早々台湾に進出し（一九一〇年）、戦後はタイやインドネシアで開発途上国ビジネスにたずさわってきた同社は、ナイジェリアでも大きな市場を開拓した。一袋五円の「味の素」パックをナイジェリア国内でひろく販売する同社のターゲットは「年間所得三〇〇ドル以下の農村の主婦」である。世界銀行が定義する絶対的貧困は年間所得が三七五ドル以下であるから、味の素のターゲットはBOPのなかでもさらに下層にいる極貧層だ。

アフリカ農村にいくと女性の働きぶりに驚かされる。朝暗いうちから水くみにでかけ、村によっては一時間以上かけてその日使う水を調達する。自家消費用の穀物栽培は女性の仕事とされている地域が多く、畑仕事の負担も大きい。その間に子守りや家事仕事をこなしているから、食事の支度には多くの時間をさくことができない。そういう彼女らの「みじかい時間で少しでもおいしい食事をつくりたい」というせつなる願いが、味の素への需要をうみだしているのである。経済が発展すると主婦は家事労働の負担から徐々に解放され、食事の用意に多くの時間をさけるようになり、外食の機会も増えていく。そうなると旨味《うまみ》調味料に対する需要は減退していくから、味の素はBOPビジネスであることを宿命づけられていたともいえる。

産油国ナイジェリアは今世紀にはいってからの資源価格高騰によって、ながくつづいた経済低迷から脱却したようにみえる。順調な経済成長がつづけば所得ピラミッドにおける最下層をぬけだしていく人々も増える。その結果、家電製品など「豊かになれたからこそ買える」商品の市場が拡大していくだろう。これをボリュームマーケットとよぶこともある。しかしこれはBOPとはまったく別物である。ナイジェリアにおける味の素は、遠隔地農村の顧客にまで配送するロジスティクスを構築することでビジネスとして成立したが、ボリュームマーケットにはそのような苦労は必要ない。中間所得層むけの大型店舗が主要な販売ルートになるからで、てごろな価格で商品を供給できればよいのである。

BOPとは新興中間所得層の台頭からとりこぼされる人々なのであり、人類が貧困問題をかかえ開発問題からのがれられないかぎり存在しつづける、文字通りの「底辺」である。したがってBOPビジネスは開発問題とつねにともにあるのだ。BOPビジネスにはロジスティクス構築のための準備期間とそのための先行投資がいるが、軌道にのれば景気に左右されない安定した収益を企業にもたらす。そして、ビジネスそのものが開発貢献になるのである。

〝消費〟を開発する

低開発にはふたつの側面がある。ひとつは低所得で、もうひとつは高コストである（一三七ページ）。

貧困状態はアクセス可能な財・サービスの量と幅の小ささによって測定できるが、所得の低さは消費者側において商品アクセス力を弱める。BOPビジネスは、そういった低所得層においても、コストをひきさげることによって売上高をのばしていくのである。

高コストについては、以下のようなことがいえる。開発途上国では、とくにBOP領域では、そうでない国や地域にくらべて財・サービスの価格が高く、入手するための取引費用も高い。これを「BOPペナルティ」という。BOPの消費市場は、相対的に高価で、質が悪く、量にとぼしい市場なのである。BOPに閉塞する人々は、所得の低さゆえほしいものが買えないというだけではなく、高い購入コストによっても消費行動を阻まれている。つまり、貧困層の居住地では近くに店舗がなく、車をもたないから大型店にもいけず、大量購入する余裕がないので割引をうけられない。商品流通のほそぼそとした支流に位置する彼らは輸送コストを余分に負担しなければならないというわけだ。BOPビジネスの提唱者プラハラードは、このコストが富裕層の五倍から二五倍にものぼると推定している。BOPペナルティは供給サイドにおいて商品アクセスをせばめているのである。

開発論の主題はこれまではおおむね所得の向上におかれてきた。だがBOPビジネスは、所得面ではなく消費の面から貧困者の厚生をひきあげる効果をもっている。BOPビジネスは商品の価格を安く設定するだけではなく、財やサービスをとどけるためのロジスティクスを構築してBOP領域に商品へのアクセスを提供する。BOPペナルティをひきさげてその分を購買力に転化させれば消費意欲を刺激できるだろう。企業はそこで利益をとり、BOP

層の人々はそれまで入手できなかった商品の効用を享受することができる。

ＢＯＰビジネスは、援助をふくめて公的セクターがなしえなかった、いわば〝消費における開発〟である。消費における開発は従来の開発論がみおとしていたテーマであり、ＢＯＰビジネスが登場するまで議論の材料すらもたなかった分野だといえるだろう。これまで消費における開発は、災害時や難民に対する食料、衣料、医療物資などの無償給付という、持続的開発とはほど遠いアドホックな対処策のなかに埋没してきた概念だ。

ＢＯＰビジネスには、おそらくはとくに実践的分野において、開発論にイノベーションをもたらす可能性がひめられている。

貧困ビジネスとCSR

とはいえＢＯＰビジネスはあくまでビジネスでなければならない。収益がえられなければ持続性をもてない。

プラハラードはＢＯＰビジネスを「ＣＳＲ（企業の社会的責任）を担当する部門にまかせてはならない」といっている。たしかに、ＢＯＰビジネスを設計するには鋭敏なビジネス感覚が欠かせない。だが最貧国ビジネスにおいては、従来のＣＳＲ観では対処しきれない重い課題がまちかまえている。ＣＳＲ思想をもっと事業本体に近づけなければならないという要請に、ビジネスの現場は直面しているのである。

第2章で紹介した住友商事が参画するアンバトビープロジェクトは、GDP総額が九三億ドル（二〇〇八年）、一人当たりGDPも五〇〇ドルに満たない最貧国マダガスカルを舞台に、五五億ドルを投下してニッケルとコバルトの一貫生産体制を構築しようという大事業だ。フル稼働するようになればマダガスカルは世界のニッケル生産の三・八%、コバルトの八・三%を占めるようになり、国の経済規模も倍増する。日本としてもレアメタルの安定供給源をひとつ確保できることになる。アンバトビープロジェクトのようなメガプロジェクトは、このように受入国の経済をかえてしまうことから、それだけCSRが重く問われる。

国連は二〇〇〇年に、おもに投資者を想定して開発途上国での行動規範を設定した。雇用基準や環境配慮、人権尊重、汚職排除を謳ったもので「グローバル・コンパクトの一〇原則」という。世界中で六〇〇〇をこえる企業が加入しており、日本では二〇〇一年に加入したキッコーマンを先陣に現在一〇七の団体・企業が参加している。住友商事は二〇〇九年に加入した。アンバトビープロジェクトが発足した際には、当時の大統領に対してマダガスカルへの教育支援を約束している。

アンバトビープロジェクトのCSR事業は、プロジェクトの四〇%を出資しているカナダのシェリット社が担当している。現地のCSR担当者から聞いたところ、「プロジェクトがはじまって建設労働者一万人が集まってきたが、その結果この地方のインフレ率が首都の一〇%をうわまわる一四%になった。われわれはこの差四ポイントを解消しなければならないと考えている」という。大規模投資が国内需要の地域配分を変化させ、プロジェクトに直接かかわらない人々にも影響がおよんでいるのである。

CSR担当者が説明してくれた対策は、食料生産を自前で整備して、プロジェクトが展開している地域の供給力を高めるというものだ。さらには、施設建設のピークがすぎて建設現場の労働需要が減っていくにしたがって食料生産事業を拡大していくことで、あらたな労働需要をうみだしプロジェクト全体の雇用水準が大きくぶれないようにするという計画である。これはもう行政の視点だ。

アンバトビープロジェクトでは、精錬工場をたてるためにたちのいてもらったコミュニティ用にあらたな村を建設した。全世帯の住居を用意し、学校や診療所をつくり、そこで働く教師や医者もプロジェクトで雇用している。また、住民を対象に定期的なインタビューをおこなって不満がないかどうかをチェックしている。まさに地域総合開発であって、ODAでもここまで大規模な開発事業はそうはない。

「拡大CSR」という防衛策

アンバトビープロジェクトにかぎらず開発途上国における大規模な鉱業投資は、地域住民に対する社会開発事業を並行しておこなうものがほとんどである。マダガスカルにはもうひとつメガプロジェクトがはいっている。リオティントのイルメナイト鉱山開発で投資額は一〇億ドル、このなかにはあらたな港湾建設もふくまれている。ここでもコミュニティ開発や感染症対策、教育支援といった社会事業が実施されており、米国際開発庁（ＵＳＡＩＤ）がパートナーとしてはいっている。リオティントはイギリスとオーストラリアに本拠をおく会社だが、ＵＳＡＩＤが協力しているのである。ＵＳＡＩＤは、味の素株式会社がガーナであらたにはじめたアミノ酸事業のパートナーでもある。

アフリカの国々では、とくに鉱山開発がおこなわれるような僻地《へきち》においては、公共サービスがきわめて希薄か、あるいはまったく不在である。投資の保全と効率の維持を考えれば、企業みずからビジネスの枠をこえた開発プログラムをおこなったほうが有利になる。学校も診療所もないところに労働者を投入しなければならないし、従業員以外の人々も所得機会をもとめて集まってくる。現地住民のあいだで不満が鬱積《うっせき》すれば従業員の安全があやうくなるし、その不満をテロ組織に利用されるおそれもある。そのような事態を未然にふせぐには、少なくとも投資現場とその周辺コミュニティに対しては教育支援や衛生環境向上のための対策をほどこす必要がある。またアフリカではＨＩＶエイズやマラリアといった感染症が蔓延していて、従業員や現地に派遣する社員はその脅威にさらされるから、労務対策の一環として対策を講じておかなくてはならない。さらには優秀な人材を長期にわたって確保するには、その国の教育システムが整備されるのをまつよりみずから育成したほうが確実だ。

三菱商事が株式の過半を所有する南アフリカのハーニックフェロクロム社は、アフリカで鉱山を直接経営している唯一の日系企業である。同社は、採掘権を取得するに際して周辺コミュニティの開発と雇用創造を条件として課せられている。常識的には、政府が企業に課税し投資者からロイヤリティを徴収して、そのあがりで国内開発を進めるというのが常道だ。民間経済と公的部門の関係はそのように想定されるものである。しかしアフリカでは投資者に開発主体としての役割が期待され、公的機能を課せられもするのである。

収益の一部を使った慈善活動という発想をこえて、このようにビジネス上の必要からとりくまざるをえないCSR事業がアフリカ投資には付随する。いわば投資の一環としてCSR事業が強いられるのである。先進国における社会貢献活動の域をはるかにこえた、いわば「拡大CSR」だ。となれば、投資案件の作成に際してCSR事業を社業としてくみこむ考え方、そのようなCSR思想がもとめられるであろう。それなくしては貧困地域での大型事業は遂行できないからである。

アンバトビープロジェクトが着工したのちマダガスカルではクーデタが発生し、クーデタ政権はアフリカ内でも承認されていない。総選挙の実施にむけて周辺諸国の調停作業がつづいているが、事態は楽観を許さない。プロジェクトが企画された当時のマダガスカルはアフリカでもっとも安定した政権のひとつとされていた。マダガスカルにかぎらずアフリカでは、このような政治リスクを覚悟しておかなければならない。

投資先の行政が機能不全におちいった場合、企業が公的サービスを代替して投資地周辺の安寧を確保する以外に投資目的を達成する方法はない。つまり拡大CSRは、ガバナンスが悪く政治的に不安定で、公共サービスからみはなされたBOP領域にはいっていくときの、企業の防衛策でもあるのだ。

鉱山開発とちがってBOPビジネスは、それ自体が地元住民の利益に適うものであるから、付加的なCSR活動をおこなわなくても地元の反感をひきおこすことはないように思われるかもしれない。だが、そうともかぎらないのである。BOPビジネスは経済的な真空にうまれるものばかりではなく、既得権益を排除して普及する場合もあるからだ。ヒマワリ種ビジネスでインドに進出したカーギル社は、進出当初既得権益の反発をかって事務所に放火されている。BOP領域はけっして安全な場所ではない。BOP領域に接近する企業はさまざまなかたちでCSR活動を明示的におこなっていかなくてはならないのである。

かつての多国籍企業論は、住民の利害を封殺しながら開発途上国資源を搾取する企業の横暴ぶりを糾弾するという論調が強かった。そのような企業は現在も存在する。しかしながら、そのようなビジネスのあり方は国際世論の強烈な反発を醸成し、株主の反感をうみ、テロの対象とされる時代を私たちはむかえている。BOP領域で持続的ビジネスを確立するには、地域社会と協調をはかりながら共存繁栄を可能にする事業設計が必要になる。これをなしうるだけの企業体力と業務思想の高さがもとめられるのである。

グローバル化するなかでいかに働くか

BOPビジネスとはたんに低価格商品を開発することではなく、それと同時に、貧困層にとどく流通販売網を構築することであり、それを基盤としてはじめて新しい収益チャンネルがひらかれる。また、BOP領域に進出した企業にとってのCSRは、投資プロジェクトを保全して安定化させるための不可欠な構成要素である。いずれも企業のあり方に変革をもたらすものであり、その変革をなしえた企業だけが業績を拡大できるだろう。その変革は法人としての企業だけに関係しているのではない。企業に所属する個人、とくにBOP領域での活動を担当する社員にとっても重要な意味をもつ。

現代の企業は、株式会社の原型が形成された一八世紀とは比較にならないほど巨大化している。またはるかに多くの人間が企業人として生活しているから、企業に所属することのアイデンティティが個人レベルでつねに問われる。とくにグローバリゼーションが進展してのちは、本質において国家の枠をこえられない政府よりも企業のほうが質的に国際化して、ときに多国籍化し、現地政府とのあいだでかならずしも古典的関係を共有できないケースにも遭遇するようになっている。

たとえば、通常ならば政府の任務とされるような公的機能が企業に要請され、その役割をせおわなければ企業活動を円滑に遂行できないかもしれない。法の支配が脆弱で汚職が蔓延する社会において経済活動にたずさわらなければならない社員は、個人的信条以上の行動指針を必要とするだろう。悲惨な貧困地で自信をもって活動するには、みずからのビジネスがもたらしうる社会貢献に確信がなくてはならない。グローバリゼーションに対応できるCSR理念、さらには「グローバル企業市民」という考え方は、そのような要請を背景にして登場したものである。

さまざまな国に展開する企業は、さまざまな状況におかれてもゆるがない指針をもっていなければならず、その企業の従業員は、自己のナショナリティによりかからなくてもたもてるようなアイデンティティを必要とする。その指針とアイデンティティを利潤動機だけにもとめることはできない。もうかればよいというだけではビジネスを維持できず、進出先の社会とどのようにかかわっていくかが業務思想として問われるのである。その業務思想があってはじめて、予想しなかったような異質な社会状況のなかでも、利潤を実現していく方途がみつけられるのである。

したがってCSRは、たんに法令遵守（コンプライアンス）のことをいうのではない。社会への利益還元や従業員を使った慈善活動のことをさしているのでもない。個人法人を問わずコンプライアンスは当然のことであるし、慈善はそのときどきの利益の多寡に依存した発想だが、CSRの本質は、政府と拮抗《きっこう》する力をもつにいたった企業の、新しいあり方を模索する営為のなかにある。それは、ビジネスの目的と社会的有益性を同時に満たすような仕事のあり方である。世界経済フォーラムの創設者クラウス・シュワブの言葉をかりれば「ビジネスが社会においてもっと能動的な役割をはたすことで、ながい目でみた場合の利益率を向上させることのできる企業活動の形態」としてCSRがある。

人類のなかでもっとも過酷な生活を強いられているBOP領域。そこに接触する企業は、「自分たちはなんのために仕事をするのか」「自分たちの仕事の意味はなにか」について、株主や社会に対してのみでなく、社員に対してもしめす責務をもっている。BOPは社業の理念を問うてくるのであり、ここにBOPとCSRの根源的な関係がある。企業が進化していくにしたがってBOP市場の包含とCSR理念の深化は必然的におこるといえる。アフリカに進出した中国企業の弱点は、彼らの企業史の浅さゆえに、じつはこの点にあるのである。

中国企業は現在CSRの強化にとりくんでいる最中だ（五〇ページ）。

企業が国境をこえるということ

このようにアフリカは、グローバリゼーションのなかで強大化した企業の力によって経済成長している。いろいろな面でアフリカ経済はロシア経済によく似ているのだが、アフリカがロシアと決定的にことなるのは、ロシアのように強力で、かつ統一された政府をもっていないことだ。それゆえアフリカでは各社の力量がそのまま業績に反映され、グローバリゼーションの力学が裸に近いかたちで観察できるのである。

私は、アフリカにおける最大の発展障害は国境だと考えている。なにせアフリカ大陸には五五もの国が存在し、国境線がこまかく錯綜していて、ひとつひとつの国家の規模はとても小さい。総人口が二〇〇〇万にとどかない国が四〇、一〇〇〇万にとどかない国が二七もある。GDP規模が二〇〇億ドル以下の国は三八、一〇〇億ドル以下の国が二九ヵ国だ。日本でいえば県総生産におよばず、栃木県宇都宮《うつのみや》市（総生産額はおよそ三〇〇億ドル）や群馬県高崎《たかさき》市（およそ一五〇億ドル）ほどの規模である。

したがって、アフリカで急成長する企業は必然的に国境をこえていくことになる。多数の政治権力が各国にわかれてせめぎあい富を集中的に保有してきた大陸に、政治権力と対等でときには対峙できる富と力をもった人々が、経済ダイナミズムの主役として登場したのである。彼らの力の源泉は国境をこえられることだ。

アフリカにおける経済統合は、一九五〇年代末からつねに議論されてきた永遠の課題といってよい。第4章で紹介したラゴス行動計画は、二〇〇〇年までにアフリカ経済共同体を創設するとしていたが、いうまでもなく実現していない。くりかえし提唱されながらも政治によってはとりはらうことのできなかった国境の壁を、これまでみてきたように企業はとうにのりこえている。ジンバブエのエコネットワイヤレスの例にみるとおり、政府がこれを阻止しようとしてもアフリカにおけるグローバリゼーションの流れはもはやとめられない。その結果、閉鎖的小国における独裁の壁は崩壊しつつある。

アフリカの消費者は携帯電話の普及によって前世紀には考えられなかったコミュニケーションのひろがりを享受できるようになり、BOPビジネスの進展によってバラエティに富んだ商品へのアクセスをもてるようになっている。貧困層むけの銀行口座もある。それを供給したのはすべて、国境をまたいだ企業である。いっこうに減らない貧困層に、それでも経済成長の恩恵をもたらしているのは、政府ではなく企業なのである。

しかしその一方でグローバリゼーションの弊害も生じている。最大の問題は所得格差のいちじるしい拡大だろう。労働力に比較優位のないアフリカではアジアのようには雇用が増大しないから、経済成長の裨益は限定的になる（九〇ページ）。そのうえグローバル企業ではマネージメント職の給与が世界水準に収斂されていく傾向が強いので、高額所得層が貧困国にも形成される。イブラヒムやダンゴート、マシイワのような創業者たちがたいへんな資産家であるのは不思議ではないが、アフリカ各国に拠点をかまえるアフリカ内外のグローバル企業では幹部職員に対して先進国なみの給与が支払われている。それだけのパフォーマンスが要求されているのだから当然といえば当然だ。

アフリカの労働市場は熟練労働力や高学歴者の供給が少ないから、企業進出が進めば進むほど人材のとりあいがはげしくなって給与水準が高くなる。一方農村の所得水準に大きな変化はおきていないので、いまやアフリカ諸国のジニ係数は世界でもっとも高くなったことはすでに指摘した（八九ページ）。経済が成長するほど所得分配の不均等化が激化していく構造なのである。権力層だけが利権と汚職によって蓄財するかつてのアフリカ社会にくらべればはるかに改善されたとはいえ、ジニ係数〇・七の社会は危険な社会である。この点でもアフリカはグローバリゼーション力学をそのまま反映する極端な姿をしている。

しかし、極端ではあるが特殊なのではない。所得不均等化は世界に共通する現象であり課題である。グローバリゼーションが進行するなかで相対的に弱くなっていく国民経済の枠組みをいかなるかたちで維持し、構成しなおしていくかという、二一世紀におけるナショナリズムの課題だ。

現在のアフリカは、いってみれば消費社会である。それはBOPビジネスの進化が供給面において創造したという色合いが強く、一般大衆の消費力が向上したとはなかなかいいきれない。それゆえ、消費者主権が強化されているともいいがたい。企業が消費者としての大衆を前面におしだしてアフリカの経済力学をかえたことの貢献は多大だが、アフリカの大衆が社会の基盤となっていくためにはさらなる前進がいる。

消費者であることが市場での力となり、消費者主権が経済力学を民主化していくためには、大衆の所得向上がどうしても欠かせない。そこからしか市民社会はうまれないからだ。大衆は、独立不羈《ふき》の信条と恒産を獲得してはじめて市民たりうる。そのような人々が階層として形成されなければ市民社会は成立しないのである。現在のアフリカの経済成長は、経済エリートの台頭をうながすことで小国的閉鎖と専制政治の弊害を打破しつつあるとはいえるが、民主主義のための社会的基盤を構築しつつあるとまではいえないだろう。アフリカ社会の様相はいまだ、市民社会的であるよりも階級社会的である。

第6章　日本とアフリカ

以上がアフリカで急速に進行しているグローバリゼーションの様相である。それは国際社会がアフリカを必要とするようになったということの反映であり、世界経済にくみこまれていくなかでのアフリカ経済の変貌である。しかし、私たちがほんとうに考えなければならないことはここからはじまる。それは、日本がアフリカになにをもとめているのかということであり、日本の国益を実現するためにはどのような関係をアフリカとのあいだに構築するべきかという課題にほかならない。

そもそも国際関係とはさまざまなアクターによって自由にひろがっていくものだが、こと政策の対象となるのは、そのなかでも国民の利益につながるものでなければならない。したがって、国益にかんする認識をしっかりかためておかなければ、アフリカとむすばれていく諸関係のなかでどこに政策資源を投入すればよいかが決められず、どのような政策手法をとったらよいかも決められない。

では、アフリカにおける日本の国益とはなんだろうか。これについて考えるためまず日本の現状をみよう。そこに日本の新しいニーズがある。

図6－1　GDPの対数値（日本、サブサハラ・アフリカ、ソ連・ロシア）

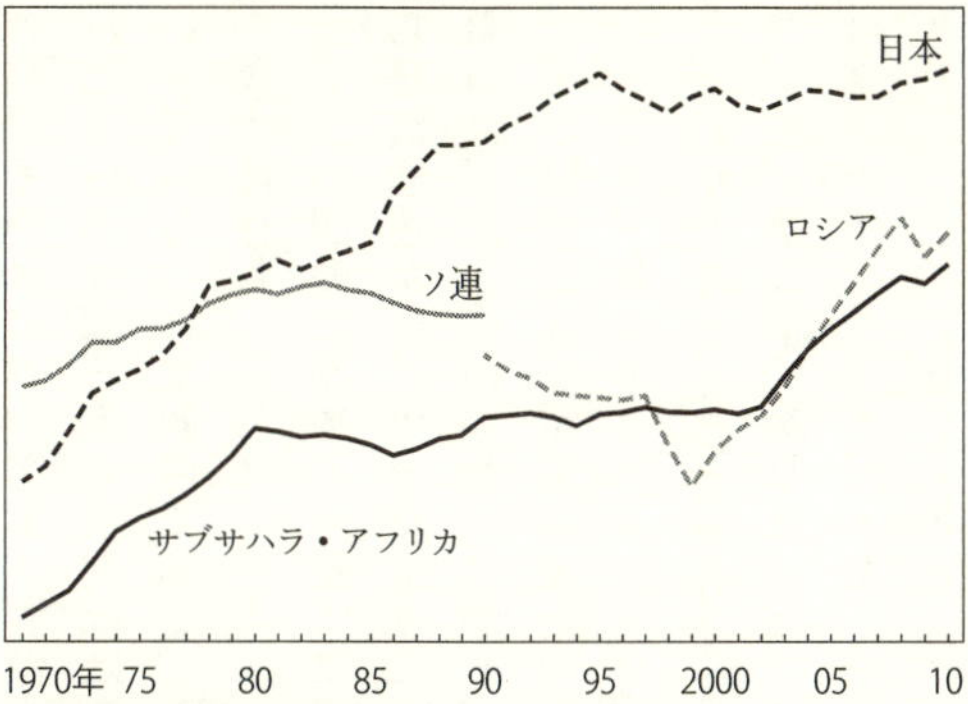

（出所）国連統計から作成

人口ボーナスの喪失

資源高がはじまるまでサブサハラ・アフリカ経済が二〇年以上にわたってほとんど経済成長できなかったことについては、これまでもたびたびふれてきた。このようにも長期の経済低迷は非常にめずらしく、この現象を分析することで開発経済学は長足の進歩をとげたのだが、一方、日本の経済低迷もすでに二〇年をこえている。

図6－1は日本とサブサハラ・アフリカ、そしてソ連およびロシアのドル換算名目GDPを、比較ができるように対数値になおして図示したものである。いずれも二〇年以上の低迷を経験している。人口増加率の高いサブサハラ・アフリカではこれがいちじるしい貧困化につながった。ソ連では国家崩壊をも

たらした。その後のロシアも、資源高に救われるまで政治的経済的混乱を余儀なくされた。

それにくらべれば日本の状況ははるかにマシだが、世界的にみて日本経済が深刻な事態におちいっていることは明白である。ちなみに、日本の場合一九八五年のプラザ合意以降円高がいっきに進行し、それは一ドル＝一〇〇円をわりこむ一九九五年まで一〇年もつづいた。よって、この図のようにドル建てにすると一九九五年までGDP値は増加していて、その翌年から経済低迷がはじまったようにみえる。だが、いうまでもなく一九九〇年のバブル崩壊から景気は下降していった。しかも、平成不況がはじまって当初の円高は輸出ののびを強く抑制して、経済低迷を定着させたのである。

二〇一〇年、英『エコノミスト』誌に「日本の将来と日本病」という記事が掲載された。急速な老齢化で経済成長できなくなった日本の現象を日本病（ジャパンシンドローム）と名づけている。第2章で論じたオランダ病の命名者も一九七七年発行の『エコノミスト』だが、原語はダッチディジーズだった。一九六〇年代から七〇年代にかけてのイギリス経済の低迷はブリティッシュディジーズとよばれた。しかし一九七〇年代におけるイギリスや八〇年代におけるオランダの年平均経済成長率は二％台であり、一方一九九〇年代における日本の経済成長率は一％台だから（いずれも国内通貨建ての実質成長率）、日本病のほうが病状は重いといえるだろう。

『エコノミスト』が日本病とよぶ人口老齢化現象を確認しておく。生産年齢人口（一五〜六四歳）が総人口に占める割合の推移を日中韓で比較してみたのが図6－2である。この比率が上昇していく期間のことを人口ボーナス期というが、日本は一九六八年と一九九二年の二回ピークがあって、現在は逆に、生産年齢人口比が減っていく人口オーナス期にはいっている。年齢構成からみて社会全体の生産力が年々低下していく局面だ。

図6－2　生産年齢人口比の推移（日中韓）

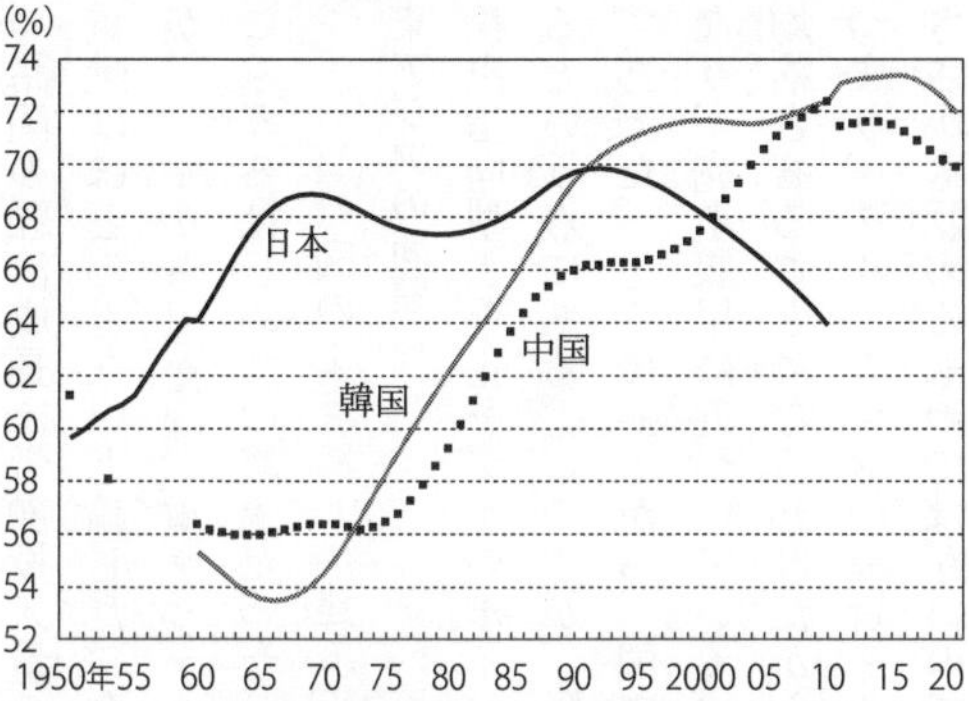

（出所）日中韓各国政府統計および国連統計から作成

他方、中国の生産年齢人口比のピークは二〇一三年、韓国のそれは二〇一六年と推測されている。もしそのあと両国で日本とおなじことがおこれば、東アジア経済の成長はとまってしまうだろう。日本病の処方箋はひとり日本だけの問題ではなく、東アジアの将来にかかわる地域的課題なのである。

人口ボーナスと経済成長の関係にかんして思いおこされるのは、クルーグマンが一九九四年に発表した論文「東アジアの奇跡神話」だ。『フォーリンアフェアーズ』誌に発表したこの論文でクルーグマンは、東アジア諸国の経済成長は労働投入量の増加によってもたらされたものであり、技術インプットの貢献はほとんどないと論じた。全般に東アジア経済を軽んじる論調が濃厚で大論争をよんだが、いまから思えば、東アジアの輸出指向型工業化モデル（二七九ページ）に人口論をよびこみうるはじめての議論だった。

東アジアの問題

輸出指向型工業化モデルのポイントは、労働の比較優位にもとづく経済合理性をそなえているという点にある。この点が、経済合理性にとぼしい輸入代替工業化戦略との大きなちがいであった。そうであるから、国内の労働力を使えば使うほど輸出がのびて経済成長率が高くなり、完全雇用に近づいていく。つまり国民のエネルギーを活用しきって成長成果をひろく均霑《きんてん》させることになるわけだから、経済発展のあり方としてはたいへん望ましい。

つまり、クルーグマンの論旨そのものは、開発モデルとしての輸出指向型工業化の価値をいささかも貶《おとし》めるものではないのであって、たとえばアフリカでは、アジア型発展をとげたモーリシャスを唯一の例外として国民のエネルギーを使いきれておらず、高失業に喘《あえ》いでいる。技術インプットがあろうがなかろうが高い就業率をうみだした東アジアでは確実に開発が進み、社会的厚生水準が向上したのである。

問題はそのさきで、労働投入に依存している以上輸出指向型工業化は、労働投入がさきぼそっていけば成長余力をうしなうという点だ。クルーグマンはそこまで論じておらず、また彼の分析に日本はふくまれていないのだが、現在の日本の姿はそのことをしめしているといえるだろう。

図６－３　生産年齢人口比の推移（日米英独仏）

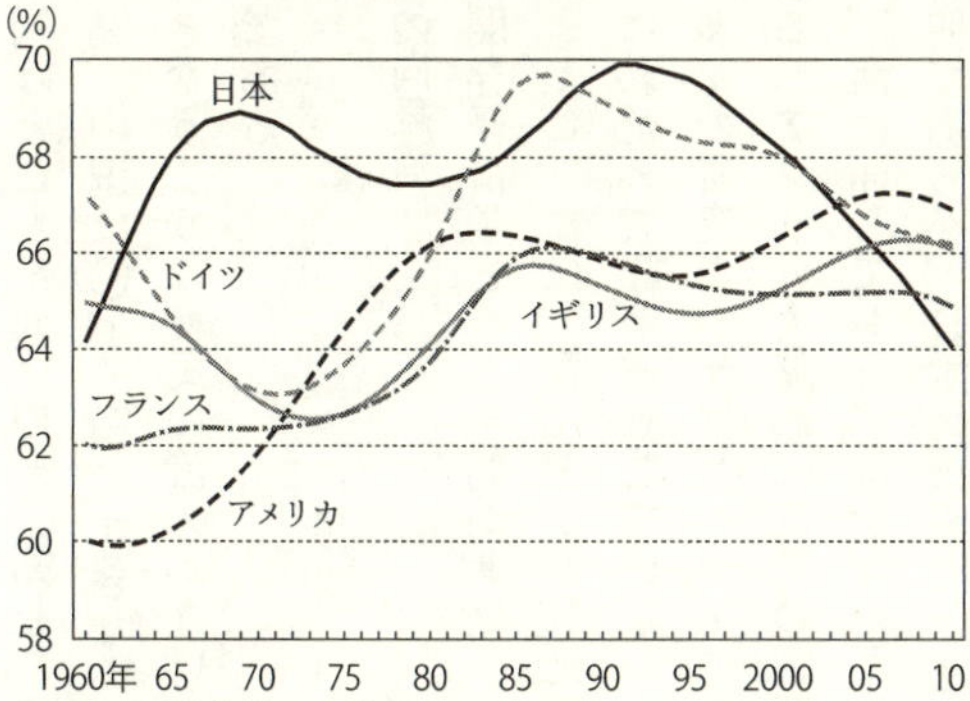

（出所）国連統計から作成

図６－３は、図６－２とおなじことを欧米諸国についてみたものだ。ドイツをのぞけば日中韓のような高い山をもっておらず、生産年齢人口比の変動は東アジアにくらべて小幅である。ドイツが例外であることは、欧州諸国のなかでなぜドイツだけが高度成長できたのか、ドイツはなぜEUを必要とするのかについて考える際のヒントになるのだが、それはさておき、すでに各国ともピークをすぎている。

それでも生産年齢人口比のさがり方はゆるやかだ。それは、欧米では極端なベビーブームがなかったということのほかに、欧米社会における移民の存在が日中韓との大きなちがいになっている。ここにあげた欧米諸国はどこも総人口の一〇%をこえる移民人口をもっているが、日本は一・七%、韓国一・一%、中国は〇・一%にすぎない（国連統計）。良くも悪くも東アジアには人口の老齢化をおぎなうような移民の流入がないのである。例外は四〇%の移民人口をもつシンガポールだけである。

内向経済

開発経済学という学問がサブサハラ・アフリカの低成長と貧困化を分析することで発展してきたことには、なんどかふれた。もし開発経済学が普遍性をもった学問なら、やはり二〇年にわたって経済成長していない日本についてもなんらかの示唆を提供できるはずだ。

多くの研究者がサブサハラ・アフリカ経済低迷の要因としてあげたものに「内陸国性」がある。アフリカ大陸には五五の国家があるから世界各地域のなかでもっとも内陸国の数が多い。海に面しておらず港をもたないことが貿易を不利にし、経済成長率をひきさげるという説明であるが、日本にはあてはまらない。また、「闇為替項」というのもある。金融政策の誤りが投資を抑制しているはずだから、その抑制の度合いを正規の為替レートと闇レートの差で測定し低成長との相関を説明するアイデアだが、これも日本には使えない。教育水準の低さが経済成長の妨げになっているという因果関係も検討されてきたが、日本には関係ない。

部族分断、言語分断、紛争も日本とは無縁だ。

そのなかで日本にも該当する議論がある。ジェフリー・サックスがアンドリュー・ワーナーとの一九九七年の共著論文で検証した「貿易開放度」がそれで、国際貿易へのアクセスの低さがアフリカ経済の低成長をもたらしているという議論だ（二〇〇ページ）。サブサハラ・アフリカの貿易依存度（輸出入合計とGDPの比率）は、石油価格が暴落したあと一九九〇年代前半まで五〇％にとどかないところで停滞していた（現在は七〇％ほどである）。アジア諸国は貿易依存度を一〇〇％超までのばしつづけていたので、この差によって低成長を説明するものである。

図6－4　貿易依存度の比較

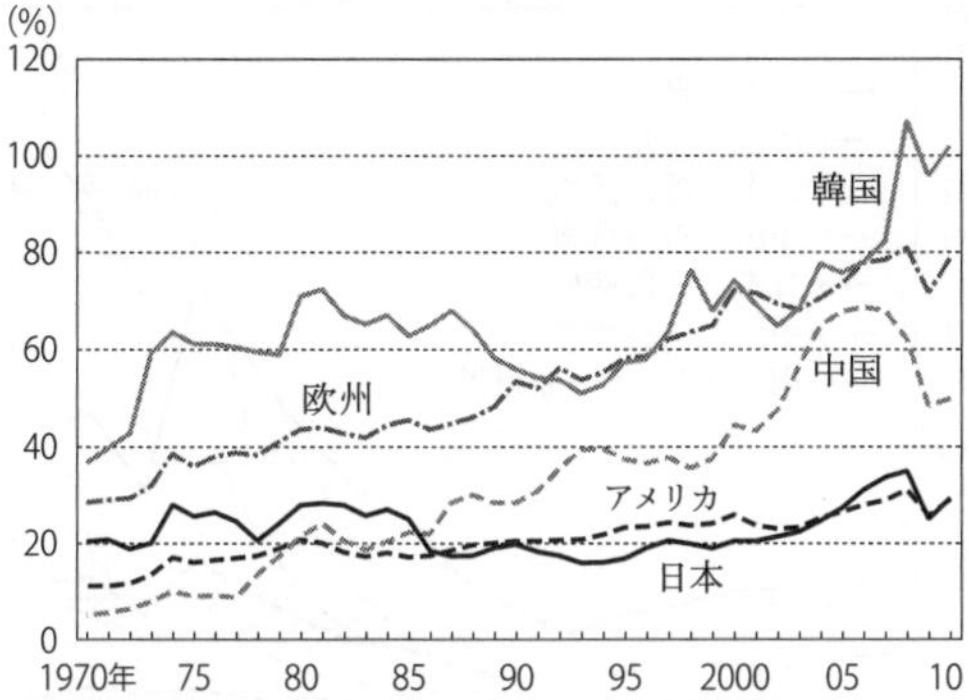

（出所）国連統計から作成

図6－4は日中韓およびアメリカ、欧州の貿易依存度を比較したものだ。二〇一〇年時点で日本は輸出依存度が一五・二％、輸入依存度が一四・一％しかなく、貿易依存度は三〇％以下である。これはほぼアメリカなみだ。欧州の平均はだいたい八〇％、中国はおよそ

図6－5　日中の対アフリカ輸出

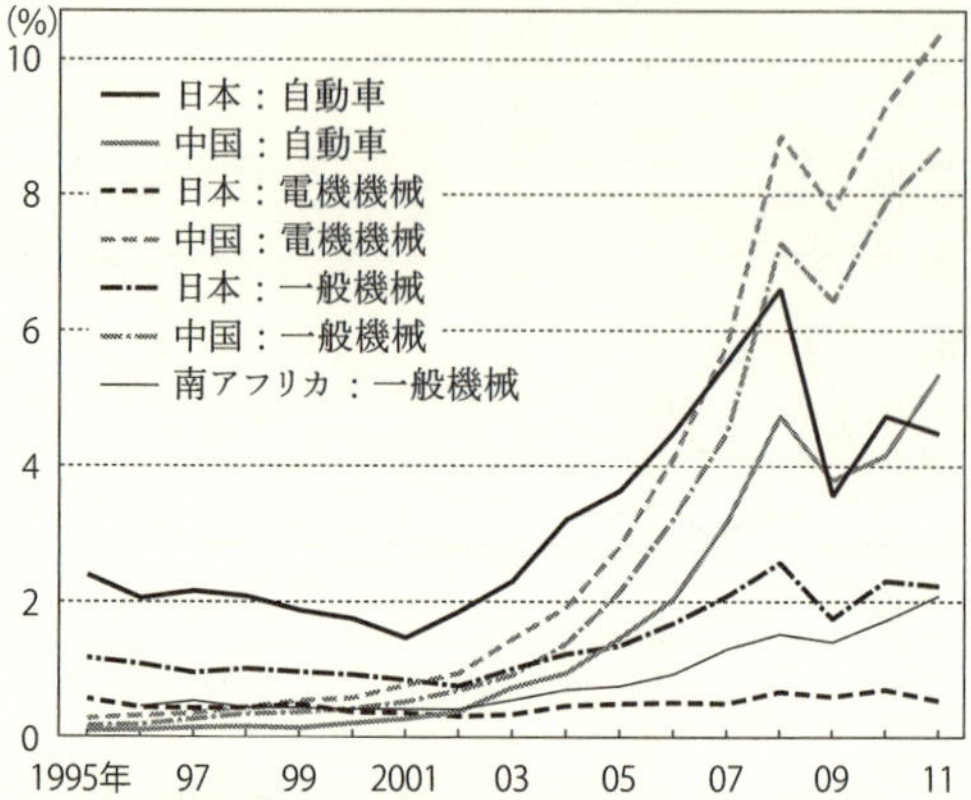

（出所）World Trade Atlas 統計から作成

五〇%、韓国は一〇〇%、グラフにはないがタイは一三〇%、マレーシアは一八〇%、シンガポールにいたっては四〇〇%である。

　日本のように貿易依存度が低い国は、アメリカのほか、主要国ではブラジルくらいしかない。日本は貿易のみならず投資流入も少ない。貿易立国と称してきたわりには、日本はきわめて内向きで閉鎖的な経済なのである。世界経済との接触面が小さければ、それだけ世界経済の成長やグローバリゼーションから裨益する機会が減る。経済動向が圧倒的に国内要因によって左右されることになるので、人口が老齢化し縮小していけば経済成長率はいずれマイナスになるかもしれない。

　図6－5は日中の対アフリカ輸出を比較してみたものだが、自動車輸出が拮抗している以外は、電気機械も一般機械も日本は中国にまったくたちうちできていない。一般機械輸出においては、南アフリカのアフリカ域内輸出にもおいつかれている。ちなみに日本の自動車輸

出は乗用車が主体で、中国は二輪車が多い。アフリカにかぎらず日本の輸出は〝自動車一本足打法〟というに近い。

現在の日本のアフリカ貿易をみると、輸出のおよそ半分が自動車、輸入の三割ほどがプラチナである。プラチナは、自動車の排ガス浄化のための触媒として使われている。プラチナ世界総生産の八割は南アフリカでおこなわれているから自動車産業をもつ国はどこも南アフリカからプラチナを輸入しているが、日本がもっとも多い。それゆえ日本は南アフリカにとって最大の貿易黒字提供国になっているのだ（二二一ページ）。いってみれば、日本とアフリカの貿易は自動車産業によってささえられているのである。自動車産業は南アフリカの基幹産業でもあり、アフリカにおける自動車生産の九割、保有台数の三割は南アフリカに集中しているから、日本のアフリカ貿易はどうしても南アフリカ一国にかたよることになる。このような経済関係を拡大していく要請がはたして日本にあるか。これが、われわれがアフリカとの関係を考えなおす際の出発点である。

アフリカは日本を救うか

世界でもまれにみる成長失速で税収がおちこみ、増税もできぬまま財政赤字が底なしに悪化していくなかで、日本は東日本大震災におそわれた。震災後は地震再発リスクと電力不足によって中国や韓国への生産移転が進んでいる。そのような日本を再生させることが私たち日本人に課せられている喫緊にして最大の課題であるが、それとアフリカはいったいどのように関連するのだろうか。

労働人口が減って扶養人口が増える状況のなかでは、労働者一人当たりの付加価値生産を増やしていく以外に国内の厚生水準を維持する道はない。それは、製造業部門においては付加価値の高いハイテク製品に特化していくことを意味するが、そこで必要になるのがレアメタルである。需給がタイトになっていくなかでレアメタル探査が世界中で進められているが、日本の産業にとってアフリカの重要性はまずここにある。

世界最大の資源需要をもつ中国が資源を戦略物資としてとらえている以上、日本にも資源戦略が必要になる。従来の調達ルートでは安全保障がきかなくなる可能性が高いからだ。世界大の長期的調達マップがえがかれなくてはならないわけだが、そのなかに当然アフリカがはいっているということである。資源高以降日本は、レアアース探査やアンバトビープロジェクトがそうであるように、アフリカの資源をもとめて動きはじめていたが、第1章でみたように中国は、すでにアフリカとのあいだにふとい物流チャンネルを築きあげている。

震災後あらたに浮上したのは、福島第一原発の事故によって破綻した日本の電力供給プランをおぎなうため、火力発電用の燃料を調達するという要請である。〝福島〟後の電力供給体制を構築していくにあたって、火力発電を増強するため原油や天然ガスの国内需要がたかまっている。硫黄分の多い中東原油とちがってアフリカ産の原油は低硫黄であり、生炊きにはとても適している。日本はスーダンから発電用に超低硫黄のナイルブレンドを輸入してきたが、南スーダン独立後の紛争で原油輸出が不安定になった。

かわって注目を集めているのが東アフリカの沖合ガス田だ。第2章と第5章でふれたが二〇一一年から翌年にかけてモザンビーク沖、タンザニア沖であいついで天然ガスが発見されている。スタンダード銀行の石油担当は「彼らは象を一頭みつけただけではない。象の群れを発見したのだ」といっている。その埋蔵量はクウェートに匹敵すると推定されており、インドネシアの半分ほどである。現在東アフリカで計画されている液化プラントは市場として東アジアを想定しており、その予定生産能力は世界最大のカタールにせまる規模だ。注目を集めるようになったシェールガスなどの非在来型天然ガス開発ともあわせ、天然ガスはエネルギー価格の低下を可能にしてくれるものとして期待されている。

官民連携はなぜ必要か

第5章で論じたように、アフリカにおける資源開発は新しい企業理念を必要とする。そこに、官民連携に期待される真の役割がある。資源開発がともなうであろう地域総合開発に日本政府が協力して、たとえばＯＤＡを投入するという連携の仕方である。それは輸送路や港湾設備といったインフラ建設のみならず、従業員家族や周辺コミュニティにおける教育、保健衛生、ひいては食糧生産支援にまでおよぶかもしれない（二五〇ページ）。

インフラは使われなくては意味がない。官民連携（ＰＰＰ）スキームを導入するには経済性がもとめられる。多大な費用のかかるインフラは、なにからつくっていくかの優先順位をしっかりたてなくてはならないものであって、その基準は公共性と経済性である。民間投資がはいるところであれば経済性は確保されるから、インフラ建設支援と民間投資は連動していることが望ましいのである。いまアフリカではインフラがさかんに建設されているが、これは中国の支援もさることながら、民間投資が動きはじめたことが大きい。鉄道建設などは、アフリカではほとんど植民地時代以来だ。

経済が低迷していたころのアフリカでは、インフラ建設はＰＰＰどころかＯＤＡ対象としても等閑視されてきたが、最近ではその開発効果が絶大であることがあらためて認識されるようになっている。インフラは日本の技術優位をいかせる分野であり、ＯＤＡの費用対効果を高めてもくれるだろう。日本企業にかぎらずインフラ支援は投資と連携しておこなうことが肝要だ。そもそも日本の対アジア援助が成功したのは、貿易投資が同時に拡大していったからである。中国の「ビジネス＝援助ミックス」がうまく機能するのもそれゆえだ。

一方、第4章で論じたように社会政策分野の援助は、そのプロジェクトが実施されるコミュニティには裨益するが、国全体の厚生水準をひきあげるだけの展開力と持続力はもっていないものである。ナショナルミニマムとしての面展開は、開発途上国自身が税収を投じておこなわないと持続的にはならない（二〇六ページ）。

社会政策的な援助はしたがって、いわば点の援助になるから、どこの地域を対象にするかが重大なポイントになる。NGOの事業なら特定コミュニティとの出会いや共感がベースになっていてもかまわないが、ODAの場合は事業対象地の選択基準がたてられなければならないはずである。

その基準のひとつに、資源開発の現場や日本企業のビジネス現場をいれることは考慮されてよいと思う。CSR費用を分担することで投資促進効果が期待できるうえ、「日本の投資がはいれば地域の厚生水準があがる」という評価をえることはたいへん望ましい。アフリカに進出した企業は、そしてそこに赴任する社員は、ときに予想もしない業務に直面する。教育支援、保健衛生、感染症対策などは専門家の協力がどうしても必要になるのであり、これらを業務とする援助機関が協力しないことのほうがおかしいのである。HIVエイズ労務対策において世界でもっとも進んでいる企業のひとつにダイムラー社があるが、同社の対策は、ドイツの援助機関から南アフリカに派遣されダイムラーに出向した医師が中心となって作成されたものである。

資源メジャーのメガプロジェクトには援助機関がパートナーとして参画していることが多い。行政が脆弱な国で援助の実績をあげるためには、また官民連携をつうじて国益を実現するためには、援助機関の活動すべき領域は、私たちが想定してきた以上にひろいのである。

二一世紀をいきのこる企業

グローバリゼーションが進展するなかで企業が収益をのばしていきのこっていくことは、国の命運を左右する。確固とした理念と強い体力をそなえた企業だけがそれをはたせるだろう。前章で紹介した味の素株式会社は、経済低迷期のアフリカに進出して、ねばりづよい努力のすえ好業績を達成した強い企業の典型だ。リスクをとって先行的に投資し、現地市場をせめつづけること。これができる日本企業はほかにもいる。

南スーダンが独立した直後、スーダンと南スーダンに展開するタバコ会社の買収を発表したJTインターナショナル社も、日本的ではないリスクテイクができる企業だ。JTは日本専売公社が一九八五年に民営化されてできた会社だが、一九九九年に米R・J・レイノルズ社の海外部門を買収してアフリカにも拠点をもつようになり、二〇〇七年に英ギャラハー社を買収したことで世界第三位のタバコ会社になった。

国内のタバコ市場が縮小の一途をたどることは避けられないなかで、日本国内での展開を医療部門や食品部門にたくし、本業は国外、なかでも開発途上国で活路をみいだそうとしている。それは、味の素株式会社が「味の素」市場の拡大を海外にもとめ、国内市場用には多様な商品を開発しているのと似ている。タバコ会社には多数の契約栽培農家がいるので、アフリカに進出している日系企業のなかでもJTは、もっとも奥地にまでネットワークをはっている。

JT同様、NTTも国内むけ公社が民営化されてできた会社だが、南アフリカのディメンションデータ社を傘下におさめたことで外国人戦力を獲得し（二三五ページ）、アフリカで高い展開力をもつ日本企業のひとつになった。海外事業にまったく縁のなかった旧国策会社が、M&Aによっていっきにフロンティア企業に変身したわけである。

第5章でみたようにアフリカには有望な現地企業が叢生している。国内に移民をよびこむことがむずかしいのならば、国外展開の貴重な戦力として外国人をくわえることを考えるべきであろう。開発途上国の企業情報を収集して効果的なM&Aをおこなうことは、そのための効率的な方法だ。それによってたとえば一〇万人規模の人材を日本経済にとりこめれば、人口オーナスへの対処策になりうるであろう。

一九六八年にタンザニア工場をたてたパナソニックや、一九七七年にスワジランド工場をたてたYKKは、アフリカ特有の苦難にたえつづけてきた企業である。両社とも、日本の外で苦しい環境と戦う意識を企業文化としてもっている。いちはやくアフリカビジネスの収益性に気づいていたコマツは、世界全体の鉱山現場を市場としているからこそ中国や欧米企業にまったくおくれをとることなくアフリカ事業を拡大してきた。トヨタが南アフリカ工場の生産能力倍増を決めたのもアフリカ経済が成長をはじめる以前のことだ。世界全体に生産網とロジスティクスをはっていく自動車業界のグローバル競争を戦ううえで、南アフリカ拠点の増強が欠かせなかったからである。このように、アフリカで収益をうみだすことのできる日本企業はちゃんと存在している。こういった企業の苦悩と経験を社会全体で共有するしくみがあればよいと思うし、彼らの戦いを支援して成功をあとおしするしくみがもとめられる。

日本経済がふたたび活性化するには輸出力の向上や海外での収益性改善は欠かせない。そのためには新興国やBOP領域（二四四ページ）に浸透していける企業体力がいる。M&Aによって外国人を戦力にむかえるには企業体質をかえる必要もでてくるだろう。つまりはグローバル企業になっていかなければならないわけだが、そこでは多国籍化にたえられる理念がもとめられる。それがアフリカビジネスでの高収益を可能にするのである。

BOPビジネスの成功が開発促進につながることはすでに前章で説明したとおりであり、それが意味するのは、収益力の向上と社会貢献が同時に達成されていくということだ。アフリカで収益をあげられるビジネスモデルの構築とは、すなわち、企業体力の強化とビジネスの進化を意味するのである。

相互利益の実現にむけて

第4章でのべた国際開発の崇高な理念を維持するためには、まず私たちが国際社会において強いプレイヤーでなければならない。国際開発は本質的に強者の理念だからだ。だが、だからといってアフリカの人々が国際開発のためでなければ外国人の活動を認めないというわけではない。むしろ、慈善でやってくる人々は資金が尽きればさっていくと思われがちだ。ともに利益をわかちあいながらアフリカにとどまる人々のほうが歓迎される。持続的で安定的な関係を築くためには、相互利益を実現することがたいせつなのである。

いま日本は、かつて世界最大の貿易黒字をもち世界最大のODA供与国だった時代とはちがい、病んで苦しんでいる。そこからたちなおることに精力を集中したいと考えている。開発援助において日本がモットーとしてきた「自助努力」を、みずからに課していかなければならないと考えているのである。それは国を閉ざすことではなく、世界経済や国際社会との関係を深めていく方向でしか進めない道だ。困難やリスクをおそれず進んでいかなくてはならない。

自国のために働くことは利己主義ではない。健全なナショナリズムをもたない人間はどこでも尊重されない。それは開発の基本でもある。ただ、みずからのために働くことがすなわち他者の利益にもなるという事業を設計することがグローバルプレイヤーにはもとめられるのであり、そのための知恵が必要だ。アフリカとの新しい関係はそういった知恵によって構築されていかなければならない。日本はいまアフリカを必要としている。東アジア全体がアフリカを必要としているのである。

あとがき

前著『アフリカ問題—開発と援助の世界史』をお読みいただいた中央公論新社の郡司典夫中公新書編集部長（当時）にお声がけを頂戴したのが、本書を執筆できた契機である。それからほぼ二年を要してしまった。時間がかかったのは、当時業務におわれる生活をしていたこともひとつの原因ではあったが、東日本大震災の惨状をみて自分の仕事の意味を問いなおしてみたかったことのほうが大きい。

地震がおきたとき、私はケニアのナイロビにいた。津波が日本を襲うCNNの衝撃的な映像をナイロビでみて飛行機にのり、照明のおちた暗い成田空港になんとかたどりついた。勤務先の研究所の図書館では本が書架から落ちて散乱し、外国人はみな帰国してしまい、出勤できない職員もいた。東北の方々が強いられたあの悲惨さにくらべればどうというほどのことはないが、その後半年間にわたって海外出張はなくなり、私は日本のことを勉強しなおした。それから本書の執筆を再開したのである。

その間お待ちいただいた郡司氏に、あらためて御礼申しあげたい。また、本書の編集をご担当いただいた藤吉亮平氏と、とくに校正にあたっていただいた方に感謝申し上げる。

二〇一二年末　著　者

Oxford University Press, 1997.
Jeffrey D. Sachs and Andrew Warner, "Natural Resource Abundance and Economic Growth", Working paper 5398, National Bureau of Economics Research, 1995.
Paul Krugman, "The Myth of Asia's Miracle", *Foreign Affairs*, Nov./Dec. 1994.
Richard M. Auty, *Sustaining Development in Mineral Economies: The Resource Curse Thesis*, Routledge, 1993.
Samuel P. Huntington, "Foreign Aid for What and for Whom", *Foreign Policy*, No.1（Winter, 1970-1971）.

【ウェブサイト】
アフリカ成長企業ファイル
http://www.ide.go.jp/Japanese/Data/Africa_file/index.html
中華人民共和国国務院報道弁公室『中国とアフリカの経済貿易協力』白書
http://japanese.china.org.cn/business/txt/2011-01/19/content_21773400.htm
中華人民共和国国務院報道弁公室『中国的対外援助』（英文版）
http://www.scio.gov.cn/zxbd/wz/201104/t896900.htm
2010 Statistical Bulletin of China's Outward Foreign Direct Investment, Ministry of Commerce, People's Republic of China
http://hzs.mofcom.gov.cn/accessory/201109/1316069658609.pdf
Food and Agriculture Organization of the United Nations, FAOSTAT
http://faostat3.fao.org/home/index.html
GRAIN
http://www.grain.org/
National Accounts Main Aggregates Database, United Nations Statistics Division
http://unstats.un.org/unsd/snaama/selbasicFast.asp
UNCTAD STAT
http://unctadstat.unctad.org/ReportFolders/reportFolders.aspx
Worldwide Governance Indicators
http://info.worldbank.org/governance/wgi/index.asp
World Development Indicators, Africa Development Indicators
http://data.worldbank.org/data-catalog

主要参考文献

日本国際問題研究所『中国の対外援助』2012年
平野克己『アフリカ問題－開発と援助の世界史』日本評論社、2009年
藤井敏彦『ヨーロッパのCSRと日本のCSR』日科技連出版社、2005年
前田充浩『国益奪還』アスキー新書、2007年
増田雅之「外交政策のフロンティアを模索する中国－「和諧世界」論の理念と実践」（飯田将史編『転換する中国－台頭する大国の国際戦略』国際共同研究シリーズ3、防衛省防衛研究所、2009年）
松本仁一『アフリカ・レポート』岩波新書、2008年
元田結花『知的実践としての開発援助－アジェンダの興亡を超えて』東京大学出版会、2007年
峯陽一『現代アフリカと開発経済学』日本評論社、1999年
ポール・コリアー／中谷和男訳『最底辺の10億人』日経BP社、2008年
ポール・コリアー／甘糟智子訳『民主主義がアフリカ経済を殺す』日経BP社、2010年
ロバート・ゲスト／伊藤真訳『アフリカ―苦悩する大陸』東洋経済新報社、2008年
C. K. プラハラード／スカイライトコンサルティング訳『ネクスト・マーケット』英治出版、2005年
NHK食料危機取材班『ランドラッシュ－激化する世界農地争奪戦』新潮社、2010年
NHKスペシャル取材班『アフリカ－資本主義最後のフロンティア』新潮新書、2011年

【英文献】

Anne O. Krueger, "Trade Policy as an Input to Development", *The American Economic Review*, Vol.70 No.2, American Economic Association, 1980.
IBRD, *Accelerated Development in Sub-Saharan Africa: An Agenda for Action*, 1981.
Council on Foreign Relations, *More than Humanitarianism: A Strategic U.S. Approach Toward Africa*, 2005.
Jeffrey D. Sachs and Andrew Warner, "Sources of Slow Growth in African Economies", *Journal of African Economies*, Vol.6 No.3,

主要参考文献

ここに挙げるのは本書の記述をささえてくれた諸文献の一部にすぎず、邦文献においては専門的な論文は省いた。拙著『アフリカ問題－開発と援助の世界史』には詳細な文献リストをつけてあるので、ご関心のある方は参考にしていただければと思う。

【邦文献】

浅川芳裕『日本は世界５位の農業大国』講談社＋α新書、2010年

ヴィジャイ・マハジャン／松本裕訳『アフリカ－動きだす９億人市場』英治出版、2009年

ウィリアム・アッシャー／佐藤仁訳『発展途上国の資源政治学－政府はなぜ資源を無駄にするのか』東京大学出版会、2006年

絵所秀紀『開発の政治経済学』日本評論社、1997年

小川裕子『国際開発協力の政治過程』東信堂、2011年

郭四志『中国石油メジャー－エネルギーセキュリティの主役と国際石油戦略』文眞堂、2006年

川口融『アメリカの対外援助政策－その理念と政策形成』アジア経済研究所、1980年

川島博之『「食料自給率」の罠』朝日新聞出版、2010年

小島麗逸・堀井伸浩『巨大化する中国経済と世界』アジア経済研究所、2007年

ジャン＝ピエール・ボリス／林昌弘訳『コーヒー、カカオ、コメ、綿花、コショウの暗黒物語』作品社、2005年

ジョセフ・スティグリッツ／鈴木主税訳『世界を不幸にしたグローバリズムの正体』徳間書店、2002年

白戸圭一『ルポ資源大陸アフリカ－暴力が結ぶ貧困と繁栄』東洋経済新報社、2009年

中嶋誠一・堀井伸浩・郭四志・寺田強著／国際貿易投資研究所監修『中国のエネルギー産業－危機の構造と国家戦略』重化学工業通信社、2005年

西浦昭雄『南アフリカ経済論－企業研究からの視座』日本評論社、2008年

平野克己（ひらの・かつみ）

1956年，北海道小樽市生まれ．早稲田大学政治経済学部卒業，同大学院経済学研究科修了．グローバルスタディーズ博士（同志社大学）．在ジンバブエ日本国大使館専門調査員等を経て1991年にアジア経済研究所入所．その後，ウィットウォータースランド大学客員研究員，アフリカ研究グループ長，JETROヨハネスブルグセンター所長，地域研究センター長等歴任し，2012年よりJETROアジア経済研究所上席主任調査研究員．
著書『アフリカ問題－開発と援助の世界史』（日本評論社，2009年）
『南アフリカの衝撃』（日本経済新聞出版社，2009年）
『図説アフリカ経済』（日本評論社，2002年，国際開発大来賞受賞）ほか

経済大陸《けいざいたいりく》アフリカ
中公新書 *2199*

2013年1月25日発行

著　者　平野克己
発行者　小林敬和

本文印刷　三晃印刷
カバー印刷　大熊整美堂
製　　本　小泉製本

発行所　中央公論新社
〒104-8320
東京都中央区京橋 2-8-7
電話　販売 03-3563-1431
　　　編集 03-3563-3668
URL http://www.chuko.co.jp/

Published by CHUOKORON-SHINSHA, INC.
Printed in Japan　ISBN978-4-12-102199-1 C1233

中公新書刊行のことば

いまからちょうど五世紀まえ、グーテンベルクが近代印刷術を発明したとき、書物の大量生産は潜在的可能性を獲得し、いまからちょうど一世紀まえ、世界のおもな文明国で義務教育制度が採用されたとき、書物の大量需要の潜在性が形成された。この二つの潜在性がはげしく現実化したのが現代である。

いまや、書物によって視野を拡大し、変りゆく世界に豊かに対応しようとする強い要求を私たちは抑えることができない。この要求にこたえる義務を、今日の書物は背負っている。だが、その義務は、たんに専門的知識の通俗化をはかることによって果たされるものでもなく、通俗的好奇心にうったえて、いたずらに発行部数の巨大さを誇ることによって果たされるものでもない。現代を真摯に生きようとする読者に、真に知るに価いする知識だけを選びだして提供すること、これが中公新書の最大の目標である。

私たちは、知識として錯覚しているものによってしばしば動かされ、裏切られる。私たちは、作為によってあたえられた知識のうえに生きることがあまりに多く、ゆるぎない事実を通して思索することがあまりにすくない。中公新書が、その一貫した特色として自らに課すものは、この事実のみの持つ無条件の説得力を発揮させることである。現代にあらたな意味を投げかけるべく待機している過去の歴史的事実もまた、中公新書によって数多く発掘されるであろう。

中公新書は、現代を自らの眼で見つめようとする、逞しい知的な読者の活力となることを欲している。

一九六二年一一月

世界史

e2

中公新書

現代史